XIANGCUN ZHENXING DIANLI BANGFU
SHIYONG GONGZUO SHOUCE

乡村振兴电力帮扶
实用工作手册

国网陕西省电力有限公司 编

中国电力出版社
CHINA ELECTRIC POWER PRESS

内 容 提 要

本书着重于乡村振兴电力帮扶实用知识。全书共六篇，第一篇政策法规篇共分为四章，包括重要论述摘录、国家乡村振兴政策、陕西乡村振兴政策、国家电网公司乡村振兴政策。第二篇驻村帮扶篇共分为四章，包括帮扶责任、政策保障、工作落实、电力行业帮扶。第三篇电力服务篇共分为三章，包括电价电费、业扩报装、低压用电安全检查服务。第四篇电力技术篇共分为五章，包括用电安全、计量、常用仪表及使用方法、分布式光伏日常运维、充电设施运维。第五篇指标考核篇共分为三章，包括定点帮扶考评要点、驻村帮扶考评要点、示范创建考评要点。第六篇数据分析篇共分为二章，包括帮扶类数据、乡村电气化数据。

本书可以满足广大读者了解乡村振兴相关政策的需求，可为电网企业驻村帮扶干部落实工作提供参考，可为广大乡村供电服务一线人员提供业务办理指南和技术支撑，可为管理人员加强助力乡村振兴工作过程中指标管控和数据分析提供参考。

图书在版编目（CIP）数据

乡村振兴电力帮扶实用工作手册 / 国网陕西省电力有限公司编. -- 北京 : 中国电力出版社, 2025. 2. -- ISBN 978-7-5198-9521-1

Ⅰ. F426.61-62

中国国家版本馆 CIP 数据核字第 2025HW0188 号

出版发行：中国电力出版社
地　　址：北京市东城区北京站西街 19 号（邮政编码 100005）
网　　址：http://www.cepp.sgcc.com.cn
责任编辑：赵　杨（010-63412287）
责任校对：黄　蓓　李　楠　郝军燕
装帧设计：郝晓燕
责任印制：石　雷

印　　刷：北京雁林吉兆印刷有限公司
版　　次：2025 年 2 月第一版
印　　次：2025 年 2 月北京第一次印刷
开　　本：710 毫米×1000 毫米　16 开本
印　　张：20.5
字　　数：346 千字
定　　价：86.00 元

编 委 会

	李　阳	马晓涛	白　扬	刘　淼	谢电波
	张佩华	王　晨	张晓华	贾博研	向　涛
	孙　莉				
电力技术篇	韩　文	段之英	杜亚军	姬笑千	李旭辉
	刘　伟	王　东	王丹阳	郭　磊	王煜昆
	魏　宇	王联江	杨馥源	张谞博	王靖丹
	白　雪	张卓敏	马　昊		
指标考核篇	李　乐	杨柏巽	柴　青	胡高峰	马亚军
	马　良				
数据分析篇	张慷萌	周昊阳	何　鑫	王　佩	石　宁
	慕利勤	梁　潇	马　东		

前　言

乡村振兴战略是党的十九大做出的重大决策部署，是决胜全面建成小康社会、全面建设社会主义现代化国家的重大历史任务，是新时代"三农"工作的总抓手。电网企业作为国民经济和社会发展的基础性、公用性、服务性行业，在助力乡村振兴工作中，承载着政治、经济、社会三重责任。国网陕西省电力有限公司积极践行"人民电业为人民"的企业宗旨，担当着国民经济保障者、能源革命践行者、美好生活服务者的角色，始终秉承"努力超越·追求卓越"的企业精神，不断超越过去、超越他人、超越自我，在助力乡村振兴的征程中，得到各级政府和社会各界的普遍认可，连年获得陕西省定点帮扶和驻村帮扶考核"好"等次。同时，在国家电网有限公司（简称国网公司）系统，支持"五大振兴"❶、帮扶干部培训等方面独具陕西特色，得到国网公司有关部门的认可和支持。

为进一步方便广大电力员工和驻村干部更好地服务乡村振兴，国网陕西省电力有限公司组织以国网商洛供电公司为主力的全省供电服务和驻村帮扶优秀专家骨干人才，依据国家和地方法规、政策文件及国网公司最新统一发布的通用制度、标准等，紧密结合宜居宜业和美乡村建设中能源转型发展需求，组织编写形成《乡村振兴电力帮扶实用工作手册》，作为电网企业助力乡村振兴的工具书。

本书共六篇，分别为政策法规、驻村帮扶、电力服务、电力技术、指标考核、数据分析。本书可以满足广大读者了解乡村振兴相关政策的需求，可为电网企业驻村帮扶干部落实工作提供参考，可为广大乡村供电服务一线人员提供业务办理指南和技术支撑，可为管理人员加强助力乡村振兴工作过程中指标管控和数据分析提供参考。本书有助于电网企业形成人人关心乡村振兴、人人助

---

❶ "五大振兴"是指在乡村振兴战略中，推动乡村产业振兴、人才振兴、文化振兴、生态振兴和组织振兴。

力乡村振兴的良好氛围，同时也有助于培养"一懂两爱"（懂农业，爱农村、爱农民）供电服务员工。

本书在编写过程中，国网陕西省电力有限公司人资部给予极大的帮助，国网陕西省电力有限公司所属十一个地市公司、国网陕西省电力有限公司经济技术研究院、国网陕西省电力有限公司电力科学研究院、国网陕西省电力有限公司培训中心、国网陕西省电力有限公司营销服务中心、陕西综合能源集团有限公司、国网陕西综合能源有限公司、国网电动汽车服务（陕西）有限公司均给予鼎力支持，在此一并表示衷心感谢！

随着业务发展，本书所涉及的相关法规、政策文件及标准制度可能会不断更新完善，本书引用 2024 年 12 月以前发布的有关法规、政策文件及标准制度，如与 2024 年 12 月之后发布的有冲突，请执行最新法规、政策文件和标准制度。由于编写时间仓促，水平有限，本书难免存在不妥和疏漏之处，恳请读者多提宝贵意见，希望有更多的专家和供电服务人员在今后的实践中进行归纳、提炼，使手册内容得到不断补充、更新。我们将在今后的修订中进行完善，让本手册成为电网企业员工助力乡村振兴的良师益友。

编　者

2024 年 12 月

贫困是人类社会的顽疾。反贫困始终是古今中外治国安邦的一件大事。一部中国史，就是一部中华民族同贫困作斗争的历史。

中国共产党从成立之日起，就坚持把为中国人民谋幸福、为中华民族谋复兴作为初心使命，团结带领中国人民为创造自己的美好生活进行了长期艰辛奋斗。

党的十八大以来，党中央鲜明提出，全面建成小康社会最艰巨最繁重的任务在农村特别是在贫困地区，没有农村的小康特别是没有贫困地区的小康，就没有全面建成小康社会。

党的十九大把精准脱贫作为三大攻坚战之一进行全面部署，锚定全面建成小康社会目标，聚力攻克深度贫困堡垒，决战决胜脱贫攻坚。

脱贫攻坚战的全面胜利，标志着我们党在团结带领人民创造美好生活、实现共同富裕的道路上迈出了坚实的一大步。同时，脱贫摘帽不是终点，而是新生活、新奋斗的起点。解决发展不平衡不充分问题、缩小城乡区域发展差距、实现人的全面发展和全体人民共同富裕仍然任重道远。我们没有任何理由骄傲自满、松劲歇脚，必须乘势而上、再接再厉、接续奋斗。

"胜非其难也，持之者其难也"。我们要切实做好巩固拓展脱贫攻坚成果同乡村振兴有效衔接各项工作，让脱贫基础更加稳固、成效更可持续。对易返贫致贫人口要加强监测，做到早发现、早干预、早帮扶。对脱贫地区产业要长期培育和支持，促进内生可持续发展。对易地扶贫搬迁群众要搞好后续扶持，多渠道促进就业，强化社会管理，促进社会融入。对脱贫县要扶上马送一程，设立过渡期，保持主要帮扶政策总体稳定。要坚持和完善驻村第一书记和工作队、东西部协作、对口支援、社会帮扶等制度，并根据形势和任务变化进行完善。党中央决定，适时组织开展巩固脱贫成果后评估工作，压紧压实各级党委和政府巩固脱贫攻坚成果责任，坚决守住不发生规模性返贫的底线。

乡村振兴是实现中华民族伟大复兴的一项重大任务。要围绕立足新发展阶段、贯彻新发展理念、构建新发展格局带来的新形势、提出的新要求，坚持把解决好"三农"问题作为全党工作重中之重，坚持农业农村优先发展，走中国特色社会主义乡村振兴道路，持续缩小城乡区域发展差距，让低收入人口和欠发达地区共享发展成果，在现代化进程中不掉队、赶上来。全面实施乡村振兴战略的深度、广度、难度都不亚于脱贫攻坚，要完善政策体系、工作体系、制度体系，以更有力的举措、汇聚更强大的力量，加快农业农村现代化步伐，促进农业高质高效、乡村宜居宜业、农民富裕富足。

在全面建设社会主义现代化国家新征程中，我们必须把促进全体人民共同富裕摆在更加重要的位置，脚踏实地、久久为功，向着这个目标更加积极有为地进行努力，促进人的全面发展和社会全面进步，让广大人民群众获得感、幸福感、安全感更加充实、更有保障、更可持续。

——习近平总书记2021年2月25日在全国脱贫攻坚总结表彰大会上的讲话摘录

目　　录

/ 第三篇 电力服务篇 /

/ 第四篇　电力技术篇 /

∕第五篇　指　标　考　核　篇∕

∕第六篇　数　据　分　析　篇∕

第一篇　政策法规篇

本篇分为四章，包括重要论述摘录、国家乡村振兴政策、陕西乡村振兴政策、国家电网公司乡村振兴政策。本篇收录整理了近年来中央、陕西省及国网公司系统有关政策文件要点，供各层级相关工作人员学习和贯彻落实。

第一章 重要论述摘录

实施乡村振兴战略。农业农村农民问题是关系国计民生的根本性问题，必须始终把解决好"三农"问题作为全党工作重中之重。要坚持农业农村优先发展，按照产业兴旺、生态宜居、乡风文明、治理有效、生活富裕的总要求，建立健全城乡融合发展体制机制和政策体系，加快推进农业农村现代化。

——习近平 2017 年 10 月 18 日在中国共产党第十九次全国代表大会上的报告

实施乡村振兴战略是新时代做好"三农"工作的总抓手。要聚焦产业兴旺、生态宜居、乡风文明、治理有效、生活富裕，着力推进乡村产业振兴、人才振兴、文化振兴、生态振兴、组织振兴，加快构建现代农业产业体系、生产体系、经营体系，把政府主导和农民主体有机统一起来，充分尊重农民意愿，激发农民内在活力，教育引导广大农民用自己的辛勤劳动实现乡村振兴。

——习近平 2018 年 4 月 24 日至 28 日在湖北考察长江经济带发展和经济运行情况时的讲话

接续推进全面脱贫与乡村振兴有效衔接。脱贫摘帽不是终点，而是新生活、新奋斗的起点。要针对主要矛盾的变化，理清工作思路，推动减贫战略和工作体系平稳转型，统筹纳入乡村振兴战略，建立长短结合、标本兼治的体制机制。这项工作，中央有关部门正在研究。总的要有利于激发欠发达地区和农村低收入人口发展的内生动力，有利于实施精准帮扶，促进逐步实现共同富裕。有条件的地方，也可以结合实际先做起来，为面上积累经验。

——习近平 2020 年 3 月 6 日在决战决胜脱贫攻坚座谈会上的讲话

区域协调发展同城乡协调发展紧密相关。要以深入实施乡村振兴战略为抓手，深化"千村示范、万村整治❶"工程和美丽乡村、美丽城镇建设，推动工商资本、科技和人才"上山下乡"，建立健全城乡融合发展体制机制和政策体系，加快推进农业农村现代化。要抓紧抓实农业、畜牧业生产，确保市民的"米袋子""菜篮子"货足价稳，确保农民的"钱袋子"富足殷实。要扎实推进新型城镇化，带动建设好美丽乡村。要认真做好东西部扶贫协作和对口支援、对口合作工作，助力对口地区跨越发展。要践行"绿水青山就是金山银山"发展理念，推进浙江生态文明建设迈上新台阶，把绿水青山建得更美，把金山银山做得更大，让绿色成为浙江发展最动人的色彩。

——习近平 2020 年 3 月 29 日至 4 月 1 日在浙江考察时的讲话

人不负青山，青山定不负人。绿水青山既是自然财富，又是经济财富。希望乡亲们坚定不移走生态优先、绿色发展之路，因茶致富、因茶兴业，脱贫奔小康。

——习近平 2020 年 4 月 20 日至 23 日在陕西考察时的讲话

要坚持农业农村优先发展，推动实施乡村振兴战略。要扛稳粮食安全的重任，稳步提升粮食产能，全面压实耕地保护责任，推进高标准农田建设，坚决遏制各类违法乱占耕地行为。要深入推进农业供给侧结构性改革，因地制宜培育壮大优势特色产业，推动农村一二三产业融合发展。要深化农业农村改革，激活乡村振兴内生动力。要落实"四个不摘"，建立健全防止返贫长效机制，深入研究接续推进全面脱贫与乡村振兴有效衔接。

——习近平 2020 年 9 月 16 日至 18 日在湖南考察时的讲话

要做好巩固拓展脱贫攻坚成果同乡村振兴有效衔接，加强动态监测帮扶，落实"四个不摘"要求，跟踪收入变化和"两不愁三保障"巩固情况，定期核查，动态清零。要发展壮大扶贫产业，拓展销售渠道，加强对易地搬迁群众的后续扶持。要推动城乡融合发展，推动乡村产业、人才、文化、生态、组织等

---

❶ "千村示范、万村整治"工程，简称"千万工程"，是浙江"绿水青山就是金山银山"理念在基层农村的成功实践。2003 年 6 月，在时任浙江省委书记习近平同志的倡导和主持下，以农村生产、生活、生态的"三生"环境改善为重点，浙江在全省启动"千万工程"，开启了以改善农村生态环境、提高农民生活质量为核心的村庄整治建设大行动。习近平同志亲自部署，目标是花 5 年时间，从全省 4 万个村庄中选择 1 万个左右的行政村进行全面整治，把其中 1000 个左右的中心村建成全面小康示范村。

全面振兴。要继续选派驻村第一书记和农村工作队。

——习近平2021年2月3日至5日赴贵州看望慰问各族干部群众时的讲话

让人民生活幸福是"国之大者"。全面推进乡村振兴的深度、广度、难度都不亚于脱贫攻坚，决不能有任何喘口气、歇歇脚的想法，要在新起点上接续奋斗，推动全体人民共同富裕取得更为明显的实质性进展。

——习近平2021年4月25日至27日在广西考察时的讲话

无论是革命战争年代的大生产运动，还是新时代的脱贫攻坚战，郝家桥人始终勤劳奋进、开拓创新。希望你们继续发扬优良传统，感党恩、听党话、跟党走，敢为人先、奋力拼搏，努力把郝家桥村建设成为乡村振兴的楷模。

——习近平2021年9月13日至14日在陕西榆林考察时的讲话

全面建设社会主义现代化国家，最艰巨最繁重的任务仍然在农村。坚持农业农村优先发展，坚持城乡融合发展，畅通城乡要素流动。加快建设农业强国，扎实推动乡村产业、人才、文化、生态、组织振兴。全方位夯实粮食安全根基，全面落实粮食安全党政同责，牢牢守住十八亿亩耕地红线，逐步把永久基本农田全部建成高标准农田，深入实施种业振兴行动，强化农业科技和装备支撑，健全种粮农民收益保障机制和主产区利益补偿机制，确保中国人的饭碗牢牢端在自己手中。树立大食物观，发展设施农业，构建多元化食物供给体系。发展乡村特色产业，拓宽农民增收致富渠道。巩固拓展脱贫攻坚成果，增强脱贫地区和脱贫群众内生发展动力。统筹乡村基础设施和公共服务布局，建设宜居宜业和美乡村。巩固和完善农村基本经营制度，发展新型农村集体经济，发展新型农业经营主体和社会化服务，发展农业适度规模经营。深化农村土地制度改革，赋予农民更加充分的财产权益。保障进城落户农民合法土地权益，鼓励依法自愿有偿转让。完善农业支持保护制度，健全农村金融服务体系。

——习近平2022年10月16日在中国共产党第二十次全国代表大会上的报告

中国共产党是人民的党，是为人民服务的党，共产党当家就是要为老百姓办事，把老百姓的事情办好。空谈误国，实干兴邦。要认真学习贯彻党的二十大精神，全面推进乡村振兴，把富民政策一项一项落实好，加快推进农业农村现代化，让老乡们生活越来越红火。

　　——习近平 2022 年 10 月 26 日至 28 日在陕西省延安市、河南省安阳市考察时的讲话

　　产业振兴是乡村振兴的重中之重，也是实际工作的切入点。没有产业的农村，难聚人气，更谈不上留住人才，农民增收路子拓不宽，文化活动很难开展起来。各地推动产业振兴，要把"土特产"这 3 个字琢磨透。"土"讲的是基于一方水土，开发乡土资源。要善于分析新的市场环境、新的技术条件，用好新的营销手段，打开视野来用好当地资源，注重开发农业产业新功能、农村生态新价值，如发展生态旅游、民俗文化、休闲观光等。"特"讲的是突出地域特点，体现当地风情。要跳出本地看本地，打造为广大消费者所认可、能形成竞争优势的特色，如因地制宜打造苹果村、木耳乡、黄花镇等。"产"讲的是真正建成产业、形成集群。要延长农产品产业链，发展农产品加工、保鲜储藏、运输销售等，形成一定规模，把农产品增值收益留在农村、留给农民。产业梯度转移是个趋势，各地发展特色产业时要抓住这个机遇。总之，要依托农业农村特色资源，向开发农业多种功能、挖掘乡村多元价值要效益，向一二三产业融合发展要效益，强龙头、补链条、兴业态、树品牌，推动乡村产业全链条升级，增强市场竞争力和可持续发展能力。

　　——习近平 2022 年 12 月 23 日在中央农村工作会议上的讲话

　　五级书记抓乡村振兴是党中央的明确要求，也是加快建设农业强国的有效机制。市县两级更要把"三农"工作作为重头戏，花大精力来抓，特别是县委书记要当好"一线总指挥"，不重视"三农"的书记不是好书记，抓不好农村工作的书记不是称职的书记。要完善考核督查机制，以责任落实推动工作落实、政策落实。

　　——习近平 2022 年 12 月 23 日在中央农村工作会议上的讲话

　　全面建设社会主义现代化国家，扎实推进共同富裕，最艰巨最繁重的任务仍然在农村，必须逐步缩小城乡差距。要积极推进以县城为重要载体的新型城镇化建设，提升县城市政公用设施建设水平和基础公共服务、产业配套功能，增强综合承载能力和治理能力，发挥县城对县域经济发展的辐射带动作用。因地制宜发展小城镇，促进特色小镇规范健康发展，构建以县城为枢纽、以小城

镇为节点的县域经济体系。健全城乡融合发展体制机制，完善城乡要素平等交换、双向流动的政策体系，促进城市资源要素有序向乡村流动，增强农业农村发展活力。因地制宜大力发展特色产业，推进农村一二三产业融合发展，拓宽农民增收致富渠道。持续深化农村人居环境整治，加强传统村落和乡村特色风貌保护，加强农村精神文明建设，培育文明乡风。持续实施动态监测，不断增强脱贫地区内生发展动力，坚决守住不发生规模性返贫的底线。

——习近平2023年5月17日在听取陕西省委和省政府工作汇报时的讲话

要坚持好、发展好新时代"枫桥经验❶"，坚持党的群众路线，正确处理人民内部矛盾，紧紧依靠人民群众，把问题解决在基层、化解在萌芽状态。

——习近平2023年9月20日至21日在浙江考察时的讲话

---

❶ 枫桥经验是20世纪60年代初浙江省诸暨市枫桥镇干部群众创造的"发动和依靠群众，坚持矛盾不上交，就地解决，实现捕人少，治安好"的管理方式。2022年10月16日，习近平总书记在党的二十大报告将"推进国家安全体系和能力现代化，坚决维护国家安全和社会稳定"作为专章论述，指出，在社会基层坚持和发展新时代"枫桥经验"，完善正确处理新形势下人民内部矛盾机制，加强和改进人民信访工作，畅通和规范群众诉求表达、利益协调、权益保障通道，完善网格化管理、精细化服务、信息化支撑的基层治理平台，健全城乡社区治理体系，及时把矛盾纠纷化解在基层、化解在萌芽状态。

第二章　国家乡村振兴政策

　　本章主要对国家发布的乡村振兴法律法规和政策文件进行了摘录和梳理，主要包括《中华人民共和国乡村振兴促进法》《中国共产党农村工作条例》、乡村振兴战略解读等相关内容。

第一节　法　律　法　规

中华人民共和国乡村振兴促进法
（2021 年 4 月 29 日第十三届全国人民代表大会
常务委员会第二十八次会议通过）

第一章　总　　则

　　第一条　为了全面实施乡村振兴战略，促进农业全面升级、农村全面进步、农民全面发展，加快农业农村现代化，全面建设社会主义现代化国家，制定本法。

　　第二条　全面实施乡村振兴战略，开展促进乡村产业振兴、人才振兴、文化振兴、生态振兴、组织振兴，推进城乡融合发展等活动，适用本法。

　　本法所称乡村，是指城市建成区以外具有自然、社会、经济特征和生产、生活、生态、文化等多重功能的地域综合体，包括乡镇和村庄等。

　　第三条　促进乡村振兴应当按照产业兴旺、生态宜居、乡风文明、治理有效、生活富裕的总要求，统筹推进农村经济建设、政治建设、文化建设、社会建设、生态文明建设和党的建设，充分发挥乡村在保障农产品供给和粮食安全、保护生态环境、传承发展中华民族优秀传统文化等方面的特有功能。

第四条　全面实施乡村振兴战略,应当坚持中国共产党的领导,贯彻创新、协调、绿色、开放、共享的新发展理念,走中国特色社会主义乡村振兴道路,促进共同富裕,遵循以下原则:

(一)坚持农业农村优先发展,在干部配备上优先考虑,在要素配置上优先满足,在资金投入上优先保障,在公共服务上优先安排;

(二)坚持农民主体地位,充分尊重农民意愿,保障农民民主权利和其他合法权益,调动农民的积极性、主动性、创造性,维护农民根本利益;

(三)坚持人与自然和谐共生,统筹山水林田湖草沙系统治理,推动绿色发展,推进生态文明建设;

(四)坚持改革创新,充分发挥市场在资源配置中的决定性作用,更好发挥政府作用,推进农业供给侧结构性改革和高质量发展,不断解放和发展乡村社会生产力,激发农村发展活力;

(五)坚持因地制宜、规划先行、循序渐进,顺应村庄发展规律,根据乡村的历史文化、发展现状、区位条件、资源禀赋、产业基础分类推进。

第五条　国家巩固和完善以家庭承包经营为基础、统分结合的双层经营体制,发展壮大农村集体所有制经济。

第六条　国家建立健全城乡融合发展的体制机制和政策体系,推动城乡要素有序流动、平等交换和公共资源均衡配置,坚持以工补农、以城带乡,推动形成工农互促、城乡互补、协调发展、共同繁荣的新型工农城乡关系。

第七条　国家坚持以社会主义核心价值观为引领,大力弘扬民族精神和时代精神,加强乡村优秀传统文化保护和公共文化服务体系建设,繁荣发展乡村文化。

每年农历秋分日为中国农民丰收节。

第八条　国家实施以我为主、立足国内、确保产能、适度进口、科技支撑的粮食安全战略,坚持藏粮于地、藏粮于技,采取措施不断提高粮食综合生产能力,建设国家粮食安全产业带,完善粮食加工、流通、储备体系,确保谷物基本自给、口粮绝对安全,保障国家粮食安全。

国家完善粮食加工、储存、运输标准,提高粮食加工出品率和利用率,推动节粮减损。

第九条　国家建立健全中央统筹、省负总责、市县乡抓落实的乡村振兴工作机制。

各级人民政府应当将乡村振兴促进工作纳入国民经济和社会发展规划,并建立乡村振兴考核评价制度、工作年度报告制度和监督检查制度。

第十条 国务院农业农村主管部门负责全国乡村振兴促进工作的统筹协调、宏观指导和监督检查；国务院其他有关部门在各自职责范围内负责有关的乡村振兴促进工作。

县级以上地方人民政府农业农村主管部门负责本行政区域内乡村振兴促进工作的统筹协调、指导和监督检查；县级以上地方人民政府其他有关部门在各自职责范围内负责有关的乡村振兴促进工作。

第十一条 各级人民政府及其有关部门应当采取多种形式，广泛宣传乡村振兴促进相关法律法规和政策，鼓励、支持人民团体、社会组织、企事业单位等社会各方面参与乡村振兴促进相关活动。

对在乡村振兴促进工作中作出显著成绩的单位和个人，按照国家有关规定给予表彰和奖励。

第二章 产 业 发 展

第十二条 国家完善农村集体产权制度，增强农村集体所有制经济发展活力，促进集体资产保值增值，确保农民受益。

各级人民政府应当坚持以农民为主体，以乡村优势特色资源为依托，支持、促进农村一二三产业融合发展，推动建立现代农业产业体系、生产体系和经营体系，推进数字乡村建设，培育新产业、新业态、新模式和新型农业经营主体，促进小农户和现代农业发展有机衔接。

第十三条 国家采取措施优化农业生产力布局，推进农业结构调整，发展优势特色产业，保障粮食和重要农产品有效供给和质量安全，推动品种培优、品质提升、品牌打造和标准化生产，推动农业对外开放，提高农业质量、效益和竞争力。

国家实行重要农产品保障战略，分品种明确保障目标，构建科学合理、安全高效的重要农产品供给保障体系。

第十四条 国家建立农用地分类管理制度，严格保护耕地，严格控制农用地转为建设用地，严格控制耕地转为林地、园地等其他类型农用地。省、自治区、直辖市人民政府应当采取措施确保耕地总量不减少、质量有提高。

国家实行永久基本农田保护制度，建设粮食生产功能区、重要农产品生产保护区，建设并保护高标准农田。

地方各级人民政府应当推进农村土地整理和农用地科学安全利用，加强农田水利等基础设施建设，改善农业生产条件。

第十五条　国家加强农业种质资源保护利用和种质资源库建设，支持育种基础性、前沿性和应用技术研究，实施农作物和畜禽等良种培育、育种关键技术攻关，鼓励种业科技成果转化和优良品种推广，建立并实施种业国家安全审查机制，促进种业高质量发展。

第十六条　国家采取措施加强农业科技创新，培育创新主体，构建以企业为主体、产学研协同的创新机制，强化高等学校、科研机构、农业企业创新能力，建立创新平台，加强新品种、新技术、新装备、新产品研发，加强农业知识产权保护，推进生物种业、智慧农业、设施农业、农产品加工、绿色农业投入品等领域创新，建设现代农业产业技术体系，推动农业农村创新驱动发展。

国家健全农业科研项目评审、人才评价、成果产权保护制度，保障对农业科技基础性、公益性研究的投入，激发农业科技人员创新积极性。

第十七条　国家加强农业技术推广体系建设，促进建立有利于农业科技成果转化推广的激励机制和利益分享机制，鼓励企业、高等学校、职业学校、科研机构、科学技术社会团体、农民专业合作社、农业专业化社会化服务组织、农业科技人员等创新推广方式，开展农业技术推广服务。

第十八条　国家鼓励农业机械生产研发和推广应用，推进主要农作物生产全程机械化，提高设施农业、林草业、畜牧业、渔业和农产品初加工的装备水平，推动农机农艺融合、机械化信息化融合，促进机械化生产与农田建设相适应、服务模式与农业适度规模经营相适应。

国家鼓励农业信息化建设，加强农业信息监测预警和综合服务，推进农业生产经营信息化。

第十九条　各级人民政府应当发挥农村资源和生态优势，支持特色农业、休闲农业、现代农产品加工业、乡村手工业、绿色建材、红色旅游、乡村旅游、康养和乡村物流、电子商务等乡村产业的发展；引导新型经营主体通过特色化、专业化经营，合理配置生产要素，促进乡村产业深度融合；支持特色农产品优势区、现代农业产业园、农业科技园、农村创业园、休闲农业和乡村旅游重点村镇等的建设；统筹农产品生产地、集散地、销售地市场建设，加强农产品流通骨干网络和冷链物流体系建设；鼓励企业获得国际通行的农产品认证，增强乡村产业竞争力。

发展乡村产业应当符合国土空间规划和产业政策、环境保护的要求。

第二十条　各级人民政府应当完善扶持政策，加强指导服务，支持农民、返乡入乡人员在乡村创业创新，促进乡村产业发展和农民就业。

第二十一条 各级人民政府应当建立健全有利于农民收入稳定增长的机制，鼓励支持农民拓宽增收渠道，促进农民增加收入。

国家采取措施支持农村集体经济组织发展，为本集体成员提供生产生活服务，保障成员从集体经营收入中获得收益分配的权利。

国家支持农民专业合作社、家庭农场和涉农企业、电子商务企业、农业专业化社会化服务组织等以多种方式与农民建立紧密型利益联结机制，让农民共享全产业链增值收益。

第二十二条 各级人民政府应当加强国有农（林、牧、渔）场规划建设，推进国有农（林、牧、渔）场现代农业发展，鼓励国有农（林、牧、渔）场在农业农村现代化建设中发挥示范引领作用。

第二十三条 各级人民政府应当深化供销合作社综合改革，鼓励供销合作社加强与农民利益联结，完善市场运作机制，强化为农服务功能，发挥其为农服务综合性合作经济组织的作用。

第三章 人 才 支 撑

第二十四条 国家健全乡村人才工作体制机制，采取措施鼓励和支持社会各方面提供教育培训、技术支持、创业指导等服务，培养本土人才，引导城市人才下乡，推动专业人才服务乡村，促进农业农村人才队伍建设。

第二十五条 各级人民政府应当加强农村教育工作统筹，持续改善农村学校办学条件，支持开展网络远程教育，提高农村基础教育质量，加大乡村教师培养力度，采取公费师范教育等方式吸引高等学校毕业生到乡村任教，对长期在乡村任教的教师在职称评定等方面给予优待，保障和改善乡村教师待遇，提高乡村教师学历水平、整体素质和乡村教育现代化水平。

各级人民政府应当采取措施加强乡村医疗卫生队伍建设，支持县乡村医疗卫生人员参加培训、进修，建立县乡村上下贯通的职业发展机制，对在乡村工作的医疗卫生人员实行优惠待遇，鼓励医学院校毕业生到乡村工作，支持医师到乡村医疗卫生机构执业、开办乡村诊所、普及医疗卫生知识，提高乡村医疗卫生服务能力。

各级人民政府应当采取措施培育农业科技人才、经营管理人才、法律服务人才、社会工作人才，加强乡村文化人才队伍建设，培育乡村文化骨干力量。

第二十六条 各级人民政府应当采取措施，加强职业教育和继续教育，组织开展农业技能培训、返乡创业就业培训和职业技能培训，培养有文化、懂技术、善经营、会管理的高素质农民和农村实用人才、创新创业带头人。

第二十七条　县级以上人民政府及其教育行政部门应当指导、支持高等学校、职业学校设置涉农相关专业，加大农村专业人才培养力度，鼓励高等学校、职业学校毕业生到农村就业创业。

第二十八条　国家鼓励城市人才向乡村流动，建立健全城乡、区域、校地之间人才培养合作与交流机制。

县级以上人民政府应当建立鼓励各类人才参与乡村建设的激励机制，搭建社会工作和乡村建设志愿服务平台，支持和引导各类人才通过多种方式服务乡村振兴。

乡镇人民政府和村民委员会、农村集体经济组织应当为返乡入乡人员和各类人才提供必要的生产生活服务。农村集体经济组织可以根据实际情况提供相关的福利待遇。

第四章　文　化　繁　荣

第二十九条　各级人民政府应当组织开展新时代文明实践活动，加强农村精神文明建设，不断提高乡村社会文明程度。

第三十条　各级人民政府应当采取措施丰富农民文化体育生活，倡导科学健康的生产生活方式，发挥村规民约积极作用，普及科学知识，推进移风易俗，破除大操大办、铺张浪费等陈规陋习，提倡孝老爱亲、勤俭节约、诚实守信，促进男女平等，创建文明村镇、文明家庭，培育文明乡风、良好家风、淳朴民风，建设文明乡村。

第三十一条　各级人民政府应当健全完善乡村公共文化体育设施网络和服务运行机制，鼓励开展形式多样的农民群众性文化体育、节日民俗等活动，充分利用广播电视、视听网络和书籍报刊，拓展乡村文化服务渠道，提供便利可及的公共文化服务。

各级人民政府应当支持农业农村农民题材文艺创作，鼓励制作反映农民生产生活和乡村振兴实践的优秀文艺作品。

第三十二条　各级人民政府应当采取措施保护农业文化遗产和非物质文化遗产，挖掘优秀农业文化深厚内涵，弘扬红色文化，传承和发展优秀传统文化。

县级以上地方人民政府应当加强对历史文化名镇名村、传统村落和乡村风貌、少数民族特色村寨的保护，开展保护状况监测和评估，采取措施防御和减轻火灾、洪水、地震等灾害。

第三十三条　县级以上地方人民政府应当坚持规划引导、典型示范，有计划地建设特色鲜明、优势突出的农业文化展示区、文化产业特色村落，发展乡村特色文化体育产业，推动乡村地区传统工艺振兴，积极推动智慧广电乡村建设，活跃繁荣农村文化市场。

第五章　生　态　保　护

第三十四条　国家健全重要生态系统保护制度和生态保护补偿机制，实施重要生态系统保护和修复工程，加强乡村生态保护和环境治理，绿化美化乡村环境，建设美丽乡村。

第三十五条　国家鼓励和支持农业生产者采用节水、节肥、节药、节能等先进的种植养殖技术，推动种养结合、农业资源综合开发，优先发展生态循环农业。

各级人民政府应当采取措施加强农业面源污染防治，推进农业投入品减量化、生产清洁化、废弃物资源化、产业模式生态化，引导全社会形成节约适度、绿色低碳、文明健康的生产生活和消费方式。

第三十六条　各级人民政府应当实施国土综合整治和生态修复，加强森林、草原、湿地等保护修复，开展荒漠化、石漠化、水土流失综合治理，改善乡村生态环境。

第三十七条　各级人民政府应当建立政府、村级组织、企业、农民等各方面参与的共建共管共享机制，综合整治农村水系，因地制宜推广卫生厕所和简便易行的垃圾分类，治理农村垃圾和污水，加强乡村无障碍设施建设，鼓励和支持使用清洁能源、可再生能源，持续改善农村人居环境。

第三十八条　国家建立健全农村住房建设质量安全管理制度和相关技术标准体系，建立农村低收入群体安全住房保障机制。建设农村住房应当避让灾害易发区域，符合抗震、防洪等基本安全要求。

县级以上地方人民政府应当加强农村住房建设管理和服务，强化新建农村住房规划管控，严格禁止违法占用耕地建房；鼓励农村住房设计体现地域、民族和乡土特色，鼓励农村住房建设采用新型建造技术和绿色建材，引导农民建设功能现代、结构安全、成本经济、绿色环保、与乡村环境相协调的宜居住房。

第三十九条　国家对农业投入品实行严格管理，对剧毒、高毒、高残留的农药、兽药采取禁用限用措施。农产品生产经营者不得使用国家禁用的农药、兽药或者其他有毒有害物质，不得违反农产品质量安全标准和国家有关规定超剂量、超范围使用农药、兽药、肥料、饲料添加剂等农业投入品。

　　第四十条　国家实行耕地养护、修复、休耕和草原森林河流湖泊休养生息制度。县级以上人民政府及其有关部门依法划定江河湖海限捕、禁捕的时间和区域，并可以根据地下水超采情况，划定禁止、限制开采地下水区域。

　　禁止违法将污染环境、破坏生态的产业、企业向农村转移。禁止违法将城镇垃圾、工业固体废物、未经达标处理的城镇污水等向农业农村转移。禁止向农用地排放重金属或者其他有毒有害物质含量超标的污水、污泥，以及可能造成土壤污染的清淤底泥、尾矿、矿渣等；禁止将有毒有害废物用作肥料或者用于造田和土地复垦。

　　地方各级人民政府及其有关部门应当采取措施，推进废旧农膜和农药等农业投入品包装废弃物回收处理，推进农作物秸秆、畜禽粪污的资源化利用，严格控制河流湖库、近岸海域投饵网箱养殖。

第六章　组织建设

　　第四十一条　建立健全党委领导、政府负责、民主协商、社会协同、公众参与、法治保障、科技支撑的现代乡村社会治理体制和自治、法治、德治相结合的乡村社会治理体系，建设充满活力、和谐有序的善治乡村。

　　地方各级人民政府应当加强乡镇人民政府社会管理和服务能力建设，把乡镇建成乡村治理中心、农村服务中心、乡村经济中心。

　　第四十二条　中国共产党农村基层组织，按照中国共产党章程和有关规定发挥全面领导作用。村民委员会、农村集体经济组织等应当在乡镇党委和村党组织的领导下，实行村民自治，发展集体所有制经济，维护农民合法权益，并应当接受村民监督。

　　第四十三条　国家建立健全农业农村工作干部队伍的培养、配备、使用、管理机制，选拔优秀干部充实到农业农村工作干部队伍，采取措施提高农业农村工作干部队伍的能力和水平，落实农村基层干部相关待遇保障，建设懂农业、爱农村、爱农民的农业农村工作干部队伍。

　　第四十四条　地方各级人民政府应当构建简约高效的基层管理体制，科学设置乡镇机构，加强乡村干部培训，健全农村基层服务体系，夯实乡村治理基础。

第四十五条 乡镇人民政府应当指导和支持农村基层群众性自治组织规范化、制度化建设,健全村民委员会民主决策机制和村务公开制度,增强村民自我管理、自我教育、自我服务、自我监督能力。

第四十六条 各级人民政府应当引导和支持农村集体经济组织发挥依法管理集体资产、合理开发集体资源、服务集体成员等方面的作用,保障农村集体经济组织的独立运营。

县级以上地方人民政府应当支持发展农民专业合作社、家庭农场、农业企业等多种经营主体,健全农业农村社会化服务体系。

第四十七条 县级以上地方人民政府应当采取措施加强基层群团组织建设,支持、规范和引导农村社会组织发展,发挥基层群团组织、农村社会组织团结群众、联系群众、服务群众等方面的作用。

第四十八条 地方各级人民政府应当加强基层执法队伍建设,鼓励乡镇人民政府根据需要设立法律顾问和公职律师,鼓励有条件的地方在村民委员会建立公共法律服务工作室,深入开展法治宣传教育和人民调解工作,健全乡村矛盾纠纷调处化解机制,推进法治乡村建设。

第四十九条 地方各级人民政府应当健全农村社会治安防控体系,加强农村警务工作,推动平安乡村建设;健全农村公共安全体系,强化农村公共卫生、安全生产、防灾减灾救灾、应急救援、应急广播、食品、药品、交通、消防等安全管理责任。

第七章 城 乡 融 合

第五十条 各级人民政府应当协同推进乡村振兴战略和新型城镇化战略的实施,整体筹划城镇和乡村发展,科学有序统筹安排生态、农业、城镇等功能空间,优化城乡产业发展、基础设施、公共服务设施等布局,逐步健全全民覆盖、普惠共享、城乡一体的基本公共服务体系,加快县域城乡融合发展,促进农业高质高效、乡村宜居宜业、农民富裕富足。

第五十一条 县级人民政府和乡镇人民政府应当优化本行政区域内乡村发展布局,按照尊重农民意愿、方便群众生产生活、保持乡村功能和特色的原则,因地制宜安排村庄布局,依法编制村庄规划,分类有序推进村庄建设,严格规范村庄撤并,严禁违背农民意愿、违反法定程序撤并村庄。

第五十二条 县级以上地方人民政府应当统筹规划、建设、管护城乡道路以及垃圾污水处理、供水供电供气、物流、客运、信息通信、广播电视、消防、防灾减灾等公共基础设施和新型基础设施，推动城乡基础设施互联互通，保障乡村发展能源需求，保障农村饮用水安全，满足农民生产生活需要。

　　第五十三条　国家发展农村社会事业，促进公共教育、医疗卫生、社会保障等资源向农村倾斜，提升乡村基本公共服务水平，推进城乡基本公共服务均等化。

　　国家健全乡村便民服务体系，提升乡村公共服务数字化智能化水平，支持完善村级综合服务设施和综合信息平台，培育服务机构和服务类社会组织，完善服务运行机制，促进公共服务与自我服务有效衔接，增强生产生活服务功能。

　　第五十四条　国家完善城乡统筹的社会保障制度，建立健全保障机制，支持乡村提高社会保障管理服务水平；建立健全城乡居民基本养老保险待遇确定和基础养老金标准正常调整机制，确保城乡居民基本养老保险待遇随经济社会发展逐步提高。

　　国家支持农民按照规定参加城乡居民基本养老保险、基本医疗保险，鼓励具备条件的灵活就业人员和农业产业化从业人员参加职工基本养老保险、职工基本医疗保险等社会保险。

　　国家推进城乡最低生活保障制度统筹发展，提高农村特困人员供养等社会救助水平，加强对农村留守儿童、妇女和老年人以及残疾人、困境儿童的关爱服务，支持发展农村普惠型养老服务和互助性养老。

　　第五十五条　国家推动形成平等竞争、规范有序、城乡统一的人力资源市场，健全城乡均等的公共就业创业服务制度。

　　县级以上地方人民政府应当采取措施促进在城镇稳定就业和生活的农民自愿有序进城落户，不得以退出土地承包经营权、宅基地使用权、集体收益分配权等作为农民进城落户的条件；推进取得居住证的农民及其随迁家属享受城镇基本公共服务。

　　国家鼓励社会资本到乡村发展与农民利益联结型项目，鼓励城市居民到乡村旅游、休闲度假、养生养老等，但不得破坏乡村生态环境，不得损害农村集体经济组织及其成员的合法权益。

　　第五十六条　县级以上人民政府应当采取措施促进城乡产业协同发展，在保障农民主体地位的基础上健全联农带农激励机制，实现乡村经济多元化和农业全产业链发展。

　　第五十七条　各级人民政府及其有关部门应当采取措施鼓励农民进城务工，全面落实城乡劳动者平等就业、同工同酬，依法保障农民工工资支付和社会保障权益。

第八章 扶 持 措 施

第五十八条 国家建立健全农业支持保护体系和实施乡村振兴战略财政投入保障制度。县级以上人民政府应当优先保障用于乡村振兴的财政投入,确保投入力度不断增强、总量持续增加、与乡村振兴目标任务相适应。

省、自治区、直辖市人民政府可以依法发行政府债券,用于现代农业设施建设和乡村建设。

各级人民政府应当完善涉农资金统筹整合长效机制,强化财政资金监督管理,全面实施预算绩效管理,提高财政资金使用效益。

第五十九条 各级人民政府应当采取措施增强脱贫地区内生发展能力,建立农村低收入人口、欠发达地区帮扶长效机制,持续推进脱贫地区发展;建立健全易返贫致贫人口动态监测预警和帮扶机制,实现巩固拓展脱贫攻坚成果同乡村振兴有效衔接。

国家加大对革命老区、民族地区、边疆地区实施乡村振兴战略的支持力度。

第六十条 国家按照增加总量、优化存量、提高效能的原则,构建以高质量绿色发展为导向的新型农业补贴政策体系。

第六十一条 各级人民政府应当坚持取之于农、主要用之于农的原则,按照国家有关规定调整完善土地使用权出让收入使用范围,提高农业农村投入比例,重点用于高标准农田建设、农田水利建设、现代种业提升、农村供水保障、农村人居环境整治、农村土地综合整治、耕地及永久基本农田保护、村庄公共设施建设和管护、农村教育、农村文化和精神文明建设支出,以及与农业农村直接相关的山水林田湖草沙生态保护修复、以工代赈工程建设等。

第六十二条 县级以上人民政府设立的相关专项资金、基金应当按照规定加强对乡村振兴的支持。

国家支持以市场化方式设立乡村振兴基金,重点支持乡村产业发展和公共基础设施建设。

县级以上地方人民政府应当优化乡村营商环境,鼓励创新投融资方式,引导社会资本投向乡村。

第六十三条 国家综合运用财政、金融等政策措施,完善政府性融资担保机制,依法完善乡村资产抵押担保权能,改进、加强乡村振兴的金融支持和服务。

财政出资设立的农业信贷担保机构应当主要为从事农业生产和与农业生产直接相关的经营主体服务。

第六十四条 国家健全多层次资本市场，多渠道推动涉农企业股权融资，发展并规范债券市场，促进涉农企业利用多种方式融资；丰富农产品期货品种，发挥期货市场价格发现和风险分散功能。

第六十五条 国家建立健全多层次、广覆盖、可持续的农村金融服务体系，完善金融支持乡村振兴考核评估机制，促进农村普惠金融发展，鼓励金融机构依法将更多资源配置到乡村发展的重点领域和薄弱环节。

政策性金融机构应当在业务范围内为乡村振兴提供信贷支持和其他金融服务，加大对乡村振兴的支持力度。

商业银行应当结合自身职能定位和业务优势，创新金融产品和服务模式，扩大基础金融服务覆盖面，增加对农民和农业经营主体的信贷规模，为乡村振兴提供金融服务。

农村商业银行、农村合作银行、农村信用社等农村中小金融机构应当主要为本地农业农村农民服务，当年新增可贷资金主要用于当地农业农村发展。

第六十六条 国家建立健全多层次农业保险体系，完善政策性农业保险制度，鼓励商业性保险公司开展农业保险业务，支持农民和农业经营主体依法开展互助合作保险。

县级以上人民政府应当采取保费补贴等措施，支持保险机构适当增加保险品种，扩大农业保险覆盖面，促进农业保险发展。

第六十七条 县级以上地方人民政府应当推进节约集约用地，提高土地使用效率，依法采取措施盘活农村存量建设用地，激活农村土地资源，完善农村新增建设用地保障机制，满足乡村产业、公共服务设施和农民住宅用地合理需求。

县级以上地方人民政府应当保障乡村产业用地，建设用地指标应当向乡村发展倾斜，县域内新增耕地指标应当优先用于折抵乡村产业发展所需建设用地指标，探索灵活多样的供地新方式。

经国土空间规划确定为工业、商业等经营性用途并依法登记的集体经营性建设用地，土地所有权人可以依法通过出让、出租等方式交由单位或者个人使用，优先用于发展集体所有制经济和乡村产业。

第九章 监 督 检 查

第六十八条 国家实行乡村振兴战略实施目标责任制和考核评价制度。上级人民政府应当对下级人民政府实施乡村振兴战略的目标完成情况等进行考核，考核结果作为地方人民政府及其负责人综合考核评价的重要内容。

　　第六十九条　国务院和省、自治区、直辖市人民政府有关部门建立客观反映乡村振兴进展的指标和统计体系。县级以上地方人民政府应当对本行政区域内乡村振兴战略实施情况进行评估。

　　第七十条　县级以上各级人民政府应当向本级人民代表大会或者其常务委员会报告乡村振兴促进工作情况。乡镇人民政府应当向本级人民代表大会报告乡村振兴促进工作情况。

　　第七十一条　地方各级人民政府应当每年向上一级人民政府报告乡村振兴促进工作情况。

　　县级以上人民政府定期对下一级人民政府乡村振兴促进工作情况开展监督检查。

　　第七十二条　县级以上人民政府发展改革、财政、农业农村、审计等部门按照各自职责对农业农村投入优先保障机制落实情况、乡村振兴资金使用情况和绩效等实施监督。

　　第七十三条　各级人民政府及其有关部门在乡村振兴促进工作中不履行或者不正确履行职责的，依照法律法规和国家有关规定追究责任，对直接负责的主管人员和其他直接责任人员依法给予处分。

　　违反有关农产品质量安全、生态环境保护、土地管理等法律法规的，由有关主管部门依法予以处罚；构成犯罪的，依法追究刑事责任。

第十章　附　　则

　　第七十四条　本法自 2021 年 6 月 1 日起施行。

中国共产党农村工作条例

第一章　总　　则

　　第一条　为了坚持和加强党对农村工作的全面领导，贯彻党的基本理论、基本路线、基本方略，深入实施乡村振兴战略，提高新时代党全面领导农村工作的能力和水平，根据《中国共产党章程》，制定本条例。

第二条 党的农村工作必须高举中国特色社会主义伟大旗帜，坚持以马克思列宁主义、毛泽东思想、邓小平理论、"三个代表"重要思想、科学发展观、习近平新时代中国特色社会主义思想为指导，增强政治意识、大局意识、核心意识、看齐意识，坚定道路自信、理论自信、制度自信、文化自信，坚决维护习近平总书记党中央的核心、全党的核心地位，坚决维护党中央权威和集中统一领导，紧紧围绕统筹推进"五位一体"总体布局和协调推进"四个全面"战略布局，坚持稳中求进工作总基调，贯彻新发展理念，落实高质量发展要求，以实施乡村振兴战略为总抓手，健全党领导农村工作的组织体系、制度体系和工作机制，加快推进乡村治理体系和治理能力现代化，加快推进农业农村现代化，让广大农民过上更加美好的生活。

第三条 农业农村农民（简称"三农"）问题是关系国计民生的根本性问题。坚持把解决好"三农"问题作为全党工作重中之重，把解决好吃饭问题作为治国安邦的头等大事，坚持农业农村优先发展，坚持多予少取放活，推动城乡融合发展，集中精力做好脱贫攻坚、防贫减贫工作，走共同富裕道路。

第四条 党的农村工作必须遵循以下原则：

（一）坚持党对农村工作的全面领导，确保党在农村工作中总揽全局、协调各方，保证农村改革发展沿着正确的方向前进；

（二）坚持以人民为中心，尊重农民主体地位和首创精神，切实保障农民物质利益和民主权利，把农民拥护不拥护、支持不支持作为制定党的农村政策的依据；

（三）坚持巩固和完善农村基本经营制度，夯实党的农村政策基石；

（四）坚持走中国特色社会主义乡村振兴道路，推进乡村产业振兴、人才振兴、文化振兴、生态振兴、组织振兴；

（五）坚持教育引导农民听党话、感党恩、跟党走，把农民群众紧紧团结在党的周围，筑牢党在农村的执政基础；

（六）坚持一切从实际出发，分类指导、循序渐进，不搞强迫命令、不刮风、不一刀切。

第二章 组 织 领 导

第五条 实行中央统筹、省负总责、市县乡抓落实的农村工作领导体制。

第六条 党中央全面领导农村工作，统一制定农村工作大政方针，统一谋划农村发展重大战略，统一部署农村重大改革。党中央定期研究农村工作，每年召开农村工作会议，根据形势任务研究部署农村工作，制定出台指导农村工作的文件。

第七条 党中央设立中央农村工作领导小组，在中央政治局及其常务委员会的领导下开展工作，对党中央负责，向党中央和总书记请示报告工作。

中央农村工作领导小组发挥农村工作牵头抓总、统筹协调等作用，定期分析农村经济社会形势，研究协调"三农"重大问题，督促落实党中央关于农村工作重要决策部署。

中央农村工作领导小组各成员单位应当加强对本单位本系统农村工作的领导，落实职责任务，加强部门协同，形成农村工作合力。

中央农村工作领导小组下设办公室，承担中央农村工作领导小组日常事务。

第八条 省（自治区、直辖市）党委应当定期研究本地区农村工作，定期听取农村工作汇报，决策农村工作重大事项，召开农村工作会议，制定出台农村工作政策举措，抓好重点任务分工、重大项目实施、重要资源配置等工作。

第九条 市（地、州、盟）党委应当把农村工作摆上重要议事日程，做好上下衔接、域内协调、督促检查工作，发挥好以市带县作用。

第十条 县（市、区、旗）党委处于党的农村工作前沿阵地，应当结合本地区实际，制定具体管用的工作措施，建立健全职责清晰的责任体系，贯彻落实党中央以及上级党委关于农村工作的要求和决策部署。县委书记应当把主要精力放在农村工作上，深入基层调查研究，加强统筹谋划，狠抓工作落实。

第十一条 县级以上地方党委应当设立农村工作领导小组，省市级农村工作领导小组一般由同级党委副书记任组长，县级农村工作领导小组由县委书记任组长，其成员由党委和政府有关负责人以及相关部门主要负责人组成。

第十二条 加强各级党委农村工作部门建设，做好机构设置和人员配置工作。各级党委农村工作部门履行决策参谋、统筹协调、政策指导、推动落实、督导检查等职能。

第十三条 各级党委应当完善农村工作领导决策机制，注重发挥人大代表和政协委员作用，注重发挥智库和专业研究机构作用，提高决策科学化水平。

第三章 主 要 任 务

第十四条 加强党对农村经济建设的领导。巩固和加强农业基础地位，实施藏粮于地、藏粮于技战略，严守耕地红线，确保谷物基本自给、口粮绝对安全。深化农业供给侧结构性改革，构建现代农业产业体系、生产体系、经营体系，促进农村一二三产业融合发展，发展壮大农村集体经济，促进农民持续增收致富。坚决打赢脱贫攻坚战，巩固和扩大脱贫攻坚成果。

第十五条　加强党对农村社会主义民主政治建设的领导。完善基层民主制度，深化村民自治实践，健全村党组织领导的充满活力的村民自治机制，丰富基层民主协商形式，保证农民依法实行民主选举、民主协商、民主决策、民主管理、民主监督。严厉打击农村黑恶势力、宗族恶势力，严厉打击各类违法犯罪，严厉打击暴力恐怖活动，保障人民生命财产安全，促进农村社会公平正义。坚决取缔各类非法宗教传播活动，巩固农村基层政权。

第十六条　加强党对农村社会主义精神文明建设的领导。培育和践行社会主义核心价值观，在农民群众中深入开展中国特色社会主义、习近平新时代中国特色社会主义思想宣传教育，建好用好新时代文明实践中心。加强农村思想道德建设，传承发展提升农村优秀传统文化，推进移风易俗。加强农村思想政治工作，广泛开展民主法治教育。深入开展农村群众性精神文明创建活动，丰富农民精神文化生活，提高农民科学文化素质和乡村社会文明程度。

第十七条　加强党对农村社会建设的领导。坚持保障和改善农村民生，大力发展教育、医疗卫生、养老、文化体育、社会保障等农村社会事业，加快改善农村公共基础设施和基本公共服务条件，提升农民生活质量。建立健全党委领导、政府负责、社会协同、公众参与、法治保障、科技支撑的现代乡村社会治理体制，健全党组织领导下的自治、法治、德治相结合的乡村治理体系，建设充满活力、和谐有序的乡村社会。

第十八条　加强党对农村生态文明建设的领导。牢固树立和践行绿水青山就是金山银山的发展理念，统筹山水林田湖草系统治理，促进农业绿色发展，加强农村生态环境保护，改善农村人居环境，建设生态宜居美丽乡村。

第十九条　加强农村党的建设。以提升组织力为重点，突出政治功能，把农村基层党组织建设成为宣传党的主张、贯彻党的决定、领导基层治理、团结动员群众、推动改革发展的坚强战斗堡垒，发挥党员先锋模范作用。坚持农村基层党组织领导地位不动摇，乡镇党委和村党组织全面领导乡镇、村的各类组织和各项工作。村党组织书记应当通过法定程序担任村民委员会主任和村级集体经济组织、合作经济组织负责人，推行村"两委"班子成员交叉任职。加强村党组织对共青团、妇联等群团组织的领导，发挥它们的积极作用。健全村党组织领导下的议事决策机制、监督机制，建立健全村务监督委员会，村级重大事项决策实行"四议两公开"。各级党委特别是县级党委应当认真履行农村基层党建主体责任，坚持抓乡促村，选优配强村党组织书记，整顿软弱涣散村党组织，加强党内激励关怀帮扶，健全以财政投入为主的稳定的村级组织运转经费保障制度，持续加强基本队伍、基本活动、基本阵地、基本制度、基本保障建设。

各级党委应当推动全面从严治党向基层延伸，深入推进农村党风廉政建设，加强农村纪检监察工作，把落实农村政策情况作为巡视巡察重要内容，建立健全农村权力运行监督制度，持续整治侵害农民利益的不正之风和群众身边的腐败问题。

第四章 队 伍 建 设

第二十条 各级党委应当把懂农业、爱农村、爱农民作为基本要求，加强农村工作队伍建设。

各级党委和政府主要负责人应当懂"三农"、会抓"三农"，分管负责人应当成为抓"三农"的行家里手。加强农村工作干部队伍的培养、配备、管理、使用，健全培养锻炼制度，选派优秀干部到县乡挂职任职、到村担任第一书记，把到农村一线工作锻炼、干事创业作为培养干部的重要途径，注重提拔使用实绩优秀的农村工作干部。

农村工作干部应当增强做群众工作的本领，改进工作作风，深入基层，认真倾听农民群众呼声，不断增进与农民群众的感情，坚决反对"四风"特别是形式主义、官僚主义。

第二十一条 各级党委应当加强农村人才队伍建设。建立县域专业人才统筹使用制度和农村人才定向委托培养制度。大力提高乡村教师、医生队伍素质。加强农业科技人才队伍和技术推广队伍建设。培养一支有文化、懂技术、善经营、会管理的高素质农民队伍，造就更多乡土人才。

第二十二条 各级党委应当发挥工会、共青团、妇联、科协、残联、计生协等群团组织的优势和力量，发挥各民主党派、工商联、无党派人士等积极作用，支持引导农村社会工作和志愿服务发展，鼓励社会各界投身乡村振兴。

第五章 保 障 措 施

第二十三条 各级党委应当注重发挥改革对农业农村发展的推动作用。以处理好农民和土地的关系为主线推动深化农村改革，坚持农村土地农民集体所有，坚持家庭经营基础性地位，坚持保持土地承包关系稳定并长久不变，健全符合社会主义市场经济要求的农村经济体制，把实现好、维护好、发展好广大农民的根本利益作为出发点和落脚点，与时俱进推动"三农"理论创新、实践创新、制度创新，调动亿万农民的积极性、主动性、创造性，不断解放和发展农村社会生产力。

第二十四条　各级党委应当注重发挥投入对农业农村发展的支撑作用。推动建立"三农"财政投入稳定增长机制，加大强农惠农富农政策力度，完善农业支持保护制度，健全商业性金融、合作性金融、政策性金融相结合的农村金融服务体系，拓宽资金筹措渠道，确保"三农"投入力度不断增强、总量持续增加。

第二十五条　各级党委应当注重发挥科技教育对农业农村发展的引领作用。深入实施科教兴农战略，健全国家农业科技创新体系、现代农业教育体系、农业技术推广服务体系，把农业农村发展转到创新驱动发展的轨道上来。

第二十六条　各级党委应当注重发挥乡村规划对农业农村发展的导向作用。坚持规划先行，突出乡村特色，保持乡村风貌，加强各类规划统筹管理和系统衔接，推动形成城乡融合、区域一体、多规合一的规划体系，科学有序推进乡村建设发展。

第二十七条　各级党委应当注重发挥法治对农业农村发展的保障作用。坚持法治思维，增强法治观念，健全农业农村法律体系，加强农业综合执法，保障农民合法权益，自觉运用法治方式深化农村改革、促进农村发展、维护农村稳定，提高党领导农村工作法治化水平。

第六章　考　核　监　督

第二十八条　健全五级书记抓乡村振兴考核机制。地方各级党委和政府主要负责人、农村基层党组织书记是本地区乡村振兴工作第一责任人。上级党委和政府应当对下级党委和政府主要负责人、农村基层党组织书记履行第一责任人职责情况开展督查考核，并将考核结果作为干部选拔任用、评先奖优、问责追责的重要参考。

第二十九条　各省（自治区、直辖市）党委和政府每年向党中央、国务院报告乡村振兴战略实施情况，省以下各级党委和政府每年向上级党委和政府报告乡村振兴战略实施情况。

第三十条　实行市县党政领导班子和领导干部推进乡村振兴战略实绩考核制度，将抓好农村工作特别是推进乡村振兴战略实绩、贫困县精准脱贫成效作为政绩考核的重要内容，由上级党委统筹安排实施，考核结果作为对市县党政领导班子和有关领导干部综合考核评价的重要依据。

第三十一条 地方各级党政领导班子和主要负责人不履行或者不正确履行农村工作职责的，应当依照有关党内法规和法律法规予以问责；对农村工作履职不力、工作滞后的，上级党委应当约谈下级党委，本级党委应当约谈同级有关部门。

第三十二条 中央和地方党政机关各涉农部门应当认真履行贯彻落实党中央关于农村工作各项决策部署的职责，贴近基层服务农民群众，不得将部门职责转嫁给农村基层组织。不履行或者不正确履行职责的，应当依照有关党内法规和法律法规予以问责。

第三十三条 各级党委应当建立激励机制，鼓励干部敢于担当作为、勇于改革创新、乐于奉献为民，按照规定表彰和奖励在农村工作中作出突出贡献的集体和个人。

第七章 附　　则

第三十四条 各省（自治区、直辖市）党委可以根据本条例，结合本地区情况制定实施办法。

第三十五条 本条例由中央农村工作领导小组办公室负责解释。

第三十六条 本条例自 2019 年 8 月 19 日起施行。

第二节 政　策　要　求

一、乡村振兴战略

2017 年 10 月 18 日，中国共产党第十九次全国代表大会在北京召开，习近平总书记作了题为《决胜全面建成小康社会夺取新时代中国特色社会主义伟大胜利》的报告（简称十九大报告），提出了乡村振兴战略。十九大报告指出，农业农村农民问题是关系国计民生的根本性问题，必须始终把解决好"三农"问题作为全党工作的重中之重，实施乡村振兴战略。

（一）总体要求

1. 产业兴旺

乡村振兴，产业兴旺是重点。必须坚持质量兴农、绿色兴农，以农业供给侧结构性改革为主线,加快构建现代农业产业体系、生产体系、经营体系,提高农业创新力、竞争力和全要素生产率,加快实现由农业大国向农业强国转变。

2. 生态宜居

乡村振兴,生态宜居是关键。良好生态环境是农村最大优势和宝贵财富。必须尊重自然、顺应自然、保护自然,推动乡村自然资本加快增值,实现百姓富、生态美的统一。

3. 乡风文明

乡村振兴,乡风文明是保障。必须坚持物质文明和精神文明一起抓,提升农民精神风貌,培育文明乡风、良好家风、淳朴民风,不断提高乡村社会文明程度。

4. 治理有效

乡村振兴,治理有效是基础。必须把夯实基层基础作为固本之策,建立健全党委领导、政府负责、社会协同、公众参与、法治保障的现代乡村社会治理体制,坚持自治、法治、德治相结合,确保乡村社会充满活力、和谐有序。

5. 生活富裕

乡村振兴,生活富裕是根本。要坚持人人尽责、人人享有,按照抓重点、补短板、强弱项的要求,围绕农民群众最关心最直接最现实的利益问题,一件事情接着一件事情办,一年接着一年干,把乡村建设成为幸福美丽新家园。

(二)目标和方针

1. 总目标

实现农业农村现代化。

2. 总方针

坚持农业农村优先发展。

3. 三个阶段

(1)到 2020 年,乡村振兴取得重要进展,制度框架和政策体系基本形成。

(2)到 2035 年,乡村振兴取得决定性进展,农业农村现代化基本实现。

(3)到 2050 年,乡村全面振兴,农业强、农村美、农民富全面实现。❶

(三)具体路径

(1)乡村产业振兴;

---

❶《关于实施乡村振兴战略的意见》(2018 年中央一号文件)。

（2）乡村人才振兴；

（3）乡村文化振兴；

（4）乡村生态振兴；

（5）乡村组织振兴。

（四）基本原则

（1）坚持党管农村工作；

（2）坚持农业农村优先发展；

（3）坚持农民主体地位；

（4）坚持乡村全面振兴；

（5）坚持城乡融合发展；

（6）坚持人与自然和谐共生；

（7）坚持因地制宜、循序渐进。❶

二、中央一号文件

中央一号文件，顾名思义就是中央每年发布的第一份文件，通常在年初发布。1949 年 10 月 1 日，中华人民共和国中央人民政府开始发布《第一号文件》。现在已成为中共中央、国务院重视农村问题的专有名词。

中共中央在 1982～1986 年连续五年发布以农业、农村和农民为主题的中央一号文件，对农村改革和农业发展作出具体部署。2004～2023 年又连续二十年发布以"三农"为主题的中央一号文件，强调了"三农"问题在中国社会主义现代化时期"重中之重"的地位。

（一）文件特点

（1）强调粮食主产区农民增收和贫困地区农民增收这两个重点和难点。

（2）从农业内部、农村内部和农村外部这三个层次，提出促进农民扩大就业和增加收入的有关政策。

（3）从为农民增收创造必要外部条件的角度，提出了开拓农产品市场、增加对农业和农村投入，以及深化农村改革的政策措施。

（4）强调了各级党委、政府和有关部门要切实加强领导、落实政策。

---

❶《关于实施乡村振兴战略的意见》（2018 年中央一号文件）。

（二）文件解读

1. 2018 年中央一号文件

2018 年 1 月 2 日，2018 年中央一号文件《关于实施乡村振兴战略的意见》，全文约 16000 字，共分 10 个部分 46 条，包括：提升农业发展质量，培育乡村发展新动能；推进乡村绿色发展，打造人与自然和谐共生发展新格局；繁荣兴盛农村文化，焕发乡风文明新气象；加强农村基层基础工作，构建乡村治理新体系；提高农村民生保障水平，塑造美丽乡村新风貌；打好精准脱贫攻坚战，增强贫困群众获得感；推进体制机制创新，强化乡村振兴制度性供给；汇聚全社会力量，强化乡村振兴人才支撑；开拓投融资渠道，强化乡村振兴投入保障；坚持和完善党对"三农"工作的领导等内容。

2. 2019 年中央一号文件

2019 年 2 月 20 日，2019 年中央一号文件《关于坚持农业农村优先发展做好"三农"工作的若干意见》全文 1.1 万余字，共分 8 个部分，包括聚力精准施策，决战决胜脱贫攻坚；夯实农业基础，保障重要农产品有效供给；扎实推进乡村建设，加快补齐农村人居环境和公共服务短板；发展壮大乡村产业，拓宽农民增收渠道；全面深化农村改革，激发乡村发展活力；完善乡村治理机制，保持农村社会和谐稳定；发挥农村党支部战斗堡垒作用，全面加强农村基层组织建设；加强党对"三农"工作的领导，落实农业农村优先发展总方针。

3. 2020 年中央一号文件

2020 年 2 月 5 日，中央一号文件是《关于抓好"三农"领域重点工作确保如期实现全面小康的意见》。文件明确 2020 年两大重点任务是集中力量完成打赢脱贫攻坚战和补上全面小康"三农"领域突出短板，并提出一系列含金量高、操作性强的政策举措。全文共 5 个部分，包括：坚决打赢脱贫攻坚战；对标全面建成小康社会加快补上农村基础设施和公共服务短板；保障重要农产品有效供给和促进农民持续增收；加强农村基层治理；强化农村补短板保障措施。

4. 2021 年中央一号文件

2021 年 2 月 21 日，中央一号文件是《中共中央国务院关于全面推进乡村振兴加快农业农村现代化的意见》。这是 21 世纪以来第 18 个指导"三农"工作的中央一号文件。文件指出，民族要复兴，乡村必振兴。要坚持把解决好"三农"问题作为全党工作重中之重，把全面推进乡村振兴作为实现中华民族伟大复兴的一项重大任务，举全党全社会之力加快农业农村现代化，让广大农民过上更加美好的生活。

5. 2022 年中央一号文件

2022 年 2 月 22 日，中央一号文件是《中共中央国务院关于做好 2022 年全面推进乡村振兴重点工作的意见》。文件提出，推动乡村振兴取得新进展，农业农村现代化迈出新步伐。这是 21 世纪以来第 19 个指导"三农"工作的中央一号文件。文件指出，牢牢守住保障国家粮食安全和不发生规模性返贫两条底线，突出年度性任务、针对性举措、实效性导向，充分发挥农村基层党组织领导作用，扎实有序做好乡村发展、乡村建设、乡村治理重点工作。

6. 2023 年中央一号文件

2023 年 2 月 13 日，中央一号文件是《中共中央国务院关于做好 2023 年全面推进乡村振兴重点工作的意见》。文件指出，全面建设社会主义现代化国家，最艰巨最繁重的任务仍然在农村。世界百年未有之大变局加速演进，我国发展进入战略机遇和风险挑战并存、不确定难预料因素增多的时期，守好"三农"基本盘至关重要、不容有失。党中央认为，必须坚持不懈把解决好"三农"问题作为全党工作重中之重，举全党全社会之力全面推进乡村振兴，加快农业农村现代化。

【提示】各级人员都应该认真研读中央一号文件，深刻领会文件精神和要求，抓好工作落实。

三、巩固拓展脱贫攻坚成果同乡村振兴有效衔接意见

（一）基本思路

脱贫攻坚目标任务完成后，设立 5 年过渡期。脱贫地区要根据形势变化，理清工作思路，做好过渡期内领导体制、工作体系、发展规划、政策举措、考核机制等有效衔接，从解决建档立卡贫困人口"两不愁三保障"为重点转向实现乡村产业兴旺、生态宜居、乡风文明、治理有效、生活富裕，从集中资源支持脱贫攻坚转向巩固拓展脱贫攻坚成果和全面推进乡村振兴。

（二）目标任务

（1）到 2025 年，脱贫攻坚成果巩固拓展，乡村振兴全面推进，脱贫地区经济活力和发展后劲明显增强，乡村产业质量效益和竞争力进一步提高，农村基础设施和基本公共服务水平进一步提升，生态环境持续改善，美丽宜居乡村建设扎实推进，乡风文明建设取得显著进展，农村基层组织建设不断加强，农

村低收入人口分类帮扶长效机制逐步完善,脱贫地区农民收入增速高于全国农民平均水平。

(2)到 2035 年,脱贫地区经济实力显著增强,乡村振兴取得重大进展,农村低收入人口生活水平显著提高,城乡差距进一步缩小,在促进全体人民共同富裕上取得更为明显的实质性进展。

(三)主要原则

(1)坚持党的全面领导;

(2)坚持有序调整、平稳过渡;

(3)坚持群众主体、激发内生动力;

(4)坚持政府推动引导、社会市场协同发力。

第三章　陕西乡村振兴政策

本章主要对陕西省发布的乡村振兴法律法规和政策文件进行了摘录和梳理，主要包括《陕西省乡村振兴促进条例》《关于向重点乡村持续选派驻村第一书记和工作队的实施办法》、陕西省乡村振兴政策要求等相关内容。

第一节　法　律　法　规

陕西省乡村振兴促进条例

（2023 年 5 月 31 日陕西省第十四届人民代表大会常务委员会第三次会议通过）

第一条　为了全面实施乡村振兴战略，加快农业农村现代化建设，根据《中华人民共和国乡村振兴促进法》等法律法规，结合本省实际，制定本条例。

第二条　本省全面实施乡村振兴战略，坚持中国共产党的领导，实行省负总责、市县乡抓落实的工作机制，落实乡村振兴工作责任制。

县级以上人民政府应当将乡村振兴促进工作纳入国民经济和社会发展规划，负责组织推进本行政区域内乡村振兴战略实施，建立健全乡村振兴考核评价制度、工作年度报告制度和监督检查制度。

乡（镇）人民政府按照有关法律、法规和上级人民政府的要求，结合当地实际组织实施乡村振兴工作。

第三条　县级以上农业农村行政主管部门负责本行政区域内乡村振兴促进工作的统筹协调、指导和监督检查。

县级以上其他有关部门在各自职责范围内负责有关的乡村振兴促进工作。

第四条　鼓励、支持和引导企业事业单位、人民团体、社会组织和个人等通过多种方式参与、服务乡村振兴。

鼓励和规范社会资本依法参与农村土地经营权流转和乡村振兴建设。

第五条 各级人民政府应当落实粮食安全责任制，实施藏粮于地、藏粮于技战略，严格执行耕地和永久基本农田保护制度，加强高标准农田建设，推广农作物新品种和农业新技术、新装备，提高粮食和重要农产品保障能力。

各级人民政府应当落实粮食最低收购价等鼓励粮食生产的政策措施，健全农民种粮收益保障机制，稳步提升粮食生产效益，提高农民和农业经营主体种粮积极性。

第六条 各级人民政府应当严格落实土地用途管制制度，严格限制农用地转为建设用地，严格控制耕地转为林地、草地、园地等其他类型农用地，采取措施防止闲置、荒芜耕地，确保耕地总量不减少。

各级人民政府应当按照国家和本省规定，加强高标准农田建设和管理，加大对农田水利、机耕道路等基础设施建设投入，建立健全管护机制，持续改善农业生产条件，采取增施有机肥、节水灌溉、休耕轮耕等措施，培肥地力，提高耕地质量。

第七条 各级人民政府应当坚持科技兴农、质量兴农、绿色兴农、品牌强农，深化农业供给侧结构性改革，优化农业生产力布局，推动建立现代农业产业体系、生产体系和经营体系，引导形成以农民为主体，企业带动和社会参与相结合的乡村产业发展格局，推动乡村产业高质量发展。

第八条 各级人民政府应当依托区域自然资源禀赋，支持果业、畜牧业、设施农业和区域优势特色产业发展；加强"一村一品"示范村镇、产业强镇、现代农业产业园、产业集群建设，培育龙头企业和农产品加工园区，推进农业产业化进程。

第九条 县级以上人民政府及其有关部门应当坚持以农民为主体，以乡村特色优势资源为依托，挖掘农业农村多重价值，支持、促进农村一二三产业融合发展，因地制宜扶持发展现代种业、种植业、养殖业、农业装备制造业、农产品加工及商贸流通业、农村电商、乡村手工业等涉农产业，培育新产业、新业态、新模式和新型农业经营主体，推进农业与文化、旅游、康养等深度融合，支持创建农村产业融合发展示范园、特色小镇，发展红色旅游、乡村全域旅游。

第十条 县级以上人民政府及其有关部门应当支持农产品批发市场、综合加工配送中心、产地集中配送中心建设，完善产地仓储保鲜设施和一体化冷链物流体系，健全农产品销售公共服务平台，推动适应农产品网络销售的供应链体系、运营服务体系和支撑保障体系建设；加强农产品区域公用品牌、企业品牌、产品品牌培育、保护和推广,建立农产品品牌目录制度,提高品牌影响力和带动力。

第十一条 县级以上人民政府应当鼓励、支持农民专业合作社、农业企业、物流电商企业开展特色农产品出口,拓展国际市场。

杨凌农业高新技术产业示范区应当发挥示范辐射带动作用,加强与"一带一路"沿线及其他国家、地区农业科技国际合作,提升农业高新技术产业国际影响力、竞争力。

第十二条 县级以上人民政府应当加快农业科技创新体系和产业技术体系建设,提升科技支撑能力、自主创新能力,支持建设智慧农业云平台和农业大数据平台,促进现代农业、污染防治、乡村环境治理等重点领域的关键核心技术攻关。

各级人民政府应当加强校(院)地科技合作,推进产学研协同创新,加强农业种质资源的收集保存、研究利用与繁育推广,加快农业新品种、新技术、新装备、新产品研发示范推广。

各级人民政府和县级以上农业农村行政主管部门应当支持农机装备的研发、试验示范、推广应用,推进主要农作物生产全程机械化,加强特色产业农机化技术示范力度,促进宜机化设施配套,推进农业向机械化、智能化、绿色化转型升级。

第十三条 县级以上人民政府应当引导和支持农村集体经济组织、农民专业合作社、家庭农场、涉农企业、供销合作社、服务协会、寄递物流企业等开展农资供应、土地托管、农机作业、科技服务、统防统治、烘干收储等农业社会化服务,促进农户与现代农业发展有机衔接。

县级以上人民政府及其农业农村行政主管部门应当建立健全农业社会化服务体系,通过示范创建、专项扶持、技能培训、组织创新等措施提升社会化服务组织发展质量。以粮油作物社会化服务为重点,兼顾支持开展经济作物、畜禽水产养殖等领域的社会化服务,不断拓展服务领域。引导有条件的市场主体建设区域性农业全产业链综合服务平台,推进服务资源整合利用。

第十四条 各级人民政府应当建立健全有利于农民收入稳定增长的机制,通过支持发展社区工厂等方式,促进农民就近就地就业,丰富乡村经济业态,增加农民经营性收入、工资性收入,拓宽农民增收渠道。

各级人民政府应当支持农村集体经济组织、农民专业合作社、家庭农场和涉农企业、电子商务企业、农业专业化社会化服务组织等发挥联农带农作用,以多种方式与农民建立紧密型利益联结机制，发展农业产业化联合体，通过订单收购、保底分红、股份合作、利润返还、提供就业等多种形式带动农户共同发展，让农民共享全产业链增值收益。

县级以上人民政府及其有关部门应当将农村集体经济组织、农业产业化龙头企业、农民专业合作社、示范家庭农场等主体带动农户数量和成效作为政府项目扶持、资金支持的重要依据。

第十五条 乡（镇）人民政府应当按照尊重农民意愿、方便群众生产生活、保持乡村功能和特色的原则，依法组织编制村庄规划。

村庄规划应当包括发展定位与目标、村域空间布局、产业发展、住房布局、基础设施和公共服务设施、村庄安全和防灾减灾、历史文化及特色风貌保护、耕地与永久基本农田保护、人居环境整治等内容。

第十六条 各级人民政府应当建立政府、村级组织、企业、农民等各方面参与的共建共管共享机制，落实农村人居环境整治责任，提高农村环境监管能力，建设宜居宜业和美乡村。

县级人民政府应当采取措施普及卫生厕所，综合考虑当地自然条件、经济水平、人口数量、生活习惯等因素制定农村户用卫生厕所建设改造标准。乡（镇）人民政府应当合理建设公共卫生厕所，村民委员会应当落实人员，做好本村公共卫生厕所的日常保洁和维护工作。

县（市、区）、乡（镇）人民政府应当健全农村生活垃圾收运处置体系，完善收集、转运、处置设施和模式，因地制宜采用小型化、分散化的无害化处理方式，降低收集、转运、处置设施建设和运行成本，推进农村生活垃圾分类减量和利用。

各级人民政府应当加强农村饮用水水源保护和农村水环境治理，保障农村饮水安全；以控源截污为根本，综合采取清淤疏浚、生态修复、水体净化等措施，推进农村黑臭水体整治与生活污水、垃圾、养殖粪污等污染统筹治理，加强农村水系综合整治修复，促进农村水环境改善。

第十七条 县级以上人民政府应当加强道路、供水、供电、网络等农村基础设施建设，组织开展农村住房安全排查整治、危房改造和抗震设防工作。

各级人民政府应当持续推进乡村绿化美化亮化，支持乡村无障碍设施、道路标识等建设，鼓励有条件的村庄开展特色风貌、景观环境和田园村居规划设计，建设各具特色的乡村，推动村容村貌整体提升。

县级以上住房城乡建设行政主管部门应当加强对村民住宅设计、建设的指导，结合地域特点和居住习惯，向村民无偿推荐使用设施完善、功能齐全、布局合理、满足不同需求的住宅设计图，引导农民建设功能现代、结构安全、成本经济、绿色环保、与乡村环境相协调的宜居住房。

第十八条　各级人民政府应当加强农村精神文明建设，开展群众性精神文明创建活动，鼓励面向农村的志愿服务活动，推进新时代文明实践中心建设。

乡（镇）人民政府应当指导村（居）民委员会发挥村规民约（居民公约）在基层治理中的积极作用，破除薄养厚葬、高额彩礼、铺张浪费、大操大办、攀比炫富等陈规陋习，引导村民自觉抵制非法宗教、邪教和封建迷信活动；倡导孝老爱亲、勤俭节约、诚实守信，促进男女平等，创建文明村镇、文明家庭，培育文明乡风、良好家风、淳朴民风，建设文明乡村。

各级人民政府应当建立健全农村公共文化服务体系，统筹县级图书馆、文化馆、美术馆、博物馆与乡镇综合文化站、农家书屋、乡村文化广场、村史馆、体育设施等设施建设，加强基层公共文化设施和数字广播电视网络建设，提升服务效能，丰富乡村文化生活。

各级人民政府应当推进文化惠民工程，组织开展农村群众性文化体育、节日民俗等活动，支持创作反映农民生产生活和乡村振兴实践的优秀文艺作品，鼓励和引导社会力量参与乡村公共文化产品供给，满足农民基本文化需求。

各级人民政府应当采取措施，加大古村落、古建筑、地貌景观、工程遗产、农业遗迹、重要文化遗产等保护力度，传承好秦腔等戏曲和民歌、泥塑、刺绣、剪纸、皮影等各类非物质文化遗产。

第十九条　建立健全党委领导、政府负责、民主协商、社会协同、公众参与、法治保障、科技支撑的现代乡村社会治理体制和自治、法治、德治相结合的乡村社会治理体系，建设充满活力、和谐有序的善治乡村。

乡村治理应当发挥农村基层党组织的战斗堡垒作用，丰富村民议事协商形式，依据法律法规和农村集体经济组织章程，采取村民会议、村民代表会议、村民小组会议，农村集体经济组织成员大会、成员代表会议等议事协商形式和机制，推广积分制、清单制、网格化和数字化等治理模式；加强清廉建设，健全完善村务公开制度、财务管理核算制度、财务会计报告制度，实现乡村事务公开经常化、制度化和规范化。

村民委员会、农村集体经济组织应当依法办理公共事务和公益事业，实施乡村振兴项目，发展新型农村集体经济，保障村民合法权益，组织村民积极参与乡村振兴具体工作。

使用财政资金或者部分使用财政资金的乡村建设发展项目，应当经过科学论证并充分听取村民意见。支持村民通过以工代赈、投工投劳形式参与村内公益建设和村内集体发展项目，支持农村集体经济组织自主实施或者参与直接受益的乡村建设项目，乡（镇）人民政府予以指导并加强管理，村务监督委员会实施全程监督，项目验收时邀请村民代表参加。

农村集体经济组织从集体经济收益中提取资金用于农村公共设施的建设、管护以及村庄保洁等公共服务的，应当经民主讨论决定，依法向集体经济组织成员公开提取、使用等情况，接受集体经济组织成员监督。

第二十条　各级人民政府应当加强乡村法治宣传教育，培育法治文化，增强法治观念，引导农民尊法学法守法用法；坚持和发展新时代"枫桥经验"，健全农村社会矛盾纠纷多元化解机制，提高乡村治理和法治建设水平。

县级以上司法行政部门应当会同有关部门和单位，健全乡村公共法律服务体系，整合法律服务资源，做好农村法律服务工作。

第二十一条　各级人民政府和公安机关应当建立健全乡村社会治安防控体系和公共安全体制机制，加强村警务室建设，强化乡村群防群治力量，推动社会治安防控力量下沉。

县级以上有关行政主管部门应当加强乡村网格化服务管理，推进乡村公共安全视频图像信息系统等技防系统建设，强化乡村安全生产、防灾减灾救灾、应急救援、应急广播、食品、药品、交通、消防、森林、自建房等安全管理责任，防范各类安全事故发生，建设平安乡村。

县级以上卫生健康行政主管部门应当加强农村基层公共卫生体系建设，健全公共卫生应急处置和物资保障体系，提升应对重大疫情及突发公共卫生事件能力。

各级公安机关、人民法院、人民检察院应当依法惩治乡村黑恶势力、黄赌毒盗拐骗抢行为、非法宗教活动、邪教活动，以及侵害农村妇女儿童权利等违法犯罪行为。

第二十二条　各级人民政府应当加强社会公德、职业道德、家庭美德、个人品德教育，建立乡村道德激励约束机制，强化德治在乡村治理中的作用。

县级以上人民政府和社会信用体系建设主管部门应当加强乡村诚信建设，开展诚信教育，培育诚信文化，建立健全覆盖乡村的信用信息系统，完善守信激励与失信惩戒机制。

第二十三条　县级以上人民政府应当支持乡村政务平台建设与政务公开，

推动乡镇政务服务事项一窗式办理、部门信息系统一平台整合、社会服务管理大数据一口径汇集，促进现代信息技术在基层党建、公共服务、农村集体资产管理等领域的综合应用，鼓励引导和利用社会力量推进数字乡村治理建设，探索建立"互联网＋"乡村治理模式，提高乡村治理数字化、便民化水平。

乡（镇）人民政府可以设立村级便民服务站点，开展政务服务事项延伸服务，为农民就近办理政务服务事项提供便利。

第二十四条 县级以上人民政府应当按照数字乡村建设的要求，完善农业农村大数据平台，构建覆盖省、市、县农业农村部门的农业农村大数据专有云，对接全省涉农平台系统，完善省、市、县、乡、村五级数据采集、传输、共享和隐私保护机制，加快推进农业农村现代化。

县级以上人民政府应当强化农业农村基础数据采集和现有农业自然资源、集体资产、农业种质资源、农村承包地、农村宅基地、农户和新型农业经营主体等基础数据资源汇聚，完善行业库建设，编制农业农村数据资源目录。开展粮食和生猪、蔬菜等重要农产品以及苹果、猕猴桃、茶叶等优势特色农产品全产业链大数据建设，推进大田种植、设施园艺、畜牧业、渔业渔政、农业机械、农田建设、农产品加工以及农村人居环境治理、农业投入品监管、农产品质量安全追溯、农产品市场供应链等数字化建设。

县级人民政府应当依托电商平台、技术、数据和金融资源，整合县域农产品产业链各环节市场主体，带动农户建立县乡村三级农产品网络销售市场化运营机制。采取多种形式，开展网络营销技能培训，提升农民获取信息、管理生产、营销农产品等能力。

第二十五条 县级以上人民政府应当推进以县城为重要载体的新型城镇化建设，发挥县城对县域经济发展的辐射带动作用，因地制宜发展小城镇，促进特色小镇规范健康发展，建立健全县域城乡融合发展机制，推动城乡要素平等交换、双向流动，形成工农互促、城乡互补、协调发展、共同繁荣的新型工农城乡关系，构建以县城为枢纽、以小城镇为节点的县域经济体系。

县级以上人民政府应当优化城乡公共资源配置，统筹城乡产业发展、基础设施、社会保障、公共服务、资源能源、生态环境保护等布局，加强县域综合服务能力，健全全民覆盖、普惠共享、城乡一体的基本公共服务体系，发挥乡镇服务农民的功能，推进城乡基本公共服务标准统一、制度并轨，促进城市资源要素有序向乡村流动，增强农业农村发展活力。

县级以上人民政府应当优先发展乡村教育事业，推进县域内义务教育城乡学校共同体建设，优化城乡学前教育资源布局，加强农村幼儿园建设；加强紧密型县域医疗卫生共同体建设，实施城乡医院对口帮扶、巡回医疗和远程医疗制度，加强乡村卫生室建设；建立覆盖城乡基本养老服务体系，推进城乡社会救助服务均等化；健全城乡统一的公共就业创业服务体系，推进户籍制度改革，保障进城农民各项权利。

第二十六条　各级人民政府和民政等有关行政主管部门、共青团、妇联、残联等人民团体应当建立农村留守儿童、妇女和老年人以及残疾人、困境儿童的关爱服务体系和帮扶制度，鼓励企业事业单位、社会组织和志愿者参与关爱服务和帮扶工作。

第二十七条　县级以上人民政府应当建立健全各类人才返乡、入乡激励机制，支持教育、科技、文化旅游、医疗卫生、规划建设、法律服务等方面的人才返乡下乡服务乡村振兴事业，鼓励退休公职人员等回乡村服务；鼓励高等院校、职业学校毕业生到农村就业创业，开展支农、支教、支医和帮扶志愿活动，创办企业、农民专业合作社、家庭农场等经济实体。

县级以上人民政府应当加强农业技术推广，采取职称评聘、评奖评优倾斜等措施，坚持和完善科技特派员制度，支持科技特派员通过技术转让、技术入股、技术承包、技术咨询等形式提供增值服务并合理取酬；创新基层专业技术人才评价机制，推行职称定向评价、定向使用、定向聘任制度，促进人才工程、表彰奖励适当向农村基层倾斜。

县级以上人民政府应当建立乡村振兴人才绿色通道，为服务乡村振兴的人才落户、生活居留、社会保障等方面提供便利。

各级人民政府应当加强培训基地建设，创新培训组织形式，分层分类开展全产业链培训，加大对农民、新型农业经营主体负责人、集体经济组织经营管理服务人才、农村实用人才和创新创业带头人等的培育力度，提升农民职业化水平和就业能力，建设具有较强示范带动作用的高素质农民队伍。

县级以上人民政府及其有关部门应当支持高等院校、职业学校设置与乡村产业、乡村规划建设、乡村治理等相关的专业，加强乡村本土人才培育。鼓励支持涉农专业学历教育，支持农民参加中高等职业教育，支持符合条件的农民参加职业技能鉴定和专业技术职称评定。

第二十八条　县级以上人民政府应当采取扶持措施培育壮大新型农村集体经济。支持地域相邻、资源相连、产业相近的农村集体经济组织因地制宜自主开展合作经营，拓展多元发展路径。健全农村集体资产管理制度，建立农村产权交易平台，引导农村集体经济组织及其成员对集体所有的森林、草原、滩涂等自然资源使用权、宅基地使用权、宅基地上的房屋所有权使用权等依法进行流转交易。

鼓励农村集体经济组织及其成员盘活利用农村闲置宅基地和闲置住宅，通过自主经营、合作经营、委托经营等方式，依法依规发展农家乐、民宿、乡村旅游、健康养老等乡村产业经营活动。

第二十九条　县级以上人民政府应当建立健全实施乡村振兴战略财政投入保障制度，优先保障用于乡村振兴的财政投入，确保投入力度不断增强、总量持续增加、与乡村振兴目标任务相适应。

第三十条　鼓励和支持金融机构面向农户、新型农业经营主体、中小企业等开展普惠金融服务。

各级人民政府和金融主管部门应当完善涉农主体的融资增信机制，建立健全政府性融资担保风险分担机制，支持和推动农业信贷担保机构扩大担保覆盖面，发挥农业信贷担保体系作用。支持农业保险发展，扩大农业政策性保险的品种和范围，提高主要农业保险品种保障水平，健全农业保险基层服务体系。

第三十一条　县级以上人民政府和大数据主管部门应当整合农业、林业、水利、气象等服务资源，加强农业社会化服务信息平台建设，推动各类平台对接合作，共享数据资源。

第三十二条　各级人民政府应当采取措施持续推动脱贫地区发展，增强脱贫地区内生发展动力，建立健全农村低收入人口、欠发达地区帮扶长效机制，促进脱贫群众增收；健全易返贫致贫人口动态监测预警和帮扶机制，守住不发生规模性返贫底线。

第三十三条　县级以上人民政府应当加强乡村振兴促进工作的考核监督和激励约束，按照国家和本省有关规定实行乡村振兴战略实施目标责任制和考核评价制度。

县级以上人民政府应当对下级人民政府实施乡村振兴战略的目标完成等情况进行考核，并将考核结果作为各级人民政府及其负责人综合考核评价的重要内容。

第三十四条　本条例自 2023 年 6 月 1 日起施行。2012 年 1 月 6 日陕西省第十一届人民代表大会常务委员会第二十七次会议通过的《陕西省农村扶贫开发条例》同时废止。

关于向重点乡村持续选派驻村第一书记和
工作队的实施办法

（2021 年 7 月 2 日中共陕西省委农村工作领导小组印发）

为深入贯彻落实党中央有关决策部署和省委工作要求，总结运用打赢脱贫攻坚战选派驻村第一书记和工作队的重要经验，在凝心聚力陕西新时代追赶超越中，全面推进乡村振兴，巩固拓展脱贫攻坚成果，把乡村振兴作为培养锻炼干部的广阔舞台，根据中央办公厅《关于向重点乡村持续选派驻村第一书记和工作队的意见》（中办发〔2021〕27 号）精神，结合我省实际，制定本实施办法。

一、指导思想

以习近平新时代中国特色社会主义思想为指导，深入贯彻党的十九大和十九届二中、三中、四中、五中全会精神，认真贯彻习近平总书记来陕考察重要讲话精神，适应"三农"工作新形势新任务新要求，聚焦选优派强、管好用好，健全常态化驻村工作机制，为全面推进乡村振兴、巩固拓展脱贫攻坚成果、助力陕西新时代追赶超越提供坚强组织保证和干部人才支持。

二、基本原则

（一）坚持有序衔接、平稳过渡。在严格落实脱贫地区"四个不摘"要求基础上，合理调整选派范围，优化驻村力量，拓展工作内容，逐步转向全面推进乡村振兴。

（二）坚持县级统筹、精准选派。按照先定村、再定人原则，由县级党委和政府摸清选派需求，统筹各级选派力量，因村派人、科学组队，做到供需对接、按需选派，确保人岗相适。

（三）坚持派强用好、严管厚爱。严格人选标准，加强管理监督，注重关心激励，确保选得优、下得去、融得进、干得好。

（四）坚持真抓实干、务求实效。推动第一书记和工作队员用心用情用力驻村干好工作，注意处理好加强外部帮扶与激发内生动力的关系，形成整体合力。

三、选派范围

（一）对脱贫村、易地扶贫搬迁安置村（社区），继续选派第一书记和工作队，将乡村振兴重点帮扶县的脱贫村作为重点，加大选派力度。对其中巩固脱贫攻坚成果任务较轻的村，原帮扶力量较多的，可从实际出发适当缩减选派人数，但至少保证 1 名第一书记（兼任工作队长）和 2 名工作队员。

（二）对乡村振兴示范村等乡村振兴任务重的村，要选派第一书记或工作队，发挥示范带动作用。

（三）对党组织软弱涣散村，按照常态化、长效化整顿建设要求，继续全覆盖选派第一书记。

（四）对红色美丽村庄建设试点村要选派第一书记，对其他类型村，各市（区）、县（市、区）可根据实际需要作出选派安排。

四、人选条件及来源

第一书记和工作队员人选基本条件：政治素质好，坚决贯彻执行党的理论和路线方针政策；热爱农村工作，宗旨意识强，善于做群众工作；工作能力强，敢于担当，具有开拓创新精神；事业心和责任感强，作风扎实，不怕吃苦，甘于奉献；具备正常履职的身体条件。第一书记必须是中共正式党员，具有 1 年以上党龄和 2 年以上工作经历。工作队员应优先选派中共党员。

人选来源：主要从省、市（区）、县（市、区）机关、国有企事业单位优秀干部、年轻干部和以往因年龄原因从领导岗位上调整下来、尚未退休的干部中选派，有农村工作经验或涉农方面专业技术特长的优先，不得从临时聘用人员、借调人员、机关和事业单位工勤人员中选派。

省委和省级各有关部门、直属单位、人民团体、省管金融企业、省属国有重要骨干企业和高等学校等，依据定点帮扶结对关系，每个单位至少选派 1 名优秀干部驻村帮扶，一般担任第一书记。

五、选派程序

选派第一书记和工作队员，按照个人报名和组织推荐相结合的办法，由派出单位组织人事部门提出人选，同级党委组织部门会同农办、农业农村部门、乡村振兴部门进行备案，其中，驻村第一书记人选由组织部门商农办、农业农村部门、乡村振兴部门审核，工作队员人选由乡村振兴部门商组织部门、农办、农业农村部门审核，审核通过后由派出单位党委（党组）研究确定。

各地各部门各单位党委（党组）及组织部门、农办、农业农村部门、乡村振兴部门，要严把人选政治关、品行关、能力关、作风关、廉洁关，充分考虑年龄、专业、经历等因素，确保选优派强。

县级党委和政府要根据不同类型村的需要，统筹考虑选派人员各方面条件，对人选进行科学搭配、优化组合，注重选派熟悉党群工作的干部到党组织软弱涣散村，选派熟悉经济工作特别是具有涉农专业技术特长的干部到乡村振兴和巩固脱贫攻坚任务重的村、红色美丽村庄建设试点村，选派熟悉基层社会治理的干部到矛盾纠纷突出的村，发挥选派力量的最大效能。

六、职责任务

第一书记和工作队要找准职责定位，充分发挥支持和帮助作用，与村"两委"共同做好以下工作。

（一）建强村党组织。重点围绕增强政治功能、提升组织力，推动村干部、党员深入学习和忠实践行习近平新时代中国特色社会主义思想，学习贯彻党章党规党纪和党的路线方针政策，认真贯彻习近平总书记来陕考察重要讲话精神；推动加强村"两委"班子建设、促进担当作为，帮助培育后备力量，发展年轻党员，吸引各类人才；推动加强党支部标准化规范化建设，严格党的组织生活，加强党员教育管理监督，充分发挥党组织和党员作用。

（二）推进强村富民。重点围绕加快农业农村现代化、扎实推进共同富裕，推动巩固拓展脱贫攻坚成果，做好常态化监测和精准帮扶；推动加快发展乡村产业，发展壮大村级集体经济，促进农民增收致富；推动农村精神文明建设、生态文明建设、深化农村改革、乡村建设行动等重大任务落地见效，促进农业农村高质量发展。

（三）提升治理水平。重点围绕推进乡村治理体系和治理能力现代化、提升乡村善治水平，推动健全党组织领导的自治、法治、德治相结合的乡村治理体系，加强村党组织对村各类组织和各项工作的全面领导，形成治理合力；推动规范村务运行，完善村民自治、村级议事决策、民主管理监督、民主协商等制度机制；推动化解各类矛盾问题，实行网格化管理和精细化服务，促进农村社会和谐稳定。

（四）为民办事服务。重点围绕保障和改善民生、密切党群干群关系，推动落实党的惠民政策，经常联系走访群众，参与便民利民服务，帮助群众解决

"急难愁盼"问题；推动加强对困难人群的关爱服务，经常嘘寒问暖、协调做好帮扶工作；推动各类资源向基层下沉、以党组织为主渠道落实，不断增强人民群众获得感、幸福感、安全感。

第一书记和工作队要从派驻村实际出发，抓住主要矛盾，细化任务清单，明确目标责任，认真抓好落实。在具体工作中，第一书记侧重抓整体规划、综合指导、统筹协调，工作队员侧重抓政策落实、项目建设、技术指导等，形成协同高效的驻村帮扶工作格局。工作中，要注意方式方法，与村"两委"遇事共商、问题共解、责任共担，特别是面对矛盾问题不回避、不退缩，主动上前、担当作为，同时注意调动村"两委"的积极性、主动性、创造性，着力培养能够长期带领群众、推动乡村振兴的骨干力量，做到帮办不代替、到位不越位。

七、管理考核

（一）严格调整轮换。第一书记和工作队员任期一般不少于 2 年，到期轮换、压茬交接。选派单位要指导涉及轮换的新老第一书记和工作队员做好工作交接，待工作交接完成后（交接时间一般不少于 15 个工作日），任职期满人员方可撤离。驻村期间，除身体原因不能正常驻村开展工作或调离原选派单位外，不得因提拔或岗位调整等原因进行轮换。

（二）严格日常管理。第一书记和工作队员每年驻村工作时间不少于 220 天（含外出开会、培训、联系项目等）；原人事关系、工资、绩效和福利待遇不变，不承担派出单位工作；党员组织关系转到村，不占村干部职数，一般不参加村级组织换届选举。由县级党委组织部门、农办、农业农村部门、乡村振兴部门和乡镇（街道）党（工）委进行日常管理，严格落实考勤、请销假、工作报告、纪律约束等制度。具体请销假程序由各市（区）结合本地实际研究确定，超过 30 天由派出单位召回并重新选派。未履行请销假手续擅自脱岗，情节严重的，按干部管理权限作出相应处理。乡镇（街道）党（工）委每月至少开展 1 次工作情况抽查，县级党委组织部门、农办、农业农村部门、乡村振兴部门每季度至少开展 1 次督查指导。派出单位要加强跟踪管理，每半年至少听取 1 次第一书记和工作队员汇报、每年至少召开 1 次驻村帮扶专题会议。

（三）严格考核奖惩。驻村工作半年以上的，由所在县（市、区）党委组织部门、农办、农业农村部门、乡村振兴部门会同乡镇（街道）党（工）委进行年度考核，以适当方式听取派出单位意见，考核结果经同级党委组织部门、农办、农业农村部门、乡村振兴部门审定后反馈派出单位，作为其在派出单位的年度考核等次。期满考核由派出单位会同所在县（市、区）党委组织部门、农办、农业农村部门、乡村振兴部门和乡镇（街道）党（工）委进行。考核过程中深入听取村干部、党员、群众意见，全面了解现实表现情况。重视考核结果运用，考核结果作为评先评优、提拔使用、晋升职级、评定职称的重要依据。年度考核为基本称职（基本合格）、不称职（不合格）等次或受到处分的，立即召回并按有关规定作出相应处理，视情追究派出单位主要领导、分管领导责任。

八、组织保障

（一）加强组织领导。各地各部门各单位党委（党组）要高度重视向重点乡村持续选派驻村第一书记和工作队工作，将其作为抓党建促乡村振兴的重要举措，加强组织领导，推动落地见效。县级党委和政府要成立由组织部门、农办、农业农村部门、乡村振兴部门等组成的驻村工作领导小组及办公室，健全定期研判、督查指导、日常管理工作机制，强化责任担当，精心组织实施，做到定村精准、派人精准、工作精准。省、市（区）、县（市、区）党委组织部门、农办、农业农村部门、乡村振兴部门具体牵头协调，加强定期沟通、督促检查和工作指导，其中，第一书记选派管理以组织部门为主，农办、农业农村部门、乡村振兴部门配合；工作队员选派管理以乡村振兴部门为主，组织部门、农办、农业农村部门配合。其他涉农部门密切配合，结合自身职能加强业务指导，做好有关工作。乡镇（街道）党（工）委要抓好日常具体管理。派出单位与第一书记和工作队所在村实行责任捆绑，主要领导和分管领导每半年至少到村调研指导 1 次，充分运用派出单位力量和资源支持乡村发展。把选派工作纳入乡村振兴实绩考核、党委（党组）书记抓基层党建工作述职评议考核的内容。对无正当理由不完成选派任务、选派把关不严、跟踪管理不力、人员待遇保障不落实的单位，由同级党委组织部门、农办、农业农村部门、乡村振兴部门进行约谈，限期整改。

（二）强化支持保障。派出单位参照差旅费中的伙食补助费标准按每人每日不低于 40 元给予生活补助，安排通信、交通补贴，按差旅费的有关程序报销。派往艰苦边远地区的，还可参照所在地区同类同级人员的艰苦边远地区津贴标准给予相应补助。每年安排年休假、定期体检，办理任职期间人身意外伤害保险，按规定报销医疗费。以上费用列入派出单位年度经费预算，由同级财政予以保障。

所在县乡提供必要工作和生活条件。保证必要工作经费，继续落实驻村第一书记和工作队每年各不少于 1 万元工作经费，省、市（区）、县（市、区）财政按 5:3:2 比例分担，有条件的市（区）、县（市、区）根据驻村工作需要可适当增加，由乡镇（街道）统一管理，专款专用、核报核销。分级负责开展培训，第一书记和工作队员原则上任期内至少参加 1 次县级以上培训。县级党委组织部门、农办、农业农村部门、乡村振兴部门和乡镇（街道）党（工）委要经常与第一书记和工作队员谈心谈话，派出单位要加强联系，每年至少组织 2 次走访慰问，了解思想动态，促进安心工作，激励担当作为。

（三）切实改进作风。各地各部门要发扬"勤快严实精细廉"作风，力戒形式主义、官僚主义，认真扎实做好选派管理工作，切实减轻基层负担。推动干部在乡村振兴一线岗位锻炼成长，接地气、转作风、增感情。通过驻村工作考察识别干部，对干出成绩、群众认可的优先重用，对工作不认真不负责的进行批评教育，对不胜任或造成不良后果的及时调整处理，树立鲜明导向。要运用容错纠错机制，对驻村第一书记和工作队员在工作中非主观故意导致的失误偏差和负面影响，依法依规从轻处理或免予处理，切实保护其工作积极性。省、市（区）、县（市、区）党委组织部门、农办、农业农村部门、乡村振兴部门要加强调研督促，及时发现和解决有关问题。注意总结工作中好经验好做法，每 2 年评选表彰一批全省优秀第一书记和工作队员，并进行宣传，营造担当作为、干事创业良好氛围。

本实施办法自印发之日起施行，之前有关规定与本实施办法不一致的，以本实施办法为准。

第二节　陕西政策要求

一、关于实现巩固拓展脱贫攻坚成果同乡村振兴有效衔接

党的十八大以来，以习近平同志为核心的党中央把脱贫攻坚摆在治国理政的突出位置，作为实现第一个百年奋斗目标的重点任务，纳入"五位一体"总体布局和"四个全面"战略布局，作出一系列重大部署和安排，习近平总书记亲自谋划、亲自挂帅、亲自督战，历史性地解决了困扰中华民族几千年的绝对贫困问题。省委、省政府坚决贯彻中央决策部署，坚持把打赢脱贫攻坚战作为重大政治任务、头等大事和第一民生工程，全省上下勠力同心、真抓实干，现

行标准下农村贫困人口全部实现脱贫、56 个贫困县全部摘帽，绝对贫困和区域性整体贫困问题得到历史性解决。为认真贯彻落实《中共中央、国务院关于实现巩固拓展脱贫攻坚成果同乡村振兴有效衔接的意见》（中发〔2020〕30 号）精神，进一步巩固拓展脱贫攻坚成果，接续推动脱贫地区发展和乡村全面振兴，结合我省实际，提出如下实施意见。

（一）准确把握总体要求

（1）指导思想。以习近平新时代中国特色社会主义思想为指导，深入贯彻党的十九大和十九届二中、三中、四中、五中全会精神，认真落实习近平总书记来陕考察重要讲话精神，坚持党的全面领导，坚定不移贯彻新发展理念，坚持稳中求进工作总基调，坚持以人民为中心的发展思想，坚持共同富裕方向，坚持政府推动引导、社会市场协同发力，坚持群众主体、激发内生动力，把脱贫摘帽作为新生活、新奋斗的起点，突出抓好巩固拓展脱贫攻坚成果，建立农村低收入人口和欠发达地区帮扶机制，加快推进脱贫地区乡村产业、人才、文化、生态、组织等全面振兴，为全面建设社会主义现代化国家开好局、起好步奠定坚实基础。

（2）基本思路。脱贫攻坚目标任务完成后，设立 5 年过渡期。过渡期内严格落实摘帽不摘责任、摘帽不摘政策、摘帽不摘帮扶、摘帽不摘监管要求，保持主要帮扶政策总体稳定，确保工作不留空当、政策不留空白。做好过渡期内领导体制、工作体系、发展规划、政策举措、考核机制等有序调整、平稳过渡、有效衔接，全面推动从解决建档立卡贫困人口"两不愁三保障"为重点转向实现乡村产业兴旺、生态宜居、乡风文明、治理有效、生活富裕，从集中资源支持脱贫攻坚转向巩固拓展脱贫攻坚成果和全面推进乡村振兴。

（3）目标任务。到 2025 年，脱贫攻坚成果巩固拓展，乡村振兴全面推进，脱贫地区经济活力和发展后劲明显增强，乡村产业质量效益和竞争力进一步提高，农村基础设施和基本公共服务水平进一步提升，生态环境持续改善，美丽宜居乡村建设扎实推进，乡风文明建设取得显著进展，农村基层组织建设不断加强，农村低收入人口分类帮扶长效机制逐步完善，脱贫地区农民收入增速高于全国农民平均水平。到 2035 年，脱贫地区经济实力显著增强，乡村振兴取得重大进展，农村低收入人口生活水平显著提高，城乡差距进一步缩小，在促进全体人民共同富裕上取得更为明显的实质性进展。

（二）巩固拓展脱贫成果

（1）巩固"两不愁三保障"成果。落实行业主管部门工作责任，推动教育、医疗、住房、饮水等民生保障普惠性政策落实落细，并根据脱贫人口和低收入人口实际困难给予适度倾斜。常态化开展控辍保学工作，夯实"七长"责任制，确保除身体原因不具备学习条件外脱贫家庭义务教育阶段适龄儿童少年不失学辍学。做好脱贫人口基本医疗保险参保动员工作，落实分类资助参保政策，继续对农村特困人员全额资助、低保对象定额资助，过渡期内逐步调整脱贫人口资助政策。在逐步提高大病保障水平基础上，大病保险继续对低保对象、特困人员和返贫致贫人口进行倾斜支付。持续做好脱贫人口慢病家庭医生签约服务，重点做好高血压、糖尿病、结核病、严重精神障碍患者的规范管理和健康服务，有效防范因病返贫致贫。加强农村脱贫人口和低收入人口的住房安全保障，采取农村危房改造、租赁补贴等方式，保障基本住房安全。巩固维护好已建农村供水工程成果，不断提升农村供水保障水平。

（2）全面落实动态监测和帮扶。对脱贫不稳定户、边缘易致贫户，以及因病因灾因意外事故等刚性支出较大或收入大幅缩减导致基本生活出现严重困难户开展监测预警，合理确定监测标准，重点监测收入支出情况、"两不愁三保障"及饮水安全状况。建立健全快速发现和响应机制，分类开展帮扶，实现动态清零，确保不出现规模性返贫。以现有社会保障体系为基础，对农村低保对象、农村特困人员以及农村易返贫致贫人口、因病因灾因意外事故等刚性支出较大或收入大幅缩减导致基本生活出现严重困难户等农村低收入人口，充分利用脱贫攻坚大数据平台以及民政、教育、人力资源社会保障、住房城乡建设、医疗保障等行业部门信息平台，加强数据比对和信息共享，对农村低收入人口进行定期核查、动态调整、常态化帮扶。

（3）健全社会兜底保障体系。完善最低生活保障制度，健全低保标准制定和动态调整机制，科学认定农村低保对象，调整优化针对原建档立卡贫困户的低保"单人户"政策。完善低保家庭收入财产认定方法，鼓励有劳动能力的农村低保对象参与就业，在计算家庭收入时扣减必要的就业成本。完善农村特困人员救助供养制度，合理提高救助供养水平和服务质量。统筹社会救助资源，对基本生活陷入暂时困难的群众加强临时救助，根据对象类型、困难程度等，及时有针对性地给予医疗、教育、住房、就业等专项救助。对脱贫户中完全丧失劳动能力或部分丧失劳动能力、且无法通过产业就业获得稳定收入的人口，依规全部纳入农村低保或特困人员救助供养范围，并按困难类型及时给予分类救助等，做到应保尽保、应兜尽兜。完善城乡居民基本养老保险费代缴政策，按照最低缴费档次为参加城乡居民养老保险的低保对象、特困人员、返贫致贫人口、重度残疾人等缴费困难群体代缴部分或全部保费，在提高城乡居民养老保险缴费档次时，对上述困难群体和其他已脱贫人口可保留最低缴费档次。强化县乡两级养老机构对失能、部分失能特困老年人口的兜底保障，健全孤儿、事实无人抚养儿童的社会福利保障体系，严格落实困难残疾人生活补贴和重度残疾人护理补贴制度，鼓励通过政府购买服务对社会救助家庭中生活不能自理的老年人、未成年人、残疾人提供必要的访视、照料服务。

（4）完善扶贫项目资产管理长效机制。分类摸清各类扶贫项目形成的资产底数，稳妥有序做好扶贫项目资产确权登记、资产移交、运营管护等工作。强化公益性资产管理维护，对道路交通、农村水利及饮水安全工程、教育、文化、体育、卫生、电力等基础设施，建立健全管护制度，落实管护责任，确保持续发挥作用。做好经营性资产运营管理，对农林业产业基地、生产加工设施和经营性旅游、电商以及光伏电站等固定资产，扶贫资金直接投入市场经营主体形成的股权、债权等权益性资产，明晰产权关系，规范收益分配及处置，重点用于项目运行管护、村级公益事业、巩固拓展脱贫攻坚成果等，防止资产流失和被侵占。确权到农户或其他经营主体的扶贫资产，依法维护财产权利，由其自主管理和运营。

（三）聚力做好重点工作

（1）发展壮大脱贫地区乡村特色产业。组织脱贫地区制定"十四五"特色产业发展规划，因地制宜大力发展以苹果为代表的果业、以奶山羊为代表的畜牧业、以棚室栽培为代表的设施农业，做优做强茶叶、魔芋、食用菌、中药材、核桃、红枣、小杂粮和有机、富硒、林特系列产品等区域特色产业，实施特色种养业提升行动，由支持到村到户产业为主向到乡到村带户为主，促进脱贫地区产业规模化、标准化和品牌化发展，抓好农产品深加工，推动"三产融合"、提档升级，提高市场竞争力和抗风险能力。鼓励支持各类新型经营主体参与产业发展，完善利益联结机制，加强帮扶项目资产监管，更好带动脱贫户、边缘易致贫户稳定增收。加快脱贫地区仓储保鲜、冷链物流、分拣分级等设施建设，持续开展农产品品牌营销活动，支持农产品流通企业、电商、批发市场与区域特色产业精准对接。现代农业产业园、科技园，全域旅游、乡村旅游示范等项目，优先支持脱贫县。大力支持脱贫地区培育绿色食品、有机农产品、地理标志农产品，打造区域公用品牌。继续大力实施消费帮扶，不断拓展销售渠道，逐步形成完整的产品利益联结、质量监管、品牌营销等支持体系，促进脱贫地区产业健康发展。

（2）促进脱贫人口稳定就业。坚持就业实名制台账管理，用好用工信息平台，推动人岗对接，加大有组织劳务输出力度。进一步加强职业技能培训，大力培育区域劳务品牌，统筹推动省市县三级公共实训基地建设，鼓励支持有意愿的脱贫人口和低收入人口参加培训、提高技能，并按规定给予相应资助。支持各类企业和创业人员创办社区工厂，吸纳脱贫人口和低收入人口就业。各类财政专项资金及整合资金支持的农村人居环境、小型水利、乡村道路、农田整治、植树造林、水土保持、产业园区等涉农项目建设和管护，采取以工代赈的方式，就近优先吸纳脱贫人口和低收入人口务工。优化落实公益性岗位政策，健全按需设岗、以岗聘任、在岗领补、有序退岗的管理机制，统筹用好生态护林员、护路员、护水员、保洁员以及村级光伏电站等各类乡村公益岗位，促进就近就地就业。

（3）做好易地搬迁后续扶持工作。完善后续扶持政策体系，重点围绕搬迁安置区发展配套特色产业，大力发展社区工厂，做好企业扩容提质增加就业工作，力争有意愿的搬迁户都有一个产业扶持项目、有劳动力家庭有一人稳定就业，确保搬迁群众稳得住、有就业、逐步能致富。依法保障搬迁群众原有承包地、山林地等权益，支持搬迁户依托乡村资源发展休闲农业、健康养生等特色新产业。持续提升安置区基础设施和公共服务能力，进一步改善搬迁群众的生产生活条件。大力推广居住簿制度，积极做好迁出地和迁入地就业、教育、医疗、社保等基本公共服务衔接，稳妥有序从迁出地向迁入地调整划转人员编制，推动特岗教师、全科医生特岗计划等向安置区配建学校、医院倾斜。建强基层党组织，加强安置社区基层治理，全面落实属地化管理责任，促进搬迁群众社会融入。做好安置社区物业管理，强化社区环境整治。

（4）持续改善基础设施条件。大力实施乡村建设行动，加大对脱贫地区基础设施建设的支持力度，重点谋划建设一批重大基础设施工程。开展农村公路改造提升工程，推进"四好农村路"建设，农村公路建设项目更多向进村入户倾斜，有序实施较大人口规模自然村（组）通硬化路，加大农村产业路、旅游路、资源路建设力度。加快农村物流体系建设，不断扩大配送网点行政村覆盖范围。加强脱贫地区农村防洪安全、骨干灌排工程、水环境治理、水土保持项目建设，推动城乡一体化和规模化供水工程建设，优化农村供水格局。加大农村电网建设改造力度，推进城乡电网建设一体化，实现偏远农村地区稳定可靠供电服务全覆盖，满足农业灌溉、清洁取暖、农产品加工等需求。推进脱贫地区网络基础设施建设，实现光纤、宽带和4G网络全覆盖，有条件的地方开展5G网络建设试点和创新应用。实施地震高烈度设防地区农房抗震改造，提高农村住房抗震等级。推进农村人居环境整治提升行动，全面建立村庄保洁制度，健全农村生活垃圾收运处置体系，因地制宜治理农村生活污水，分类有序推进农村厕所革命，到2025年，全省基本普及卫生厕所，90%的自然村生活垃圾得到有效处理。

（5）提升脱贫地区教育服务水平。持续改善义务教育办学条件，坚持因地制宜，统筹义务教育学校布局结构调整，加强乡村小规模学校建设，持续改善乡村寄宿制学校办学条件。继续实施家庭经济困难学生资助政策和农村义务教育学生营养改善计划。加强农村教师队伍建设，继续实施农村义务教育阶段教师特岗计划、中小学幼儿园教师国家级培训计划、银龄讲学计划，落实乡村教师生活补助政策，增加公费师范生的供给培养，优先满足脱贫地区对高素质教师的补充需求。鼓励引导优秀校长和骨干教师向乡村学校流动，推动县城学校教师到乡村学校、乡镇中心学校教师到村小学或教学点交流轮岗。推进乡村学校教育信息化建设，加快发展面向乡村的网络教育。加强职业院校（含技工院校）基础能力提升，建设一批产教融合职业教育基地，满足适龄人口和劳动力职业教育和培训需求。

（6）增强基本医疗保障能力。支持脱贫地区推进紧密型县域医共体建设，完善县域医疗卫生服务体系，持续推进县医院能力建设，不断改善镇村医疗卫生机构条件，加强重点地区重大疾病综合防控和传染病防控措施，补齐农村公共卫生服务体系短板。持续加强基层医疗卫生人才队伍建设，继续为县及县以下医疗卫生机构定向招聘医学类毕业生，落实全科医生特岗计划，加大农村订单定向医学生免费培养力度。支持远程医疗建设，促进优质医疗资源向脱贫地区下沉。坚持基本医保公平普惠，统筹发挥基本医疗保险、大病保险、医疗救助三重保障制度综合梯次减负功能。完善统一规范的医疗救助制度，合理设定年度救助限额，合理控制救助对象政策范围内自付费用比例。经三重保障制度支付后政策范围内个人负担仍然较重的，给予倾斜救助。加大医疗救助资金投入，倾斜支持乡村振兴重点帮扶县。

（7）集中支持乡村振兴重点帮扶县。在国家乡村振兴重点帮扶县的基础上，统筹确定一批省级乡村振兴重点帮扶县，从财政、金融、土地、人才、公共服务等方面给予支持，持续壮大特色产业和村集体经济，进一步改善基础设施条件，增强其区域发展能力。支持革命老区巩固拓展脱贫攻坚成果，全面推进乡村振兴。建立跟踪监测机制，对乡村振兴重点帮扶县进行定期监测评估。

（四）加强主要政策衔接

（1）持续加大财政投入。过渡期内保持财政支持政策总体稳定，优化支出结构，调整支持重点。保留并优化调整原财政专项扶贫资金，中央和省级专项资金安排适当向乡村振兴重点帮扶县倾斜，在资金使用上给予县级更多自主权，逐步提高用于产业发展的比例。对支持脱贫地区产业发展效果明显的贷款贴息、政府采购等政策，在调整优化基础上继续实施。现有财政相关转移支付继续倾斜支持脱贫地区。过渡期内延续脱贫攻坚相关税收优惠等政策。对农村低收入人口的救助帮扶，通过现有资金支出渠道支持。确保以工代赈中央预算内投资落实到项目，及时足额发放劳务报酬。过渡期前3年56个脱贫县继续实行涉农资金统筹整合试点政策，此后调整至国家乡村振兴重点帮扶县实施，其他地区探索建立涉农资金整合长效机制。对纳入整合范围的财政资金，继续实行切块下达。

（2）提升金融服务水平。完善脱贫人口小额信贷政策，进一步提升投放精准度，满足脱贫户、边缘易致贫户有效信贷需求，严格信贷规范管理，防范化解各类风险。对有较大贷款资金需求、符合贷款条件的对象，鼓励其申请创业担保贷款政策支持。继续发挥再贷款作用，现有再贷款帮扶政策在展期期间保持不变。鼓励金融机构因地制宜创新机制、创新产品、创新服务，支持脱贫地区各类市场经营主体带动脱贫户、边缘易致贫户发展特色产业。鼓励和支持保险机构因地制宜开发防返贫致贫和优势特色产业保险，为脱贫地区做好保险服务。用好脱贫地区企业上市"绿色通道"政策，健全和完善上市后备企业库，加强上市后备企业培育，落实企业上市"即上即奖"的奖补政策，支持脱贫地区企业上市融资，发展壮大。继续深化"保险+期货"试点工作。

（3）加大土地政策支持。落实最严格的耕地保护制度，以国土空间规划为依据，按照应保尽保原则，新增建设用地计划指标优先保障巩固拓展脱贫攻坚成果和乡村振兴用地需要，过渡期内，每年分县（市、区）专项安排56个脱贫县一定规模专项计划指标，专项建设指标不得挪用。继续实施城乡建设用地增减挂钩节余指标省内或跨省交易政策，收益优先用于"十三五"易地扶贫搬迁融资资金偿还。从 2021 年开始，分年度稳步提高土地出让收入用于农业农村的比例，集中支持巩固拓展脱贫攻坚成果和乡村振兴重点任务。

（4）强化人才智力支撑。延续脱贫攻坚期各项人才智力支持政策，建立健全引导各类人才服务乡村振兴长效机制。继续实施高校毕业生"三支一扶"计划和重点高校定向招生专项计划。在乡村振兴重点帮扶县试点探索农业科技推广人员"县管乡用、下沉到村"机制。继续实施农技推广特聘计划，从农村乡土专家、种养能手等一线服务人员中招聘一批特聘农技员。支持涉农院校、科研院所、农业技术机构组建乡村振兴产业帮扶技术团队，为巩固拓展脱贫攻坚成果、实施乡村振兴战略提供技术服务。鼓励和引导各方面人才向乡村振兴重点帮扶县基层流动。培育文明乡风，强化扶志扶智，激发内生动力。

（五）调整优化体制机制

（1）调整完善领导体制。健全省负总责、市县乡抓落实的工作机制，实行巩固拓展脱贫攻坚成果和乡村振兴五级书记一起抓，明确各级各部门责任分工，构建分级负责、各负其责、执行有力的领导体制，层层夯实责任。按照党委总揽全局、协调各方的要求，充分发挥各级党委农村工作领导小组作用，建立统一高效的实现巩固拓展脱贫攻坚成果同乡村振兴有效衔接的决策议事协调工作机制。

（2）有机衔接工作体系。推动脱贫攻坚工作体系向乡村振兴平稳转型，不再保留各级脱贫攻坚领导小组，将其职能并入各级党委农村工作领导小组。平稳有序做好各级扶贫工作机构职能的调整优化，保持机构队伍总体稳定，确保思想不乱、工作不断、队伍不散、干劲不减。完善抓基层党建促进乡村振兴工作机制，选优配强村"两委"班子成员，选好用好管好乡村振兴带头人。坚持和完善驻村工作制度，对巩固拓展脱贫攻坚成果和乡村振兴任务重的村，选派驻村第一书记和工作队，健全常态化驻村工作机制。

（3）做好规划项目衔接。将实现巩固拓展脱贫攻坚成果同乡村振兴有效衔接的重大举措、重大工程项目纳入全省"十四五"规划。在脱贫攻坚项目库的基础上，以县为单位谋划一批巩固拓展脱贫攻坚成果重大项目，建立巩固拓展脱贫攻坚成果同乡村振兴有效衔接项目库，作为财政专项扶持资金和涉农整合资金使用的依据，强化质量监管，实行动态管理，全程公开透明。

（4）做好考核机制衔接。脱贫地区开展乡村振兴考核时，要把巩固拓展脱贫攻坚成果纳入市县党政领导班子和领导干部推进乡村振兴战略实绩考核范围。与高质量发展综合绩效评价做好衔接，科学设置考核指标，切实减轻基层负担。加强对巩固拓展脱贫攻坚成果和乡村振兴工作的审计监督。强化考核、审计结果运用，作为干部选拔任用、评先奖优、问责追责的重要参考。

（5）完善社会帮扶机制。持续深化苏陕协作，全面加强产业合作、劳务协作、人才交流以及教育、文化、医疗卫生、科技等方面交流合作，更加注重发挥市场作用，强化以企业合作为载体的帮扶协作，鼓励结对帮扶市（区）、县（市、区）共建产业园区，积极承接产业梯度转移。积极配合中央单位和驻军武警开展定点帮扶工作，完善定点帮扶工作机制，安排有能力的部门、单位和企业承担更多帮扶责任。支持社会组织参与乡村振兴，继续实施"万企帮万村"行动。持续深化工会、共青团、妇联等专项帮扶行动。鼓励引导社会各界购买脱贫地区和乡村振兴重点地区优质产品和服务❶。

二、加强扶贫项目资产后续管理

（一）基本原则

（1）依法依规，规范管理。坚持把加强扶贫项目资产管理作为巩固拓展脱贫攻坚成果的重要抓手，将扶贫项目资产管理与农村集体产权制度改革有效衔接，遵循国有资产、农村集体资产管理及行业部门管理等有关规定，健全扶贫项目资产长效运营管理体制机制，规范扶贫项目资产后续管理。

（2）明晰权属，分类管理。扶贫项目资产由各级政府负责统筹，落实后续管理责任。县级政府对扶贫项目资产后续管理履行主体责任，明确乡镇政府和部门监管责任，充分发挥村级组织作用。因地制宜、分类施策，完善扶贫项目资产后续管理机制。

（3）公开透明，强化监督。严格落实公告公示制度，提高项目资产后续管理和运营透明度。充分尊重农民意愿，切实保障受益群众的知情权、参与权、表达权、监督权。

（二）主要措施

（1）摸清扶贫项目资产底数。对党的十八大以来使用各级财政资金、地方

❶《中共陕西省委　陕西省人民政府关于实现巩固拓展脱贫攻坚成果同乡村振兴有效衔接的实施意见》（2021年2月10日）。

政府债券资金、东西部协作、社会捐赠和对口帮扶等投入形成的扶贫项目资产，重点是经营性资产和公益性资产进行全面摸底，分类建立台账。扶贫项目资产按经营性资产、公益性资产和到户类资产进行管理。经营性资产主要为具有经营性质的产业就业类项目固定资产及权益性资产等，包括农林业产业基地、生产加工设施、经营性旅游服务设施、经营性电商服务设施、经营性基础设施、光伏电站等固定资产，以及扶贫资金直接投入市场经营主体形成的股权、债权等权益性资产等；公益性资产主要为公益性基础设施、公共服务类固定资产等，包括道路交通（通村、组路，产业路）、农村水利及安全饮水、教育、文化、体育、卫生、电力等公益性基础设施；到户类资产主要为通过财政补助等形式帮助贫困户发展所形成的生物性资产或固定资产等。

（2）有序推进确权登记。结合农村集体产权制度改革，按照"谁主管、谁负责"的原则，由县级行业部门或乡镇政府办理资产确权登记、移交等手续。对经营性资产，根据资金来源、受益范围、管理需要等明确权属，尽可能明确到获得收益的个人、村集体经济组织等。难以明确到个人的扶贫项目资产，原则上应明确到村集体经济组织。对公益性资产，项目建成后应及时办理移交手续，按照行业相关要求进行确权和管理。产权归属村集体所有的扶贫项目资产要全部纳入农村集体"三资"管理平台，并按照农村集体产权制度改革要求有序推进股份合作制改革，由农业农村部门统筹管理。到户类资产归农户所有。对属于不动产的，依法办理确权登记。

（3）落实后续管理责任。省市两级政府要统筹指导和监督做好扶贫项目资产后续管理工作。县（市、区）政府对扶贫项目资产后续管理履行主体责任，明确相关部门、乡镇政府管理责任；要引导和支持农村集体经济组织发挥管理集体资产、开发集体资源、壮大村集体经济等方面职能。各级行业主管部门按照职责分工，根据行业领域资产管理制度和规定，履行行业指导、监管职责。乡镇政府要加强扶贫项目资产后续运营的日常监管。对确权到村集体的扶贫项目资产，村级组织履行监管责任。监管和管理责任不明确的，由县（市、区）政府确定具体管理单位并及时出台有关管理办法或规定。

（4）强化后续管护运营。县级政府要根据扶贫项目资产类型，按照"谁所有、谁负责，谁受益、谁管护"原则，明确产权主体管护责任，探索多形式、多层次、多样化的管护模式。对经营性资产，要加强运营管理，完善运营方案，确定运营主体、经营方式和期限，明确运营各方权利义务，做好风险防控，规范入股分红方式。涉及固定资产的，按照相关财务制度计提折旧，确保扶贫项目资产保值增值。各地可根据实际，对管护运营专业性要求较高的经营性资产，探索实行集中统一管护，管护经费根据运营方案原则上从经营收益中列支。对公益性资产，要加强后续管护，完善管护标准和规范，由相应的产权主体落实管护责任人和管护经费。可通过调整优化现有公益性岗位等方式解决管护力量不足问题，优先聘请符合条件的脱贫人口参与管护。属于村集体的公益性资产管护经费，可由村集体经营收益、地方财政资金统筹解决。鼓励引入农村水费、垃圾污水处理农户付费制度，拓宽管理资金来源，实现经费持续稳定。落实受益群众责任，引导其参与管护和运营。对到户类资产，由农户自行管理，村级组织和有关部门要加强指导和帮扶，使到户扶贫项目资产更好地发挥效益。产权归属国有资产的，按照国有资产管理规定进行管理。

（5）规范收益分配使用。发挥扶贫项目资产的帮扶作用，经营性资产收益分配按照现行资产管理制度实施。法律法规、国家及省级相关部门对扶贫项目资产收益分配有明确规定的，从其规定；未予明确规定的，应通过民主决策程序提出具体分配方案，体现精准和差异化扶持，并履行相应审批程序，分配方案和分配结果要及时公开。扶贫项目资产收益重点用于产业提质增效、项目运行管理、村级公益事业等巩固拓展脱贫攻坚成果和全面实现乡村振兴方面支出。属于村集体的资产收益，通过设置一定的条件，鼓励采取参加村内项目建设和发展等劳动增收方式进行分配，激发群众内生动力。提取的公积公益金重点用于项目运营管护、村级公益事业等方面。严禁采用简单发钱发物、一分了之的做法进行收益分配。

（6）严格项目资产处置。任何单位和个人不得随意处置国有和集体扶贫项目资产。对闲置资产，要抓紧盘活投入使用或尽快处置；确需处置的，应严格按照国有资产、集体资产管理有关规定，履行相应审批手续。资产处置收入应收回县（市、区）财政账户或由村集体重新安排，用于巩固拓展脱贫攻坚成果和乡村振兴衔接项目。处置情况须通过县（市、区）政府网站、镇村公务公开栏及时向群众公开，接受监督。扶贫项目资产进行抵押担保的，要严格按照相关法律法规执行。对以个人、村集体经济组织名义入股或参股企业等经营主体的，应明确股权的退出办法和处置方式等。❶

---

❶《省乡村振兴局 省委农办 省财政厅关于加强扶贫项目资产后续管理的实施意见》。

三、加快重点帮扶镇和重点帮扶村发展

（一）重点帮扶镇、重点帮扶村选择和确定

1. 乡村振兴重点帮扶镇

在 56 个脱贫县（市、区）所辖乡镇范围内，按照"两高、一低、四弱"标准确定为重点帮扶镇，原则上每个脱贫县（市、区）确定 1 个省级重点帮扶镇。

2. 乡村振兴重点帮扶村

在 96 个有巩固脱贫攻坚成果任务县（市、区）的原深度贫困村，脱贫攻坚贫困发生率超过 15%且基础设施欠账较多的非贫困村、2021 年以来监测对象占当地农村人口比例超过 3%（含 3%）的村。

【提示】①"两高、一低、四弱"即将脱贫人口和监测对象占比高、脱贫村占乡镇所辖村数量比例高，脱贫人口收入水平低，基础设施支撑能力弱、基本公共服务能力弱，经济发展基础弱、产业竞争力弱。②"两多、两低、四弱"即脱贫人口和监测对象多，兜底保障人口多，脱贫人口收入水平低，脱贫攻坚期内项目资金投入额度低，基础设施支撑能力弱，基本公共服务能力弱，产业发展基础弱，村集体经济弱。

（二）帮扶任务

1. 重点帮扶镇

（1）加强党政班子建设，增强推动发展能力；

（2）编制村镇发展规划，增强综合承载能力；

（3）加强基础设施建设，增强发展支撑能力；

（4）完善基本公共服务，增强社会保障能力；

（5）培育壮大特色产业，增强产业竞争能力；

（6）全面提升镇区功能，增强联城带村能力。

2. 重点帮扶村

（1）实施基层组织建设提升行动，增强谋事创业能力；

（2）实施动态监测帮扶提质行动，增强防止返贫能力；

（3）实施"一村一品"建设行动，增强产业富民能力；

（4）实施劳动技能提升行动，增强就业创业能力；

（5）实施集体经济"消薄培强"行动，增强自我发展能力；

（6）实施人居环境整治提升行动，增强环境管理能力；

（7）实施基础设施和公共服务提升行动，增强服务保障能力；

（8）实施"三治融合"深化行动，增强基层治理能力。❶

省级乡村振兴重点帮扶镇和重点帮扶村名单见表3–1。

表3–1　　　　　　省级乡村振兴重点帮扶镇和重点帮扶村名单

设区市	县（市、区）	重点帮扶镇（乡）（56个）	重点帮扶村（社区）（748个）
西安市	周至县■●	楼观镇	骆峪镇复兴寨村、尚兴村、神灵山村、翠峰镇新联村、五联村，陈河镇黑虎村、窑岭村，板房子镇东石门村
	蓝田县		蓝桥镇北沟村
宝鸡市	太白县■	王家堎镇	鹦鸽镇火烧滩村，桃川镇白杨塬村，靖口镇关上街村
	扶风县■	杏林镇	
	千阳县■	南寨镇	草碧镇邢家塬村、白村寺村、上店村，高崖镇坪上村，城关镇惠家沟村，水沟镇丰头村、纸坊沟村，崔家头镇黄里村
	陇县■	八渡镇	八渡镇大力村，新集川镇铁马河村、李家山村，天成镇八龙潭村
	麟游县■●	酒房镇	常丰镇武申村，九成宫镇良舍村，招贤镇阁头寺村，丈八镇曲家沟村
	陈仓区		坪头镇王家咀村，拓石镇拓石村、常家沟村、小川村，凤阁岭镇张家川村、后排村
	眉县		营头镇红河谷村
	凤县		留凤关镇孔家庄村
咸阳市	旬邑县■	土桥镇	底庙镇前村，湫坡头镇门家村，土桥镇胡同同村
	淳化县■●	官庄镇	方里镇固贤村，十里塬镇曹村、庄子村
	永寿县■	渠子镇	马坊镇寨子村、翟家村，永平镇前进村、底角沟村
	长武县■	枣园镇	亭口镇路家村，枣园镇郭村，相公镇胡家河村
	彬州市		太峪镇断泾村，新民镇水北村
	乾县		马连镇马连村，梁村镇王家窑村，阳峪镇阳峪村
	武功县		大庄镇观音堂村，苏坊镇代家村，武功镇新寨村
	三原县		渠岸镇大吉村
	礼泉县		西张堡镇张什村，赵镇尧都村，叱干镇马铃村
	泾阳县		云阳镇中街村，王桥镇岳家坡村，兴隆镇双槐村
	兴平市		赵村镇小田村，西城街道冉庄村

❶《关于支持乡村振兴重点帮扶镇和重点帮扶村加快发展的若干措施》的通知（陕办发〔2023〕3号）。

续表

设区市	县（市、区）	重点帮扶镇（乡）（56个）	重点帮扶村（社区）（748个）
铜川市	耀州区■●	关庄镇	照金镇高尔塬村、梨树村、杨家山村、芋园村、代子村，瑶曲镇瑶曲村、贾曲河村、教场坪村、车洼村，庙湾镇柳林村、蔡河村，小丘镇白瓜村、文岭村
	印台区■	广阳镇	王石凹街道傲背村，红土镇冯家塬村，陈炉镇马科村，阿庄镇塬圪塔村
	宜君县■	云梦乡	太安镇刘家河村
渭南市	澄城县■●	安里镇	
	合阳县■	金峪镇	同家庄镇兴隆社区、杨家庄村，百良镇徐水社区，黑池镇导基村，路井镇党定村，新池镇南沟社区
	蒲城县■	椿林镇	
	富平县■	曹村镇	薛镇赵老峪北村
	白水县■	雷牙镇	尧禾镇子阿村、北盖村、田家洼村、阿东村、李家塬村，西固镇器休村、梁家村
	临渭区		桥南镇杨魏村、段李村，三张镇油王村、铁韩村，阳郭镇古道村
	华州区		高塘镇东阳村
延安市	延川县■●	杨家圪坮镇	延水关镇呼家塬村，乾坤湾镇碾畔村
	延长县■●	黑家堡镇	张家滩镇母生村
	宜川县■	集义镇	壶口镇高柏村，英旺乡茹坪村
	宝塔区		姚店镇黄屯村，甘谷驿镇李家河村
	安塞区		沿河湾镇方家河村，高桥镇刘坪村
	子长市		瓦窑堡街道张家庄村，安定镇白杨树坪村
	志丹县		双河镇桃庄湾村，旦八镇沙渠村
	吴起县		吴起街道侯岔村，白豹镇老庄沟村
	甘泉县		下寺湾镇龙咀沟村，桥镇乡方家河村
	富县		直罗镇宽坪村，张村驿镇罗儿山村，北道德乡樱桃塬村
	洛川县		交口河镇活乐村
	黄龙县		白马滩镇白马滩村，圪台乡圪台村
榆林市	横山区■	响水镇	响水镇赵峁则村、沐浴沟村，党岔镇韩石畔村
	定边县■	冯地坑镇	油房庄乡油房庄村，杨井镇五里涧村
	绥德县■	崔家湾镇	义合镇霍家坪村，崔家湾镇贺家湾村，四十里铺镇雷家岔村
	米脂县■	印斗镇	杨家沟镇李家寺村，沙家店镇张士沟村、张庆沟村，银州街道姬家寨村

续表

设区市	县（市、区）	重点帮扶镇（乡）（56 个）	重点帮扶村（社区）（748 个）
榆林市	佳县■●	乌镇	王家砭镇赵家沟村，佳州街道玉家沟村，通镇白龙庙村，刘国具镇王元村，坑镇丁家坪村
	吴堡县■	岔上镇	岔上镇木家沟村
	清涧县■●	玉家河镇	解家沟镇张家川村，李家塔镇军家屯村，折家坪镇白家坪村
	子洲县■●	电市镇	苗家坪镇钟砭村，裴家湾镇庞家沟村，马蹄沟镇吉利坪村，电市镇龙尾峁村
	榆阳区		鱼河峁镇董家湾村、冯茶庄村
	神木市		万镇镇郊家川村
	府谷县		清水镇枣林峁村，孤山镇沙洼村
	靖边县		杨桥畔镇阳周村，杨米涧镇寺台村，周河镇东坪村，镇靖镇大岔村，中山涧镇中山涧村，东坑镇车路壕村
汉中市	南郑区■	黄官镇	黄官镇武家沟村，法镇沙坝村，碑坝镇广家店村、松树庵村，福成镇程家坝村、田家营村、马元村
	城固县■	文川镇	文川镇联合村，桔园镇李家堡村，老庄镇杨家坡村，双溪镇西宫河村，天明镇三化村，小河镇柳树店村
	洋县■●	桑溪镇	槐树关镇洛川村，茅坪镇洪溪村，溢水镇药树坝村
	西乡县■●	大河镇	峡口镇水磨村、麻柳村，堰口镇罗镇村，茶镇茶镇村，大河镇峰垭村、河西村，两河口镇太平村
	勉县■	茶店镇	武侯镇关山梁村，茶店镇马黄岭村，元墩镇渭溪沟村，同沟寺镇柳坝村，新街子镇二道河村，武侯镇朱家河村，长沟河镇汪家河村，漆树坝镇张家桥村
	宁强县■●	禅家岩镇	巨亭镇马家湾村、石岭子村，代家坝镇高家河村、徐家坝村，毛坝河镇三道河村、汤家坝村、小河村，阳平关镇石磮场村、赖马沟村，安乐河镇安乐河村、八海河村，汉源街道黄坝驿村，二郎坝镇白果树村，燕子砭镇中坝村、枣林坝村，胡家坝镇杨寺庙村，大安镇石窝金村、白岩洞村、汉源村、黄家坝村、庙坝村
	略阳县▲■	郭镇	乐素河镇桃园子村、徐家坝村、双集坝村，白雀寺镇白雀寺村、中坝子村、南家山村，接官亭镇麻柳铺村，兴州街道大坝村、磨坝村，白水江镇封家坝村，仙台坝镇任家院村，硖口驿镇大铁坝村，横现河街道石状沟村，黑河镇高家坎村，金家河镇走马村，郭镇谭家庄村、西沟村，徐家坪镇裴家庄村、秦家坝村，马蹄湾镇史家庄村，西淮坝镇梁家河村，两河口镇李家坝村，观音寺镇炉子坝村，五龙洞镇金池院村
	镇巴县▲■	杨家河镇	泾洋街道鹿子坝社区，杨家河镇构园村、王家河村、贺家山村，永乐镇新时村、红花村，简池镇大垭村，赤南镇梅坡村，仁村镇东院社区，巴庙镇石院子村，碾子镇碾子村，平安镇桑园坝村，兴隆镇黑水塘村，青水镇仁和村、丁木坝村，观音镇田家坝村，小洋镇木桥社区，三元镇后湾村、柳坝村，巴山镇活水社区，渔渡镇花果村

续表

设区市	县（市、区）	重点帮扶镇（乡）（56个）	重点帮扶村（社区）（748个）
汉中市	留坝县■	马道镇	江口镇磨坪村、田坝村、漩滩村，武关驿镇上南河村，马道镇花草门村、龙潭坝村，玉皇庙镇玉皇庙村、大树坝村，青桥驿镇蔡家坡村，火烧店镇望星台村
	佛坪县■	陈家坝镇	长角坝镇田坝村，袁家庄街道肖家庄，西岔河镇西岔河村，陈家坝镇郭家坝村，大河坝镇凤凰村、水田坪村，岳坝镇女儿坝村
	汉台区		武乡镇郑庄村、曹党村，宗营镇范家坪村，汉王镇五郎村，徐望镇邵家湾村
安康市	汉滨区▲■	瀛湖镇	五里镇毛湾村、李湾村、刘营村、白马石村、鲤鱼山村、大河镇瓦房村、流芳村、田坪村，大竹园镇大竹园社区、马泥村、二联村、正义村，洪山镇长安村，吉河镇纸坊村、石梯镇杨寇村、县河镇凡庙村、富强村、上湾村、谢坝村、大垛村、白垭村，茨沟镇二郎村、红岩村，关家镇关田村、小关社区、魏庙村、邹庙村、乌垭村，洪山镇瓦仓村、兴隆社区，吉河镇板庙村、福滩村、龙潭村、砖垭村，建民街道赤卫村、东山村、新联村、青春村，流水镇凤凰村、田心社区、学坊垭社区、新庄村、良田村、河心村，沈坝镇小沟村、张四营村，石梯镇青套村，双龙镇坝村、中山村、谢坪村，晏坝镇胡家沟村、黄坪村，叶坪镇桥亭村，早阳镇东村村、代坡村、高举村、九里村，中原镇骆驼村、麻庙村、团结村、双湾村、卫星村、红专村，关庙镇杨寨村，坝河镇繁荣村、樟树村
	旬阳市■●	铜钱关镇	城关镇木场村、庙岭河村，甘溪镇高庄村，石门镇石门村、崔家堡村、付家庄村、曹家沟村，段家河镇李家庄村、唐家庄村、白果树村、黄家桥村、北庵村，白柳镇白岩村、子房村、松垭村，关口镇大庙村、张岭村、江北村、西坡村，红军镇庄院村，金寨镇珍珠村、张河村、郭家湾村、观音堂村，吕河镇瓦房坡村、二佛寺村、田湾村、桂花社区，麻坪镇钱河梁村，神河镇丰家岭村、王义沟社区、台子村，双河镇三岔村、石圈村，桐木镇岔园村、松树湾村、石板沟村、磨场沟村，铜钱关镇铜钱村、林家沟村、双河村、连桥村、黄泥坪村，仙河镇大沟村、高东村，棕溪镇华峡村、长沙村、吕槽村、狮子岩村、康庄村，小河镇张良村、坪槐村、东河村，蜀河镇祝家村、黄场村，构元镇王河村
	汉阴县■	漩涡镇	城关镇月河村、三坪村、三元村，涧池镇五坪村、栋梁村、平梁镇二郎村、清河村、沙河村，蒲溪镇东升村、先锋村、双乳镇新塘村，漩涡镇发扬村、金星村、东河村、三塘村，汉阳镇长岭村、健康村、泗发村，铁佛寺镇安坪村，双河口镇凤柳村、幸和村，观音河镇观音河村、中坪村
	石泉县■	喜河镇	城关镇丝银坝村，池河镇力建村，饶峰镇新华村，两河镇金盆村，后柳镇金齐村，喜河镇晨光村，熨斗镇茨林村，中池镇筷子铺村，迎丰镇三官村，曾溪镇高坎村，云雾山镇云阳村
	宁陕县■	广货街镇	龙王镇永红村，城关镇寨沟村、龙泉村，金川镇小川村，筒车湾镇龙王坪村，四亩地镇严家坪村，梅子镇生凤村

续表

设区市	县（市、区）	重点帮扶镇（乡）（56个）	重点帮扶村（社区）（748个）
安康市	紫阳县▲■	高桥镇	城关镇双坪村、塘么子沟村、东木镇燎原村、军农村，洞河镇菜园村、楸园村，高桥镇权河村、深磨村，高滩镇万兴村、白坝村，汉王镇汉城村，蒿坪镇金村、全兴村，红椿镇白兔村、民利村，焕古镇焕古村、金塘村，洄水镇团堡村、联沟村，界岭镇箭竹村，麻柳镇麻柳村，毛坝镇温家坪村、岔河村，双安镇闹河村，双桥镇解放村、庄房村，瓦庙镇堰塘村、老庄村，向阳镇院墙村、天生桥村
	岚皋县▲■	佐龙镇	城关镇联春村，大道河镇茶农村，官元镇古家村，蔺河镇大湾村，孟石岭镇九台村，民主镇银米村、银盘村、马安村，南宫山镇双岭村，石门镇庄房村，四季镇月坝村，滔河镇联合村，堰门镇隆兴村，佐龙镇乱石沟村
	平利县■	八仙镇	广佛镇八角庙村、秋河村，八仙镇松树村、金鸡河村，城关镇三河村、普济寺村，兴隆镇广木河村、九龙池村，长安镇西河村，洛河镇丰坝村，老县镇大营盘村，三阳镇梁家坝村，正阳镇泗水坪村，西河镇梅子园村，大贵镇毛坝岭村
	镇坪县■	上竹镇	曾家镇千山村、花坪村，牛头店镇前进村，城关镇竹节溪村，钟宝镇得胜村，曙坪镇桃元村
	白河县▲■	宋家镇	城关镇牛角村，构扒镇纸坊社区，茅坪镇田湾村，双丰镇双安村，西营镇栗园村，仓上镇东庄村，冷水镇川共村，麻虎镇里龙村
	恒口示范区		恒口镇南月村、袁庄村、棋盘村、余岭村、王家台村、龙泉村、大道村、三合村、月河村、联红村、月坝村、梅子沟村
商洛市	商州区■	牧护关镇	三岔河镇三岔河社区、杨峪沟村，杨峪河镇吴庄村，杨斜镇松云社区、月亮湾村，刘湾街道小龙峪村、中心村，腰市镇北街村、马角村，陈塬街道凤山村，牧护关镇秦政村、西沟村，板桥镇桃岔河村、七星村，闫村镇闫村、磨沟村、安武村，金陵寺镇郝庄村，大荆镇东峪村、油房村、寺坪村，麻街镇自愿村、五星村
	洛南县■●	洛源镇	城关街道孙沟村，四皓街道党沟村、杨底村，永丰镇王村，保安镇东湾村、八道河村，洛源镇龙潭村、五龙村、涧坪村，景村镇灵官庙村、沙坪村，柏峪寺镇前河村，古城镇马连滩村，三要镇沙河川村，高耀镇杨河村，灵口镇上寺店村，石门镇三岔村、陈涧村、太白岔村，麻坪镇斜岭村、峪口村，石坡镇黑山村、南坪村、香山村，巡检镇三元村、太子坪村、高山河村，寺耳镇东庄村、王沟村、胭脂河村
	丹凤县▲■	花瓶子镇	蔡川镇庵底村、金月村、上庄坪村、太子庙村、页山村，棣花镇巩家河村，花瓶子镇粉塬村、石门村、油房坪村、赵湾村，龙驹寨街道北炉村、白庄村、大庄村、代庄村、秋树坪村、小岭村、油房村，峦庄镇峡河村、街坪村，商镇保定村、东峰村、铁庙村，寺坪镇东沟村、甘沟村、花园村、三间房村、银洞村，铁峪铺镇李山村、油房村，土门镇黑沟村，武关镇梨园村、楼子村、坪安村、阳阴村、枣园村，庾岭镇黄坪村、两岔河村，竹林关镇八龙庙村、东楼村、光明村、南丈沟村、长石练村、中厂村

续表

设区市	县（市、区）	重点帮扶镇（乡）（56个）	重点帮扶村（社区）（748个）
商洛市	商南县▲■	十里坪镇	城关街道曹营村，赵川镇淤泥湾村、文化坪村、大阳坡村，十里坪镇十里坪社区、白鲁础村、梁家坟村、核桃坪村、宽坪村、大竹园村、马王沟村、西坪村，金丝峡镇兴隆村、富裕沟村，过风楼镇水沟村、联合村、太平庄村、耀岭河村、八里坡村，清油河镇碾子沟村，湘河镇湘河社区、汪家店村
	山阳县▲■	杨地镇	城关街道桃园社区、土桥村，法官镇花庙子村、大寺庙村，色河铺镇屈家湾村、沙沟口村，西照川镇石佛寺社区、西川社区，延坪镇西河村，南宽坪镇李家湾村，板岩镇石桩子村、陈涧村、庙台社区、青龙寨村、王家村、广梅沟村，漫川关镇康家坪村，天竺山镇西坡村、三槐村，中村镇十八盘村，小河口镇马家山村、史家坪村、东坪村，高坝店镇石桥村，银花镇五色沟村、上店子社区、湘子店村，户家塬镇九湾村，杨地镇西坪村、合河村，两岭镇三合村，王阎镇口头坪村、龙洞川村、蜡烛山村，十里铺街道鹃岭铺社区、陈坪村、王庄村
	镇安县▲■	西口回族镇	柴坪镇建国村、柴坪村、向阳村、石湾村，达仁镇春光村、玉泉村、双河村，大坪镇龙池村，高峰镇营胜村、升坪村、渔坪村、长坡村、农科村，回龙镇和坪村，茅坪回族镇五福村，米粮镇江西村、清泉村，庙沟镇中坪村、五四村、双喜村，木王镇米粮寺村、平安村、坪胜村，青铜关镇青梅村、阳山村、旬河村、兴隆村，铁厂镇西沟口村、庄河村，西口回族镇上河社区，永乐街道庙坡村、孙家砭村、王家坪社区、山海村、木园村，月河镇川河村、黄土岭村、先锋村、菩萨殿村、西川村，云盖寺镇西洞村
	柞水县▲■	曹坪镇	营盘镇两河村、曹店村、北河村、丰河村，下梁镇西川村，小岭镇常湾村，凤凰镇大寺沟村、双河村，杏坪镇中山村、油房村，红岩寺镇正沟村，瓦房口镇颜家庄村、马家台村、磨沟村，曹坪镇东沟村、荫沟村、中庙村、九间房村

注　符号■为脱贫县，▲为国家重点帮扶县，●为省级重点帮扶县。

【提示】截至2023年10月，公司有8个帮扶村属于重点帮扶村，分别是宝鸡市太白县鹦鸽镇火烧滩、宝鸡市千阳县草碧镇邢家塬村、宝鸡市陇县新集川镇李家山村、延安市甘泉县桥镇乡方家河村、汉中市西乡县两河口镇太平村、汉中市佛坪县长角坝镇田坝村、安康市紫阳县洞河镇楸园村、商洛市柞水县曹坪镇中庙村。

四、乡村振兴责任制

实行乡村振兴责任制，坚持以习近平新时代中国特色社会主义思想为指导，增强"四个意识"、坚定"四个自信"、做到"两个维护"，实行中央统筹、省负总责、市县乡抓落实的乡村振兴工作机制，构建职责清晰、各负其责、合力推进的乡村振兴责任体系，举全党全社会之力全面推进乡村振兴，加快农业农村现代化。

（一）各级机关责任

1. 省委农村工作领导小组办公室

做好乡村振兴重大政策研究、重大事项协调、重大任务督促落实等工作，围绕"五大振兴"目标任务，完善沟通协调工作机制，协同推进任务落实。

2. 省委和省级国家机关有关部门

加强对本单位本系统乡村振兴工作的领导，认真落实乡村振兴各项任务，积极配合省委农村工作领导小组办公室开展工作。

省委和省级国家机关有关部门党组（党委）对本单位本系统乡村振兴工作负主体责任，领导班子主要负责人是第一责任人。

3. 市级党委和政府

负责本地区乡村振兴工作，加强上下衔接、统筹协调、督促检查，发挥好以市带县作用。

市级党委和政府主要负责人是本地区乡村振兴第一责任人。

4. 县级党委和政府

县级党委和政府是本地区乡村振兴"一线指挥部"。负责结合县域实际研究制定乡村振兴规划，明确阶段性目标和年度目标任务并指导乡镇抓好落实。

县级党委和政府主要负责人是本地区乡村振兴第一责任人。

5. 乡镇党委和政府

乡镇党委和政府应当把乡村振兴作为中心任务，加强统一指挥，加大统筹协调，坚持"一村一策"，实行精准指导，组织开展"多规合一"的实用性村庄规划编制，推动资金项目落地，确保重点任务落实，有效发挥基层基础作用，乡镇党委和政府主要负责人是本地区乡村振兴第一责任人。

6. 村级党组织

村党组织统一领导村级各类组织，指导推动各项工作，村党组织书记是本村乡村振兴第一责任人。

（二）社会帮扶

省级定点帮扶单位应当认真履行帮扶责任，围绕巩固拓展脱贫攻坚成果，聚焦全面推进乡村振兴，明确年度任务，创新帮扶措施，选优派强挂职干部和驻村第一书记，加强工作指导，严格调整轮换、日常管理和考核奖惩，推动政策落实，提高帮扶实效。

（三）乡村振兴工作报告制度

各级党委和政府应当每年向上级党委和政府报告实施乡村振兴战略进展情况。各级党委应当将实施乡村振兴战略进展情况作为向本级党的代表大会、党委全体会议报告的重要内容。

（四）监督执纪问责

中央纪委国家监委对乡村振兴决策部署落实情况进行监督执纪问责。国家发展改革委、财政部、农业农村部、审计署、国家乡村振兴局等部门和单位按照各自职责对乡村振兴政策落实、资金使用和项目实施等实施监督。

（五）明确奖惩

1. 表彰激励

地方党委和政府以及党委对落实乡村振兴责任到位、工作成效显著的部门和个人，以及作出突出贡献的社会帮扶主体，以适当方式予以表彰激励。

2. 追究责任

各级党委和政府及其有关部门在乡村振兴工作中不履行或者不正确履行职责，存在形式主义、官僚主义等问题的，应当依照有关党内法规和法律法规，追究负有责任的领导人员和直接责任人员的责任；构成犯罪的，依法追究刑事责任。

3. 常态化约谈

对乡村振兴工作中履职不力、工作滞后的，上级党委和政府应当约谈下级党委和政府，本级党委和政府应当约谈同级有关部门。❶

五、革命老区振兴发展

（一）重要意义

党的二十大对支持革命老区加快发展作出重要部署，2023 年是全面贯彻落实党的二十大精神开局之年，是"十四五"规划实施承前启后的关键一年，各部门各地方要深入贯彻落实党中央、国务院决策部署，不断推动革命老区振兴取得新进展。

---

❶《关于印发乡村振兴责任制实施办法的通知》《关于印发陕西省乡村振兴责任制实施细则的通知》。

（二）相关要求

1. 衔接推进乡村振兴

加大对革命老区以工代赈支持力度，充分发挥以工代赈项目就业带动作用。鼓励革命老区积极创建消费帮扶示范城市和产地示范区，引导带动各类消费帮扶主体加大脱贫地区产品帮销力度，充分发挥脱贫地区农副产品网络销售平台（"832 平台"）作用。

2. 支持基础设施重点项目建设

结合"十四五"油气管网发展规划，支持革命老区相关天然气管道工程开展前期工作。支持革命老区重大电网工程建设，支持农村电网巩固提升，补齐电力基础设施短板。同等条件下，优先支持革命老区建设支撑性和调节性电源项目。

3. 加强组织保障和政策支持

引导中央企业参与革命老区振兴，支持相关央企与革命老区当地国企开展合作，支持国企充分发挥现有投资基金作用，支持革命老区高质量发展。组织开展"央企援赣促振兴"等活动。❶

---

❶《关于印发革命老区振兴发展 2023 年工作要点的通知》（发改振兴〔2023〕282 号）。

第四章　国家电网公司乡村振兴政策

本章主要对国网公司发布的乡村振兴相关政策文件进行了摘录和梳理，主要包括实施农网巩固提升工程、清洁能源发展、"村网共建"电力便民服务、巩固拓展脱贫攻坚成果等相关内容。

第一节　实施农网巩固提升工程

一、总体要求

（一）指导思想

认真落实"四个革命，一个合作"❶能源安全新战略和乡村振兴战略，深入实施农村电网巩固提升工程，补短板、强弱项、夯基础、促提升，全面巩固提升农村电力保障水平，推动构建农村新型能源体系，助力乡村振兴和农业农村现代化。

（二）基本原则

把握不同地区农村电网发展阶段，分区域、差异化合理确定农村电网发展目标，根据不同地区实际情况分类施策，科学确定经济合理的农村电网巩固提升方案，精准实施农村电网巩固提升工程，有效控制成本，提高投资效益。

（三）主要目标

（1）到 2025 年，农村电网网架结构更加坚强，数字化、智能化发展初见

---

❶ "四个革命，一个合作"：推动能源供给革命，抑制不合理能源消费；推动能源技术革命，带动产业升级；推动能源体制革命，打通能源发展快车道。"一个合作"即全方位加强国际合作，实现开放条件下能源安全。

成效；中西部和东北地区农村电网供电可靠率、综合电压合格率、户均配变容量分别不低于 99.85%、99.2%、2.3kVA。

（2）到 2035 年，农村地区电力供应保障能力全面提升，城乡电力服务基本实现均等化，全面承载分布式可再生能源开发利用和就地消纳，农村地区电气化水平显著提升。

二、精准升级农村电网

（一）因地制宜完善农村电网网架结构

西部地区、东北地区推进农村电网补短板、强弱项、破难题，统筹高压电网延伸覆盖和中低压电网更新改造，增加变电站和配变台区布点，加大线路输送能力，支撑家用电器下乡和更新换代。

（二）提升农村电网装备水平

加快老旧电网设备更新，逐步淘汰 S9 及以下变压器等落后低效设备。积极推广先进适用的新技术、新设备、新材料、新工艺，提高农村电网建设改造的综合效益。

（三）增强农村电网防御自然灾害能力

推进农村电网差异化设计，适当提高建设标准，增强防御台风、雷暴、低温雨雪冰冻等自然灾害的能力。推进低洼变电站、地下配电房的整改，防止内涝影响。2028 年前全面完成一般线路改造。

三、支撑农村可再生能源开发

（一）提升分布式可再生能源消纳能力

统筹可再生能源开发、农村负荷增长等情况，在深入挖掘消纳潜力基础上，有序推进农村电网建设改造，提升农村电网分布式可再生能源承载能力，促进分布式可再生能源就近消纳。

（二）做好分布式可再生能源发电并网服务

各级电网企业要积极做好农村分布式可再生能源发电并网服务，依法简化并网手续，优化服务流程，确保农村分布式可再生能源发电"应并尽并"。

四、配套供电设施建设

（一）服务新能源汽车下乡

统筹考虑乡村级充电网络建设和输配电网发展，因地制宜、适度超前、科学合理规划县域高压输电网容载比水平，适当提高中压配电网供电裕度，增强电网支撑保障能力。

（二）提升农村电气化水平

服务农业农村现代化，重点保障农户、农村合作社等农业生产电气化需求。做好农村新型基础设施、工业园区等供电服务。围绕粮食生产核心区建设需求，持续巩固"机井通电"成果。因地制宜、稳妥有序实施农村"煤改电"，推动农村地区清洁取暖。

五、组织实施

（1）各级发展改革部门、能源管理部门是农村电网巩固提升工程的行业管理部门，进一步完善工作机制，强化政策衔接和统筹协调。

（2）省级和县级发展改革部门、能源管理部门负责组织编制本地区农村电网巩固提升工程规划，统筹规划本地区农村电网巩固提升工程实施的任务目标、建设重点、保障措施等。

（3）电网企业要发挥主体作用，落实主体责任，加大投资力度，做好农村电力普遍服务保障和转型升级等工作。

（4）各级发展改革部门、能源管理部门要按职责加强对农村电网巩固提升工程的跟踪分析和监督管理。❶

第二节　清 洁 能 源 发 展

一、分布式光伏政策

（1）国家能源局于 2021 年 6 月 20 日发布《关于报送整县（市、区）屋顶分布式光伏开发试点方案的通知》，明确试点项目申报"5432"方针（党政机

---

❶《关于实施农村电网巩固提升工程的指导意见》（发改能源规〔2023〕920 号）。

关建筑、公共建筑、工商业厂房、居民屋顶安装比例分别不低于 50%、40%、30%和 20%）及"宜建尽建"原则，要求电网企业做到"应接尽接"，保障并网消纳。

（2）2021 年 7 月 7 日，国家能源局针对整县推进政策的答疑说明，对整县屋顶分布式光伏试点工作要求作出进一步明确：自愿不强制，是否试点及试点数量不搞行政命令；试点不审批，对于报送的试点方案，国家能源局不组织评审和审批；到位不越位，屋顶是否开发及开发主体由屋顶产权单位自主确定；竞争不垄断，试点工作由地方政府自行组织实施，按市场化原则选择投资主体；工作不暂停，国家能源局强调指出，电网企业要落实电力体制改革相关要求，把工作重点放在加强配电网升级改造和接网服务等方面，切实保障试点地区分布式光伏大规模接入需求，确保电力消纳。

（3）国家能源局于 2021 年 9 月 8 日发布《关于公布整县（市、区）屋顶分布式光伏开发试点名单的通知》（国能综通新能〔2021〕84 号）强调指出，电网企业要在电网承载力分析的基础上，配合做好省级电力规划和试点县建设方案，充分考虑分布式光伏大规模接入的需要，积极做好相关县（市、区）电网规划，加强县（市、区）配电网建设改造，做好屋顶分布式光伏接网服务和调控运行管理。

（4）国家发展改革委、国家能源局于 2021 年 5 月 31 日发布《关于做好新能源配套送出工程投资建设有关事项的通知》（发改办运行〔2021〕445号），明确优先由电网企业承建配套送出工程，对电网企业建设有困难或规划建设时序不匹配的新能源配套送出工程，允许发电企业建设，电网企业可协商回购。

二、支持充电设施建设服务新能源汽车下乡

（一）总体思路

以习近平新时代中国特色社会主义思想为指导，全面贯彻落实国家发展新能源汽车决策部署，履行好公司政治责任、社会责任和经济责任，深入调研新能源汽车下乡需求和充电保障能力，加快电网规划建设和充电基础设施布局。深化县乡村供电服务，以农村电网供电更可靠、更安全，充电基础设施报装办电更省心、更省钱，出行充电更便捷、更绿色，推动实现"县县有站、乡乡有桩"，释放农村地区新能源汽车消费潜力，引导乡村"绿色出行"。

（二）工作目标及要求

1. 工作目标

建设坚强农村配电网，满足各类充电基础设施接入需要。将充电基础设施纳入民生供电保障，平均供电可靠率保持在 99.8%以上，抢修到达现场后恢复供电平均时间不超过 4h。

2. 工作要求

对新增个人充电桩实行"单独装表、单独计费"，公司承担电表至公共电网连接点工程费用。深化"联网通办"，前移服务关口至购车环节。在已完成宅基地确权的地区，线上获取房屋产权信息。简化办电收资，在无物业单位的县乡社区、自然村建设充电桩，不再收取允许安装证明；在宅基地房前屋后建设充电桩，不再收取车位使用权证明。❶

第三节　"村网共建"电力便民服务

一、工作目标

通过开展"村网共建"电力便民服务示范点创建，主动将供电服务网格融入基层政府网格，延伸乡村供电服务渠道，推动形成一批可复制、可推广的乡村供电服务与政务服务共建共治共享的典型示范，推动解决农村供电服务"最后一百米"问题，提升人民群众用电满意度、便捷性。

二、工作原则

"村网共建"坚持政企共建共管共享，积极推动当地政府发挥主导作用，将供电服务植入村级公共服务中，实现政企双方信息共享、政务资源和政策支持共享。聚焦农业发展新特点、农村发展新形势、农民生活新需求，以更加贴近客户和快速响应诉求为目标，充分满足乡村个性化服务需求，进一步延伸服务触角。

---

❶ 《关于印发大力支持充电基础设施建设服务新能源汽车下乡和乡村振兴实施方案的通知》（国家电网办〔2023〕408 号）。

三、重点任务

（一）构建"村网共建"协作服务体系

（1）推动服务体系建设；
（2）构筑融合服务机制；
（3）建立协同工作机制；
（4）发挥党员引领作用。

（二）深化"村网共建"服务内容

1. 做好基本业务服务

为客户提供用电咨询、查询、电费缴纳、票据领用、停复电通知等服务，利用"网上国网"App 等信息平台帮助客户直接受理新装、增容、变更用电等办电申请。

2. 提供便民个性服务

针对不同客户群体提出"四个办"模式，针对年轻人网上 App 线上办，App 不会用便民服务点就近办，无法去营业厅上门办，独居老人、留守儿童等特殊群体代理办。

3. 加强协调联动服务

加强与乡镇、村（社）在信息共享、电网规划建设等方面配合，形成工作合力，共同推进乡村便民工作有序开展。

4. 强化政策宣传服务

整合乡村宣传平台资源，利用微信群等形式，开展用电安全、电价政策、光伏并网服务、农村地区"三零"服务、节能节电等方面的宣传，方便客户及时了解公司相关政策。

（三）落实"村网共建"保障举措

（1）加强人员素质建设；
（2）做好建设项目支持；
（3）推动完善考评体系；
（4）建立工作任务台账。❶

---

❶《关于开展"村网共建"电力便民服务试点工作的通知》（陕乡振函〔2023〕42 号）、《关于开展"村网共建"电力便民服务工作的通知》（陕电营销〔2023〕13 号）。

第四节 巩固拓展脱贫攻坚成果

一、消费帮扶

1. 总体要求

围绕促进贫困人口稳定脱贫和贫困地区长远发展，坚持政府引导、社会参与、市场运作、创新机制，着力激发全社会参与消费扶贫的积极性，着力拓宽贫困地区农产品销售渠道，着力提升贫困地区农产品供应水平和质量，着力推动贫困地区休闲农业和乡村旅游加快发展，推动贫困地区产品和服务融入全国大市场。

2. 工作措施

将消费扶贫纳入中央单位定点扶贫和地方各级结对帮扶工作内容。将消费扶贫纳入东西部扶贫协作和对口支援政策框架。将消费扶贫纳入"万企帮万村"精准扶贫行动，鼓励民营企业采取"以购代捐""以买代帮"等方式采购贫困地区产品和服务。支持大中城市和贫困地区引导和扶持一批消费扶贫示范企业，重点开展流通基础设施建设、供应链服务、生产基地建设。鼓励贫困地区因地制宜新建或改建一批产地仓、气调库、冷藏冷冻保鲜库等设施，以租赁、共享等方式降低参与消费扶贫企业的运营成本❶。

【提示】各单位组织帮扶农产品进食堂、进工会慰问品、团青志愿活动、职工爱心订购等活动；协助帮扶点、汉中合力团符合条件的农产品上线"慧农帮"电商平台，组织开展消费帮扶专项活动。

二、国网陕西电力乡村振兴督帮工作机制

1. 督帮形式

（1）日常督帮。各供电公司、电科院和安康水电厂自行组建由分管领导、有关专家和驻村人员组成的督帮组，根据督帮内容制定工作计划，对本单位巩固拓展脱贫攻坚成果同乡村振兴有效衔接工作实施情况常态化开展督帮。

（2）集中督帮。由公司有关领导带队，乡村振兴办组织各相关部门和单位有关专家组建督帮组，对承担行业帮扶和定点帮扶任务的公司系统直属单位开

---

❶《关于深入开展消费扶贫助力打赢脱贫攻坚战的指导意见》（国办发〔2018〕129号）。

展现场交叉督帮检查，同时抽查驻村帮扶工作开展情况。

（3）重点督帮。针对督帮中发现的重点区域和重点问题，地方党委政府和国网公司领导批示和交办事项，人大代表、政协委员重点建议提案，重大舆情处置办理等事件中涉及的电力相关问题，由各级乡村振兴办组织，相关部门及单位参与开展督帮。

2. 督帮内容

（1）定点帮扶。是否有明确的乡村振兴工作组织机构和工作人员；是否按照相关要求选派驻村人员；是否签订年度帮扶责任书；是否制定年度工作方案；消费帮扶是否有力推进；是否定期听取驻村工作汇报；主要负责同志、分管负责同志是否定期前往帮扶村指导慰问。

（2）行业帮扶。是否制定年度农网巩固提升计划；农村电网营商环境是否符合"三零三省"要求；农村供电服务质量是否满足公司要求；是否制定农时保供方案，是否出现农时保供投诉；是否出现清洁能源不能及时并网情况；是否出现清洁能源发电数据上传异常，是否出现清洁能源发电电费结算或补贴转付不及时情况；"三线"搭挂治理是否有力推进；"村网共建"是否切实提高供电服务质量。

（3）驻村帮扶。是否严格落实考勤制度要求；是否制定年度帮扶计划；公司捐赠资产是否正常运转；公司捐赠项目是否顺利推进；电力爱心超市是否合规运营；是否出现帮扶村合理用电诉求未及时响应情况；是否开展支部共建。

（4）重点任务。查看公司乡村振兴工作方案相关工作落实情况；方案制定是否结合本单位工作实际，是否有明确的工作目标、任务计划和保障措施；是否存在重安排、轻落实现象，查看重点工作任务推进情况相关佐证资料。

【提示】按照中央、国网公司及省市等上级单位要求开展专项整治，对于督帮过程中发现的问题，及时研究解决。

三、国网陕西电力包抓联系帮扶工作机制

（一）包抓原则

全面贯彻落实省委省政府、公司党委关于巩固拓展脱贫攻坚成果同乡村振兴有效衔接的决策部署，通过"领导包片、部门协调、基层落实"的工作机制，形成公司系统主动支持和参与乡村振兴合力，聚焦电力行业帮扶和社会帮扶，确保圆满完成巩固拓展脱贫攻坚成果同乡村振兴有效衔接任务。

（二）包抓方式

1. 领导包片

一是与有效衔接点的省级领导保持对接联系，做好协调落实。二是召开帮扶联席会议，促进部门（单位）信息互联共享。三是对接部门和联络单位，每半年向公司乡村振兴帮扶工作领导小组汇报巩固拓展脱贫攻坚成果同乡村振兴有效衔接包抓工作进展情况。

2. 部门协调

按照省政府各有关部门要求，做好电力行业帮扶相关工作的指导、协调电网项目推进工作；按照地方党委政府要求，做好"两联一包"社会帮扶工作的指导、协调及帮扶项目的推进工作。

3. 基层落实

电力行业帮扶方面，满足乡村"五大振兴"发展电力保供需要，建立革命老区乡村振兴重点项目用电专人联络机制，推进农村地区能源清洁化转型安全有序发展和源网荷储数碳协同发展。

社会帮扶方面，按照中央"选优派强"要求落实驻村干部的选派和按期轮换，做好乡村振兴政策的宣传解释，及时总结、提炼帮扶经验，做好帮扶资料的收集、整理、归档等工作。

【提示】各级包抓领导、部门，主动思考、靠前指挥，对包抓的有效衔接点、帮扶村常联系、常走访、常指导，积极协调解决工作中存在的问题，推动公司高质量完成助力乡村振兴工作。

第二篇　驻村帮扶篇

本篇分为四章，包括帮扶责任、政策保障、工作落实和电力行业帮扶。收录了有关部门文件中规定的对驻村帮扶工作队和人员管理的有关要求。

第五章　帮扶责任

本章对驻村帮扶的责任和要求进行了论述，主要包括驻村帮扶主体责任、驻村帮扶工作队责任、驻村帮扶第一书记和工作队管理、乡村振兴领域廉洁警示教育等相关内容。

第一节　驻村帮扶主体责任

为深入贯彻落实党中央有关决策部署和省委工作要求，总结运用打赢脱贫攻坚战选派驻村第一书记和工作队的重要经验，聚焦选优派强、管好用好，健全常态化驻村工作机制，全面推进乡村振兴、巩固拓展脱贫攻坚成果。第一书记和工作队要找准职责定位，充分发挥支持和帮助作用，与村"两委"共同做好以下工作。

一、建强村党组织

重点围绕增强政治功能、提升组织力，推动村干部、党员深入学习和忠实践行习近平新时代中国特色社会主义思想，学习贯彻党章党规党纪和党的路线方针政策，认真贯彻习近平总书记来陕考察重要讲话精神；推动加强村"两委"班子建设、促进担当作为，帮助培育后备力量，发展年轻党员，吸引各类人才；推动加强党支部标准化规范化建设，严格党的组织生活，加强党员教育管理监督，充分发挥党组织和党员作用。

二、推进强村富民

重点围绕加快农业农村现代化、扎实推进共同富裕，推动巩固拓展脱贫攻坚成果，做好常态化监测和精准帮扶；推动加快发展乡村产业，发展壮大村级集体经济，促进农民增收致富；推动农村精神文明建设、生态文明建设、深化农村改革、乡村建设行动等重大任务落地见效，促进农业农村高质量发展。

三、提升治理水平

重点围绕推进乡村治理体系和治理能力现代化、提升乡村善治水平，推动健全党组织领导的自治、法治、德治相结合的乡村治理体系，加强村党组织对村各类组织和各项工作的全面领导，形成治理合力；推动规范村务运行，完善村民自治、村级议事决策、民主管理监督、民主协商等制度机制；推动化解各类矛盾问题，实行网格化管理和精细化服务，促进农村社会和谐稳定。

四、为民办事服务

重点围绕保障和改善民生、密切党群干群关系，推动落实党的惠民政策，经常联系走访群众，参与便民利民服务，帮助群众解决"急难愁盼"问题；推动加强对困难人群的关爱服务，经常嘘寒问暖，协调做好帮扶工作；推动各类资源向基层下沉、以党组织为主渠道落实，不断增强人民群众获得感、幸福感、安全感。❶

第二节　驻村帮扶工作队责任

通过实地调研、了解当地情况，为农村地区提供帮助和支持，驻村帮扶的目的是促进农村地区的经济发展和社会进步，提高农民的生活水平和幸福感。

（1）第一书记和工作队要从派驻村实际出发，抓住主要矛盾，细化任务清单，明确目标责任，认真抓好落实。

（2）第一书记侧重抓整体规划、综合指导、统筹协调。

（3）工作队员侧重抓政策落实、项目建设、技术指导等，形成协同高效的驻村帮扶工作格局。

（4）工作中，要注意方式方法，与村"两委"遇事共商、问题共解、责任共担，特别是面对矛盾问题不回避、不退缩，主动上前、担当作为，同时注意调动村"两委"的积极性、主动性、创造性，着力培养能够长期带领群众、推动乡村振兴的骨干力量，做到帮办不代替、到位不越位。❷

---

❶ 《关于向重点乡村持续选派驻村第一书记和工作队的实施办法》的通知（陕农组发〔2021〕5号）。
❷ 《关于向重点乡村持续选派驻村第一书记和工作队的实施办法》的通知（陕农组发〔2021〕5号）。

第三节　驻村帮扶第一书记和工作队管理

驻村工作队严格落实各项制度开展工作，吃住在村、工作到户、落实驻村帮扶工作责任，认真学习省、市、县文件及会议精神，切实落实镇党委政府工作安排，在帮扶单位的指导下认真开展工作。

一、驻村工作职责

（1）驻村第一书记和工作队围绕建强村党组织、推进强村富民、提升治理水平、为民办事服务四个方面工作。

（2）驻村第一书记和工作队要与村"两委"遇事共商、问题共解、责任共担，特别是面对矛盾问题不回避、不退缩，主动上前、担当作为。

（3）驻村第一书记侧重抓整体规划、综合指导、统筹协调，工作队员侧重抓政策落实、项目建设、技术指导等，形成协同高效的驻村帮扶工作格局。

二、管理和考核

（1）各区县政府承担驻村第一书记和工作队主体管理责任，成立由组织部门、农办、乡村振兴部门等组成的驻村工作领导小组及办公室，办公室设在县委组织部。健全定期研判、督查指导、日常管理工作机制，具体抓好驻村工作落实。县级驻村工作领导小组每季度至少开展1次督查指导，掌握工作进展，交流工作经验，协调解决问题。

（2）镇（街道）党委、政府承担日常管理责任，明确人员负责第一书记和工作队的管理和服务。镇（街道）党委、政府每月至少开展1次工作情况抽查，至少召开1次驻村工作队队长会议，了解工作进展，推进问题解决。

（3）驻村工作队每周召开工作例会，学习政策业务，总结安排工作，解决具体问题。驻村工作队每月向镇（办）党委、政府汇报1次工作，每半年向县级驻村工作领导小组汇报1次工作。

（4）派出单位要加强跟踪管理，每季度听取1次第一书记和工作队员汇报，每半年至少召开1次专题会议，研究驻村帮扶工作，协调解决有关问题。

（5）县委组织部门、农办、农业农村部门、乡村振兴部门实行不定期检查、抽查并通报驻村工作情况。

（6）驻村期间，第一书记和工作队员原人事关系、工资和福利待遇不变，不承担派出单位工作；党员组织关系转到村，不占村干部职数，一般不参加村级组织换届选举。由县级驻村工作领导小组办公室和镇（街道）党委负责，严格落实考勤、请销假、工作报告和纪律约束等管理制度。

（7）第一书记和工作队员每年驻村工作时间不少于 220 天，因公出差、开会、培训、联系项目等视为在村工作，要按程序履行请假报批手续并公示去向。

1）第一书记（工作队长）的日常考勤由所在镇（街道）党委负责，离村离岗 7 天以内报镇（街道）党（工）委书记或镇（街道办事处）长（主任）批准，7 天以上经镇（街道）党委同意后报县级驻村工作领导小组批准。

2）工作队员日常考勤由第一书记（工作队长）负责，离村离岗 3 天以内由第一书记（工作队长）批准，3 天以上经第一书记（工作队长）同意后报镇（街道）党委批准。驻村干部请销假超过 30 天由派出单位召回并重新选派。未履行请销假手续擅自脱岗，情节严重的，按干部管理权限作出相应处理。

（8）驻村工作半年以上的，由所在县委组织部门、农办、农业农村部门、乡村振兴部门会同镇（街道）党委进行年度考核，以适当方式听取派出单位意见，考核结果经同级组织部门，农办、农业农村部门、乡村振兴部门审定后反馈派出单位，作为其在派出单位的年度考核等次，其中考核等次为优秀的，不占派出单位指标。驻村期满考核，由派出单位会同所在县组织部门，农办、农业农村部门、乡村振兴部门和镇（街道）党委进行。

（9）对驻村干部的考核要坚持结果导向，强化组织把关，注重简化操作、程序适当，深入听取村干部、党员、群众意见，全面了解现实表现情况。考核结果作为评先评优、提拔使用、晋升职级、评定职称的重要依据。

（10）驻村干部年度考核按照优秀、称职（合格）、基本称职（基本合格）、不称职（不合格）4 个等次评定，其中考核评定为不称职（不合格）等次或受到处分的，干部 3 年内不得评优评先、不得列入后备干部队伍、不得提拔重用；同时视情追究派出单位主要领导、分管领导责任。

（11）有下列情况之一的，年度考核可直接确定为不称职：

1）违法违纪违规，受到党纪政纪处分的；

2）不服从管理，不认真履行职责，造成严重不良影响的；

3）全年驻村时间不足 200 天的；

4）无正当理由离岗连续超过 15 天或一年内累计超过 30 天的；

5）未完成年度驻村帮扶任务，或工作出现严重问题，被省、市通报批评的。

（12）有下列几种情形的，由县级驻村工作领导小组责成选派单位对驻村第一书记或工作队员召回，由选派单位主要负责同志接替担任第一书记或工作队员。

1）年度考核为基本称职（基本合格）、不称职（不合格）等次或受到处分的；

2）能力素质不高、作风不实、不能胜任驻村工作或工作不力的；

3）干部群众意见大、满意度低；

4）其他不履行驻村工作职责，不认真落实帮扶措施，经多次教育不改或造成严重后果的。

（13）第一书记和工作队员任期一般不少于 2 年，到期轮换、压茬交接。轮换时各县组织、乡村振兴部门、各镇办、各村委和派出单位要指导做好工作交接，待工作交接完成后（交接时间一般不少于 15 个工作日），任职期满人员方可撤离。驻村期间，除身体原因不能正常驻村开展工作或调离原选派单位外，不得因提拔或岗位调整等原因进行轮换。

（14）继续落实驻村第一书记和工作队每年各不少于 1 万元工作经费，省、市、县财政按 5:3:2 的比例分担，由镇（街道）统一管理，专款专用、核报核销。工作经费主要用于工作队必要的日常办公用品（含办公互联网）购置、因公外出联系工作差旅费等支出，实行专款专用，不得截留、克扣、挪作他用。❶

三、保障措施

（一）薪酬待遇

帮扶期间，帮扶人员的人事、工资等关系维持不变。岗位薪点工资保持不变，享受国网公司规定的专职帮扶人员流动积分；月度绩效工资按派出单位同层级岗位平均标准水平发放，年度绩效工资按年度考核结果发放。

（二）生活补助

派驻帮扶人员在帮扶工作期间享受生活补助费，由派出单位发放，从工资总额列支。生活补助费由按月发放的生活补助和年度考核后生活补助构成。

（1）按月发放的生活补助。在本地市范围内驻村帮扶人员每人每天 40 元，

---

❶《关于向重点乡村持续选派驻村第一书记和工作队的实施办法》的通知（陕农组发〔2021〕5 号）。

跨地市范围驻村帮扶人员每人每天 60 元。所在地标准高于公司规定的，执行属地标准，属地文件报省公司备案。

（2）年度考核后发放的生活补助。公司安排的跨地市范围驻村帮扶人员每人每月 1200 元标准，依据帮扶单位或当地帮扶工作领导小组反馈考核结果发放。考核结果为"优秀"的，按照月标准×驻村月数×1.2 发放；考核结果为"优良"的，按照月标准×驻村月数×1.1 发放；考核结果为"合格"的，按照月标准×驻村月数×1.0 发放；考核结果为"不合格"的，不予发放。

（3）兼职帮扶人员生活补助费。参照专职帮扶人员的日均标准，根据实际在帮扶单位工作天数按月发放。

（三）一次性防寒装备发放

严寒季节仍在异地帮扶且在异地连续工作 3 个月以上的专职帮扶人员，可由派出单位发放一次性防寒装备费，从劳动保护费列支。帮扶期限一年以上的，标准为一类区 3000 元、二类区 4000 元；帮扶期限不足一年的，按照实际帮扶月数除以 12 进行折算。地区类别按照《关于艰苦边远地区范围和类别的规定》（国人部发〔2006〕61 号）确定，帮扶点所在地区没有在其中的，按照就近套入的原则确定地区类别。

（四）节假日慰问

按照国网公司统一组织派驻的专职帮扶人员每人每年 5000 元、省公司统一组织的每人每年 3000 元、各单位统一组织的每人每年 1500 元的标准，在节假日期间以慰问品方式慰问派驻人员。其中国网公司和省公司统一组织的人员由公司工会安排慰问，其他人员由派出单位安排慰问，费用从派出单位的工会经费中列支。

（五）其他待遇

（1）通信补贴。驻村帮扶期间，派出单位按月增发通信补贴，从工资总额列支。本地市范围内驻村帮扶人员每月增发 50 元通信补贴；跨地市范围驻村帮扶人员每月增发 200 元通信补贴。

（2）人身意外保险。公司每年统一为每位员工办理保额为 90 万的团体人身意外险。

（3）差旅费用。与帮扶工作相关的差旅费报销按照《国家电网公司报销管理办法》规定执行，驻帮扶人员国（境）内出差交通费、住宿费、伙食补助、公杂费严格按照公司派驻帮扶差旅费标准执行。

（六）流动积分奖励

（1）流动积分范围。经组织安排派驻异地的专职帮扶人员享受流动积分。

（2）流动积分计算。流动积分＝基础积分×地区系数×时间系数。尾数不足 0.1 分的，计 0.1 分；期限不足 3 个月的，不计流动积分。

其中：基础积分。异地连续工作满一年的基础积分为 1.3 分。

地区系数。西藏一至四类藏区地区系数分别为 1.4、1.6、1.8、2.0；国家规定的艰苦边远地区一至六类地区系数分别为 0.8、0.9、1.0、1.1、1.3、1.6；其他地区系数为 0.8。

时间系数。经组织安排异地连续工作满一年，时间系数为 1.0；期限超过 3 个月，超出 1 年或不足 1 年的，按照实际月份折算时间系数。

（3）流动积分应用。流动积分与岗位薪点工资挂钩，纳入岗位薪点工资薪级动态调整积分，直接累加计入薪档动态调整积分，流动积分与绩效等级等积分等值。

（4）流动积分认定。经组织安排派驻异地的专职帮扶人员帮扶期满，由员工所在单位人资部门进行流动积分计算，经上级人资部门审定后，纳入岗位薪点工资薪级动态调整积分，在本单位范围公示无异议后执行。

（七）畅通职业发展

帮扶工作期间表现优秀的派驻帮扶人员，在帮扶工作期满返回单位后，作为干部梯队人员加强培养。在职务晋升、职员评选或参加公司管理、技术类岗位公开竞聘时，同等条件下优先考虑。❶

第四节　乡村振兴领域廉洁警示教育

乡村振兴是当前我国发展的重要战略，其中廉洁是乡村振兴过程中必须具备的基本素质。廉洁代表着一种行业操守和社会价值观念，对乡村振兴影响深远，同时也反映了权力运转的廉洁和法治环境的稳定程度。建设乡村振兴的关键在于强化廉洁意识，深入开展乡村振兴领域的廉洁警示教育，从根本上防范和整治乡村振兴领域腐败问题的发生。

---

❶《国网陕西省电力公司关于落实派驻帮扶人员激励保障措施的意见》（陕电人〔2018〕100 号）。

一、乡村振兴领域的腐败问题

当前的乡村振兴工作中，腐败问题依然存在。具体而言，乡村振兴领域的腐败问题表现为：一是资金挪用，中央财政和地方政府财政资金被挪用用于不符合政策规定的项目；二是权力寻租，乡村振兴相关政策落实中，有的官员利用其权利受益，通过与企业私人打通流程或参股揽利；三是违规操作，例如乡村振兴相关地方政府有领导和管理干部涉嫌利用职权在项目申请审批、施工管理、财务管理和物资采购等方面违反有关规定，通过骗取国家财政补贴、盗取国家土地资源和批准不合理的宅基地、通过违规设置森林、湿地和水库等让自己获得充足的资源获取等方式违规操作。

以上腐败行为严重损害了社会公平正义、廉洁政治建设以及乡村振兴目标的实现。廉洁警示教育必须得到重视。

二、乡村振兴领域廉洁警示教育的重要性

良好的廉洁意识是每个公民的基本素质。在乡村振兴的过程中，廉洁原则不仅是一种社会价值观念，更代表了官员的行为规范。廉洁警示教育有效防止腐败现象的发生，推动政治生态的优化，减少对乡村振兴的干扰。

廉洁警示教育的宗旨在于以案为鉴，以惩戒为重点，通过加强教育，形成有效的警示作用，避免公职人员发生各种违法违规行为，为乡村振兴创造良好的政治生态。

三、乡村振兴领域廉洁警示教育的实施

（一）加强道德建设

各级领导干部应该遵循国家有关法律法规，秉持"廉、勤、务实、进取"的作风，确保自己在乡村振兴工作中遵守纪律和要求。加强个人道德建设，提升廉洁意识。

（二）改进乡村振兴政策与服务

乡村振兴中，政策和服务是保障其发展的重要手段。必须加强政策和服务的宣传，完善乡村振兴政策和服务，确保准确、透明的执行。

（三）严厉整治不良现象

在乡村振兴领域廉洁警示教育过程中，必须严厉惩治违法违纪行为，严谨办案，有效打击不良行为，才能显著降低不良现象的发生率。

（四）加强舆论宣传

在乡村振兴领域，舆论宣传工作很关键。必须充分利用宣传手段，营造依法治国和廉洁施政的稳定环境，强化社会监督作用，有效打击不良现象。

四、专项整治的目标和措施

（一）建立健全监督体系

加强对乡村振兴领域的监督，建立健全监督体系，强化对权力运行的监督和制约，促使干部在工作中知敬畏、明底线。

（二）加强宣传教育

通过加大宣传力度，加强农村社会主义核心价值观教育，培养乡村干部和农民自觉抵制不正之风和腐败问题的能力，进而形成良好风尚。

（三）加大打击力度

对不正之风和腐败行为，坚持零容忍态度，采取严厉惩处措施，形成震慑。

（四）建立长效机制

构建乡村振兴领域的长效机制，完善制度建设，减少腐败问题发生的空间，保障农民权益。❶

---

❶ 2023 年 2 月，中央纪委印发《关于开展乡村振兴领域不正之风和腐败问题专项整治的意见》。

第六章 政策保障

本章对驻村帮扶的政策保障进行了论述，主要包括教育保障、医疗保障、住房保障、饮水保障、兜底保障、社会保障等相关内容。

第一节 教 育 保 障

一、控辍保学

脱贫家庭义务教育阶段辍学学生动态清零。农村义务教育阶段适龄儿童少年（年满 6～15 周岁）无失学辍学。

10 种情况不视为失学辍学：

（1）年龄满 6 周岁但仍在幼儿园就读或因身体等原因由家长申请延缓入学的适龄儿童；

（2）在特殊教育学校、儿童福利院机构特教班就读的适龄儿童少年；

（3）年龄不满 16 周岁但已初中毕业的学生；

（4）请假和休学的学生；

（5）因智障或多重残疾不能随班就读，安排送教上门的适龄儿童少年；

（6）因身体原因不具备学习条件的适龄儿童少年；

（7）失踪失联的适龄儿童少年；

（8）有本地户籍但在异地就读的适龄儿童少年；

（9）失学辍学后经劝返恢复就读的；

（10）经多次劝返仍拒绝就学的，需县级教育部门、镇、村或学校提供两次以上劝返的相关资料。

二、学生资助

（一）学前教育

对接受普惠性学前教育的家庭经济困难儿童、孤儿和残疾儿童给予生活补助。学前一年每生每学年 750 元，其余阶段幼儿资助标准由市县自主确定。

（二）义务教育

对义务教育家庭经济困难学生补助生活费。家庭经济困难寄宿生生活补助国家基础标准为每生每学年小学 1000 元、初中 1250 元，按照国家基础标准50%核定家庭经济困难非寄宿生生活补助标准。

（三）高中教育

1. 国家助学金

资助具有正式注册学籍的普通高中在校生中的家庭经济困难学生。家庭经济一般困难的学生每生每学年 1500 元，特别困难的学生每生每学年 2500 元。

2. 国家免学杂费

免除标准按照 2015 年秋季学期以前物价部门核定的公办普通高中学费标准确定：省级标准化高中每生每学期 800 元，城市高中每生每学期 350 元，农村高中每生每学期 200 元。

（四）中等职业教育

1. 国家奖学金

用于奖励中等职业学校全日制在校生中特别优秀的学生，每生每学年6000 元。

2. 免学费

对中等职业学校全日制学历教育正式学籍一、二、三年级在校生中所有农村（含县镇）学生、城市涉农专业学生和家庭经济困难学生免除学费（含戏曲表演专业，艺术类其他表演专业学生除外）。

3. 国家助学金

资助中等职业学校全日制学历教育正式学籍一、二年级在校涉农专业学生和非涉农专业家庭经济困难学生。按照贫困程度分为 2 档，家庭经济一般困难的学生每生每学年 1500 元，特别困难的学生每生每学年 2500 元。

（五）高等教育

1. 国家奖学金

奖励纳入全国招生计划内的特别优秀的全日制本专科（含高职、第二学士学位）在校生，每生每学年 8000 元，颁发国家统一印制的荣誉证书。

2. 国家励志奖学金

奖励纳入全国招生计划内的品学兼优的家庭经济困难全日制本专科（含高职、第二学士学位）在校生，每生每学年 5000 元。

3. 国家助学金

资助纳入全国招生计划内的家庭经济困难全日制本专科（含预科、高职、第二学士学位）在校生，家庭经济一般贫困的学生每生每学年 2800 元，特别困难的学生每生每学年 3800 元。

4. 困难补助及生源地贷款

国家助学金对在陕西省地方高校就读的困难家庭学生，在校期间继续执行每生每学年发放 6000 元的助学金生活补助。生源地信用助学贷款对本科每生每年最高不超过 12000 元，研究生每生每年最高不超过 16000 元。在校学习期间利息全部由财政贴付，毕业后的利息由借款学生负担。

5. 申请方式

国家奖学金、国家励志奖学金、国家助学金是学生在校期间表现优异由学校认定，依据学校规定流程进行；困难补助及生源地贷款依据大学录取通知书内附文件的操作流程进行申请，或前往属地教育局、学生资助管理中心等部门机构进行咨询办理。❶

【提示】脱贫不稳定户学生、边缘易致贫户学生、城乡低保家庭学生、特困救助供养家庭学生、孤儿、残疾学生、因灾因疫致贫学生等享受特困标准。

三、"雨露计划"补助

"雨露计划"作为专项扶贫工作的重要内容，引导和支持农村贫困家庭新成长劳动力接受职业教育，是培养技能型人才、促进稳定就业、实现脱贫致富的治本之举，是提高贫困人口素质，促进贫困地区经济社会发展的重要措施。

（一）扶持对象和方式

1. 扶持对象

子女接受中等职业教育（含普通中专、成人中专、职业高中、技工院校，以下同）、高等职业教育的农村建档立卡贫困家庭。

2. 扶持方式

符合条件的贫困学生无论在何地就读，其家庭均在户籍所在地申请扶贫助

---

❶ 陕西省教育厅官方网站，《陕西高校学生资助政策大盘点》（2024 年 7 月 29 日）。

学补助。补助资金通过一卡通（一折通）直接补给贫困家庭。

（二）扶持政策

贫困家庭子女参加中、高等职业教育，给予家庭扶贫助学补助。学生在校期间，其家庭每年均可申请补助资金。各地根据贫困家庭新成长劳动力职业教育工作开展的实际需要，统筹安排中央到省财政专项扶贫资金和地方财政扶贫资金，确定补助标准，可按每生每年 3000 元左右的标准补助建档立卡贫困家庭。

享受上述政策的同时，农村贫困家庭新成长劳动力接受中、高等职业教育，符合条件的，享受国家职业教育资助政策。❶

四、开展"雨露计划+"行动

组织开展"雨露计划+"就业促进专项行动，引导脱贫家庭（含防止返贫监测对象家庭）新成长劳动力接受中、高等职业院校和技术院校教育，原补助标准、资金渠道、发放方式保持不变，会同行业部门做好动态监测。做好"雨露计划"毕业生就业帮扶工作，发挥建筑、物流、电力等劳动密集型行业的作用，促进"雨露计划"毕业生实现就业。❷

第二节 医 疗 保 障

一、基本医疗保障

（一）慢病签约服务

在确保服务质量和签约居民获得感、满意度的前提下，循序渐进积极扩大签约服务覆盖率，逐步建成以家庭医生为健康守门人的家庭医生制度。从 2022 年开始，各地在现有服务水平基础上，全人群和重点人群签约服务覆盖率每年提升 1～3 个百分点，到 2035 年，签约服务覆盖率达到 75% 以上，基本实现家庭全覆盖，重点人群签约服务覆盖率达到 85% 以上，满意度达到 85% 左右。

做到应签尽签，签约一人，履约一人。应签尽签不低于 95%。对 4 种慢

---

❶《关于加强雨露计划支持农村贫困家庭新成长劳动力接受职业教育的意见》（国开办发〔2015〕19 号）。
❷《关于做好 2022 年脱贫人口稳岗就业工作的通知》（人社部发〔2022〕13 号）。

性病患者的签约服务每年安排不少于 4 次随访，其他慢性病每年至少安排 1 次随访。❶

【提示】① 30 种大病：（2016 年 7 种）儿童白血病、儿童先天性心脏病、食管癌、胃癌、结肠癌、直肠癌、终末期肾病。（2018 年 14 种）肺癌、肝癌、乳腺癌、宫颈癌、急性心肌梗死、白内障、尘肺、神经母细胞瘤、儿童淋巴瘤、骨肉瘤、血友病、地中海贫血、唇腭裂、尿道下裂。（2019 年 4 种）耐多药结核病、脑卒中、慢性阻塞性肺气肿、艾滋病机会感染。（2020 年 5 种）膀胱癌、卵巢癌、肾癌、重型精神障碍、风湿性心脏病。② 4 种主要慢性病：高血压、糖尿病、结核病、严重精神障碍。

（二）医疗卫生服务

优化乡村医疗卫生服务覆盖。按照医疗卫生机构"三个一"、医疗卫生人员"三合格"、医疗服务能力"三条线"、医疗保障制度全覆盖等十条指导工作标准要求，持续巩固拓展基本医疗有保障成果。

1. 优化乡村医疗卫生机构布局

依托村党群服务中心建好用好村卫生室，增强卫生健康服务功能。鼓励服务半径小、交通便利地区相邻行政村合建卫生室。对于临近乡镇卫生院、人口较少等不适宜单设卫生室的行政村，可以通过乡镇卫生院定期巡诊、派驻以及邻（联）村延伸服务等方式，保障基本医疗卫生服务供给。

2. 强化医疗卫生体系服务功能

坚持中西医并重，促进中医药传承创新发展，扩大乡村医疗卫生机构中医药服务供给。鼓励社会力量办诊所、门诊部、民营医院等，为农民群众提供多元化医疗服务，并参与承接政府购买公共卫生服务。

3. 解决乡村医生养老和医疗保障问题

已纳入事业编制的乡村医生，按照有关规定参加机关事业单位基本养老保险、职工基本医疗保险等社会保险。未纳入事业编制的乡村医生，按照有关规定参加企业职工基本养老保险或城乡居民基本养老保险、职工基本医疗保险或城乡居民基本医疗保险等社会保险，有条件的地方可以结合实际给予适当补助。对年满 60 周岁的乡村医生，各地要结合实际采取补助等多种形式进一步

---

❶《关于做好 2019 年家庭医生签约服务工作的通知》（国卫办基层函〔2019〕388 号）。

提高其养老待遇。❶

（三）医保帮扶

1. 基本情况

全面完成年度城乡居民基本医疗保险参保缴费工作，落实参保资助和医保帮扶政策，脱贫人口、监测对象参加本年度城乡居民基本医疗保险和大病保险达到 100%。2023 年最新每人每年 380 元，财政补助标准为每人每年不低于 640元。财政补助部分至少是个人缴费部分的 1.68 倍。充分体现了医保政策"政府出大头、居民出小头"的惠民性。

2. 缴费及待遇享受时间

以 2023 年为例：2023 年的缴费时间有集中缴费期和补缴期。其中，集中缴费期原则上是从 2023 年 9 月到 2023 年 12 月 20 日，具体时间各统筹区自行发布；补缴期是从 2024 年 1 月 1 日到 2024 年 6 月 30 日。此时间为 2024 年城乡居民医保缴费时间，其他年度的时间依据当年通知为准。

【提示】若在集中缴费期缴费，待遇享受时间为次年一整年；若在补缴期内缴费，待遇享受期为缴费后次月起，到本年的 12 月 31 日。

3. 缴费流程

如果是第一次参保缴费，需带上本人户籍地有效证明，或者是公安部门制发的居住证，以及本人的有效身份证，去户籍地或居住证所在地的医保部门进行登记，然后通过发布的缴费渠道缴费；如果是参保续费，直接可以通过手机App 完成缴费，既方便又快捷。❷

【提示】下列情况视同参保：一是参加城乡职工基本医疗保险；二是参军；三是在异地参加城乡居民基本医疗保险；四是入学（大学等）；五是服刑；六是户籍迁出；七是死亡；八是失联或其他视同参保情况。

二、医疗保险报销及相关救助

（一）住院报销

参保人员一个待遇年度内发生的医疗费用，基本医保基金累计最高报销限

---

❶《关于印发解决贫困人口基本医疗有保障突出问题工作方案的通知》（国卫扶贫发〔2019〕45 号）、2023年 2 月 19 日中共中央办公厅、国务院办公厅印发《关于进一步深化改革促进乡村医疗卫生体系健康发展的意见》。

❷《关于做好 2023 年城乡居民基本医疗保险参保缴费工作的通知》（陕医保发〔2023〕24 号）。

额 15 万元（含门诊统筹、门诊特殊慢性病、住院费用、特殊药品）。

（二）普通门诊报销

2023 年参保居民在门诊统筹定点医疗机构发生的普通门诊医疗费用，政策范围内不设起付线，报销比例为 60%。

（三）门诊慢性病

2023 年度经鉴定患有门诊慢性病，一般门诊慢性病需长期用药的，可报销药品限额为 3600～14400 元，其中器官移植病人可报销药品限额 48000～84000 元，报销比例为 70%。每人可以享受两种门诊慢性病待遇。

（四）门诊"两病"报销

1. 享受人员

全省各统筹地区参加城乡居民基本医疗保险，确诊为高血压、糖尿病，需要在门诊采取药物治疗，且未纳入门诊慢特病保障范围的"两病"患者。

2. 享受待遇

对"两病"参保患者在二级以下协议定点基层医疗机构门诊发生的降血压、降血糖药品费用由城乡居民医保统筹基金支付，政策范围内基金支付比例达到 50% 以上。

【提示】目前全省城乡居民医保实行市级统筹，各统筹地区政策略有不同，具体以各地市政策为准。

3. 认定流程

各统筹地区认定流程略有不同。以西安市为例，对未纳入高血压或糖尿病门诊慢特病保障范围的患者，持本人有效身份证件或医保电子凭证、二级（含）以上医疗机构诊断证明、门诊（住院）病历、辅助检查化验单（原件或复印件）至门诊统筹定点医疗机构按诊疗规范认定，在医保信息系统登记备案，备案完成后，即可享受医保报销待遇。

【提示】① 高血压、糖尿病，简称"两病"；② "两病"参保患者未达到门诊慢特病中高血压、糖尿病鉴定标准的，按照"两病"门诊专项保障机制的相关政策标准报销，达到鉴定标准的按照现行门诊慢特病政策报销，两种待遇不予累加。

（五）监测对象纳入

将一般农户医疗费用经基本医疗、大病保险报销后个人负担超过 26000 元的、"三类"监测户、脱贫人口医疗费用经三重保障报销后个人负担超过 1 万元的纳入监测范围。

（六）特殊药品报销

1. 申请需要资料

医疗机构特殊药品备案申请表、诊断证明、病历（含门诊病历相关检查单）、社保卡。

2. 支付标准

特药费用不设起付线，个人先行支付比例为 20%，剩余部分纳入基本医疗保险统筹基金按比例支付，城乡居民医保支付比例为 70%。

（七）大病保险

大病保险对特困人员、低保对象和返贫致贫人口执行起付线降低 50%（5000 元），各分段报销比例提高 5 个百分点，取消最高支付限额（封顶线）的倾斜支付政策。脱贫人口不再享受大病保险倾斜政策。

（八）医疗救助

对特困人员给予全额资助，对低保对象给予定额资助，脱贫不稳定且纳入相关部门农村低收入人口监测范围的，过渡期内可根据实际，享受一定期限的定额资助政策。政策范围内费用特困供养人员、孤儿（含事实无人抚养儿童）按照 100%救助，城乡低保对象、返贫致贫人口按照 70%救助，低保边缘对象（低保标准 1.5 倍）、"三类"监测户按照 60%救助。自付费用报销比例见表 6-1。

表 6-1   自 付 费 用 报 销 比 例

自付费用分段	报销比例
1 万~6 万元	60%
6 万~10 万元	70%
10 万元以上	80%

（九）二次救助

对在本统筹区内就诊或规范转诊且在省域内就医的救助对象，经三重制度综合保障后政策范围内个人自付费用（含申请之日前自然年度内的政策范围内费用）累计超过 5000 元的，超出部分按照 60%比例给予二次救助，年度救助限额为 5 万元。

二次救助限额不纳入医疗救助门诊与住院年度救助限额。❶

【提示】① 若本节内提及的报销救助比例、报销救助限额等数据与属地市县镇不一致的，以属地政策为准；② 申报程序、申请资料等有差异的，执行属地标准。

第三节 住 房 保 障

实施农村危房改造和地震高烈度设防地区农房抗震改造，逐步建立农村低收入人口住房安全保障长效机制。农村住房安全保障对象主要是农村低收入群体，包括农村易返贫致贫户、农村低保户、农村分散供养特困人员，以及因病因灾因意外事故等刚性支出较大或收入大幅缩减导致基本生活出现严重困难家庭等。农村危房改造工作中，根据房屋危险程度和农户改造意愿选择加固改造、拆除重建或选址新建等方式。❷

一、危房改造

（一）申报条件

通过农户自筹资金为主、政府予以适当补助方式实施农村危房改造和农房抗震改造，是农村低收入群体等重点对象住房安全保障的主要方式。

符合条件的保障对象可纳入农村危房改造支持范围，根据房屋危险程度和农户改造意愿选择加固改造、拆除重建或选址新建等方式解决住房安全问题。

【提示】农村低收入群体等重点对象具体为农村易返贫致贫户、农村低保户、农村分散供养特困人员，农村低保边缘家庭、因病因灾因意外事故等刚性支出较大或收入大幅缩减导致基本生活出现严重困难的支出型困难人口，以及未享受过农村住房保障政策且依靠自身力量无法解决住房安全问题的其他脱贫户。

（二）申报程序

程序申报步骤：户申请—村评议—镇审核—县审批。

---

❶《关于印发健全重特大疾病医疗保险和救助制度若干措施的通知》（陕政办发〔2022〕24 号）。
❷ 2020 年 12 月 16 日，中共中央国务院下发《关于实现巩固拓展脱贫攻坚成果同乡村振兴有效衔接的意见》。

【提示】申请表格以当地政府具体要求为准。

（三）申报资料

先向所在村提出书面申请，并填写《农村危房改造农户申请表》，提供户籍、户主身份证复印件、危房照片。

【提示】申报资料以当地政府具体要求为准。

（四）定期核查

每年开展1次住房安全情况核查，及时掌握辖区内所有农户住房安全情况。

（五）改造方式

1. 新建重建

对于地质灾害区居住户及不适宜在原址建房的住户实行异地新建，整栋房屋属 D 级危房的建议拆除重建。新建重建房屋以农户自建为主，自建确有困难且有统建意愿的，由各镇（办）按照就近就地原则，协助农户选择有资质的施工单位统一规划、集中建设，建房规划设计须经县住建局批准后方可实施。

2. 修缮加固

农村危房属局部危险（C 级）的采取修缮加固方式予以改造，自行加固确有困难的，由各镇（办）积极协助农户进行修缮加固。❶

（六）补助标准

农村危房改造资金以农户自筹为主，政府补助为辅，多渠道筹集改造资金。

农村危房改造补助标准依据农村危房改造方式，实行分类补助标准，具体分为两类：第一类，属于 D 级危房拆除重建的，每户补助资金不低于各级财政户均补助之和。第二类，属于 C 级修缮加固的，每户补助资金不超过 1.5 万元。

（七）补助方式

按照《陕西省农村危房改造补助资金管理暂行办法》规定，所有危改补助资金一次性通过财政涉农补助资金"一卡通"发放到户。

【提示】① 符合农村危房改造条件的户主可自行向村民委员会提出书面申请；符合条件的农村危房户自己申请确有困难的，村委会应协助申请；② 对于已实施过农村危房改造但由于小型自然灾害等原因又变成危房且农户符合

---

❶《关于下达 2023 年中央财政农村危房改造补助资金预算的通知》（财社〔2023〕64 号）。

条件的，有条件的地区可将其再次纳入支持范围，但已纳入因灾倒损农房恢复重建补助范围的，不得重复享受农村危房改造支持政策。❶

二、政策性农房保险

政策性农房保险，是国家为解决广大农村老百姓住房安全问题而实施的一项保障性福利政策。政策性农房保险也是政府防灾减灾救灾工作体系中的重要组成部分，是为农村居民住房因火灾、爆炸、暴风、暴雨、冰雹以及高空坠物等原因造成房屋损毁、室内财产损失、人员死亡等情况所提供的风险保障。

（一）申报条件

所有购买农房保险的农户（含已脱贫户），每户保险金 30 元，由省市县财政补贴 80%，农户自行承担 20%，即 6 元。在乡村振兴重点帮扶县，农户投保 4.8 元。

（二）申报程序

参保农户住房受损后上报村委会—村管理员经初步研判，通过手机 App 勾选农房信息上报到镇（街道）—镇（街道）汇总因灾受损房屋信息通过手机 App 上报县住建部门—县住建局进行安全鉴定，通过 App 填报鉴定结果并上传鉴定佐证资料—承保机构开展现场勘察，并确认理赔金额，签订赔偿协议，并通过 App 填报赔付金额和上传赔付凭证。

【提示】具体申报程序以当地政府具体要求为准。

（三）政策标准

1. 保险金额

陕南三市每户保额不低于 10000 元，关中五市和杨凌区每户保额不低于 12000 元，陕北两市每户保额不低于 15000 元。

2. 保险费

保险费以户为单位缴纳，附加地震责任每户年缴费 26 元，不附加地震责任每户年缴费 20 元。

3. 补贴政策

农房保险保费补贴资金纳入省、市、县财政预算，其中，省级财政对参加农村住房保险附加地震责任的农村低保户、分散供养的特困供养人员给予每户

❶《陕西省农村低收入群体等重点对象住房安全保障工作指南》（陕建村发〔2023〕9 号）。

补贴 11 元；对参加农村住房保险，但未附加地震责任的农村低保户和分散供养的特困供养人员给予每户补贴 5 元。鼓励各地财政对参加农村住房保险的农户提供保费补贴，补贴比例自行确定。

4. 地震巨灾保险专项准备金

承办附加地震责任农村住房保险业务的保险机构，应依据有关规定计提地震巨灾保险专项准备金，作为应对严重地震灾害的资金储备。

（四）保险内容

1. 被保险人

全省范围内居住在农村的所有居民均可作为被保险人。

2. 保险标的

原则上保险标的应为被保险人自有的、用于生活且长期居住的房屋。具有投保多处房屋需求的农户可自愿加保商业保险。

3. 保险期限

从投保之日起计算，期限一年。

4. 保险责任

农村住房保险包含主险责任和附加地震责任，其中主险责任为必选责任，附加地震责任为可选责任。

【提示】① 若本节内提及的补贴比例、金额和改造面积等数据与属地市县镇不一致的，以属地政策为准。② 若一户有多处房屋的，政府补助一处房屋参保，其他房屋可自愿选择投保商业性农村住房保险。❶

第四节 饮 水 保 障

一、实施标准

（一）农村饮水安全"四项标准"

农村饮水安全的四项指标分别是水质、水量、方便程度以及保证率。四项指标中只要有一项低于安全或基本安全最低值的，就不能定为饮用水安全或基

---

❶ 2016 年 7 月 21 日，陕西省民政厅、财政厅、中国保监会陕西监管局联合发文《陕西省农村住房保险实施方案（试行）》。

本安全。

1. 水质

符合国家《生活饮用水卫生标准》❶要求的为安全；符合《农村实施〈生活饮用水卫生标准〉准则》要求的为基本安全。

2. 水量

每人每天可获得不低于 40～60 升为安全；不低于 20～40 升为基本安全。

3. 方便程度

人力取水往返时间不超过 10 分钟为安全；不超过 20 分钟为基本安全。

4. 保证率

不低于 95%为安全；不低于 90%为基本安全。

【提示】农户自建压水井、引山泉水工程，只要满足饮水安全标准，也属饮水安全。

（二）水质的简单鉴别

干净卫生的水肉眼看无色、无悬浮和沉淀物；鼻子闻无味。有时刚从水管接出的水会呈乳白色，若放置片刻后恢复澄清，则不影响饮用。

长时间不用水后，刚从水管接出的水有时会显浑浊，此时应将水管中的水放掉一些，待水质恢复澄清后方可饮用。

二、实施流程

（一）一般供水问题处理流程

出现一般供水问题后，用水户申报—村级审查—镇级审核后上报县水利局—县水利局立即安排技术人员现场踏勘核实—规划设计—制定实施方案—按程序上报县发改局批复—县乡村振兴局列入全县涉农整合资金项目库—县财政落实项目资金予以解决。

【提示】具体流程以当地政府具体要求为准。

（二）特殊条件下供水问题处理流程

若遇干旱、冰冻自然灾害或环境污染等重大、特殊应急供水问题，由县水利局会同相关镇村将抢险抢修与上报审批、资金争取同步进行，确保群众正常饮水，水质、水量、取水方便程度和供水保障率"四项标准"达标，群众饮水

---

❶《生活饮用水卫生标准》（GB 5749—2022）。

安全。

【提示】具体流程以当地政府具体要求为准。

三、工作要求

（1）做好饮水状况动态监测，加强摸排，找准供水存在的问题和风险隐患，建立问题台账。

（2）加强与气象、水文等部门对接，做实应急供水方案，加强演练，必要时采取启动应急备用水源、凿井取水、应急调水、拉水送水等措施，防止出现规模性饮水不安全问题。

（3）强化工程管理管护，巩固维护好已建农村供水工程成果。❶

第五节　兜　底　保　障

一、低保

（一）申报条件

户籍状况、家庭收入和家庭财产是认定最低生活保障对象的三个基本要素。持有当地常住户口的居民，凡共同生活的家庭成员人均收入低于当地最低生活保障标准，且家庭财产状况符合当地人民政府规定条件的，可以向户籍所在地镇人民政府（街道办事处）申请最低生活保障。

（二）申报程序

程序申报是以家庭为单位，由户主申请，也可由申请家庭确定一名共同生活的家庭成员作为申请人，通过"书面申请（或互联网申请）—镇（街办）审核—（经家庭经济状况核对），入户核查、公示，镇（街办）审核确认"。

【提示】具体申报程序以当地政府具体要求为准。

（三）申报资料

（1）《最低生活保障申请审核确认表》、最低生活保障申请书、《社会救助申请家庭经济状况核对授权书》《低保经办人员及基层村（居）干部近亲

---

❶《关于转发支持巩固拓展农村供水脱贫攻坚成果的通知》（陕水农发〔2022〕26号）。

属申请低保备案表》[可在各镇（街道）领取]、《最低生活保障证明事项告知承诺书》。

（2）户口本复印件。

（3）申请人身份证及信合"一卡通"卡折复印件。

（4）婚姻证明材料［结（离）婚证复印件］。

（5）残疾证复印件。

（6）重大疾病。二级（含）以上医院出具的检查报告及相关病史材料复印件。二级（含）以上医院出具的门诊慢性病审核审批表及门诊慢性病结算单复印件。

（7）刚性支出相关证明。申请或复审前 12 个月：因残个人负担费用票据；因病个人负担费用票据如住院结算单、门诊票据，重大疾病住院未结算费用的，提供二级以上医院诊断证明和住院相关资料；因学个人负担费用，学校出具的正式收费票据。

（8）收入相关证明。共同生活的家庭成员在规定期限内获得的全部现金及实物收入，按照该家庭提出最低生活保障申请或复审前 12 个月收入计算。如工资收入：薪酬领取证明或者本人工资卡的银行流水等。

（9）家庭财产证明材料。共同生活的家庭成员拥有的全部动产和不动产。如共同生活家庭成员账户中的总金额等相关材料。

【提示】具体申报资料以当地政府具体要求为准。

（四）政策标准

陕西省 2023 年低保标准各地市不同，罗列部分地市如下，具体以当地实际情况为准。

1. 西安市低保标准

城市居民最低生活保障标准为每人每月 800 元；农村居民最低生活保障标准为每人每月 650 元。

2. 安康市低保标准

城市居民最低生活保障标准为每人每月 645 元；农村居民最低生活保障标准为每人每年 5370 元。

3. 榆林市低保标准

城市居民最低生活保障标准为每人每月 780 元；农村居民最低生活保障标

准为每人每年 6540 元。❶

二、特困供养

（一）申报条件

具有本区县户籍的城乡老年人、残疾人以及未满 16 周岁的未成年人，同时具备以下条件，依法纳入特困人员救助供养范围：无劳动能力；无生活来源；无法定赡养、抚养、扶养义务人，或者其法定赡养、抚养、扶养义务人无履行义务能力。

（二）申报程序

本人申请（经村组或社区评议公示）—镇人民政府（街道办事处）审核确认。

【提示】具体申报程序以当地政府具体要求为准。

（三）申报资料

（1）填写《特困人员救助供养申请审核确认表》，本人经济状况核对、入户调查委托授权书。

（2）本人身份证、户口本的复印件，残疾人应提供第二代《中华人民共和国残疾证》。

（3）本人劳动能力及经济收入、财产状况等生活来源书面说明材料。

（4）本人赡养、抚养、扶养情况，以及赡养、抚养、扶养人基本情况书面说明材料。

（5）民政部门规定的其他证明材料。

【提示】具体申报资料以当地政府具体要求为准。

（四）政策标准

陕西省 2023 年特困人员标准各地市不同，罗列部分地市如下，具体以当地实际情况为准。

1. 西安市特困人员标准

城乡特困人员基本生活标准为每人每月 1320 元。

---

❶《西安市财政局关于提高城乡最低生活保障标准的通知》（市民发〔2023〕21 号）。

2. 安康市特困人员标准

城市特困人员基本生活标准为每人每月 840 元；农村特困人员基本生活标准为每人每年 6984 元。

3. 榆林市特困人员标准

城市特困人员基本生活标准为每人每月 1100 元；农村特困人员基本生活标准为每人每年 7330 元。❶

三、临时救助

（一）申报条件

1. 急难型对象

因遭遇火灾、交通事故等意外事件，家庭成员突发重大疾病及遭遇其他特殊困难等原因，导致基本生活暂时出现严重困难、需要立即采取救助措施的家庭和个人。

2. 支出型对象

因教育、医疗等生活必须支出突然增加超出家庭承受能力，导致基本生活一定时期内出现严重困难的家庭。

（二）申报程序

户主向户籍所在镇（街道）提出书面申请—持居住证可在居住地镇（街道）提出书面申请—非本地户籍人员可在急难发生地镇（街道）提出书面申请—镇（街道）受理审核后报县民政局审批 [2000 元（含 2000 元）以下及紧急情况 5000 元以下的，县民政局委托镇办直接救助]。

【提示】具体申报程序以当地政府具体要求为准。

（三）申报资料

户籍、身份及居住证明材料；收入、财产证明材料；家庭（个人）遭遇困难证明材料；家庭经济状况核对授权书；县级人民政府民政部门规定的其他相关材料。

【提示】具体申报资料以当地政府具体要求为准。

---

❶ 《安康市财政局关于提高最低生活保障标准和特困人员基本生活保障标准的通知》《榆林市关于提高最低生活保障标准的通知》（榆政民发〔2023〕76 号）。

（四）救助方式和标准

对于符合条件的救助对象，可以采取以下救助方式。

1. 发放临时救助金

对于支出型救助对象，按照财政国库管理制度，将临时救助金直接支付到救助对象个人账户，确保救助金足额、及时发放到位；对于急难型救助对象，根据具体情形，可采取"一次审批，分阶段救助"的方式，提高救助精准度。必要时，可直接发放现金。

2. 发放实物

根据临时救助标准和救助对象基本生活需要，可以采取发放衣物、食品、饮用水，提供临时住所等方式予以救助。采取实物发放形式的，除紧急情况外，应当按照政府采购制度的有关规定执行。

3. 提供转介服务

对给予临时救助金、实物救助后，仍不能解决临时救助对象困难的，可以视情况提供转介服务。对符合最低生活保障或医疗、教育、住房、就业等专项救助条件的，乡镇人民政府（街道办事处）应当协助其申请；对需要公益慈善组织、社会工作服务机构等通过慈善项目、发动社会募捐、提供专业服务、志愿服务等形式给予帮扶的，县级人民政府民政部门应当及时转介。❶

四、残疾人两项补贴

（一）申报条件

残疾人具有本县户籍并持有第二代中华人民共和国残疾人证（简称残疾人证）的最低生活保障家庭中的残疾人、非最低生活保障家庭中的1～3级低收入残疾人及其他困难残疾人。重度残疾人护理补贴对象为具有本县户籍并持有第二代残疾人证，残疾等级为一、二级的重度残疾人。

（二）申报程序

1. 申请

申请享受残疾人两项补贴的残疾人本人或其委托的法定监护人、赡养人、抚养人、抚养义务人，填写残疾人两项补贴申请审批表，并提供居民身份证、户口本、残疾人证、低保证明及"一卡通"银行账号复印件、政策告知承诺书

---

❶ 2022年10月18日，陕西省民政厅办公室印发《陕西省临时救助工作规程》。

等相关证明材料（一式三份），通过村民委员会（社区）向户籍所在地的镇政府、街道办事处提出申请。

2. 初审

村民委员会（社区）在 5 个工作日内完成对申请人的实际情况核实，并将初审合格的申请人情况在村务公开栏或社区公开栏公示至少 5 天。对公示无异议的，村民委员会（社区）在审批表上签署意见，连同申请人的居民身份证、残疾人证（复印件）相关资料以及公示资料一并报镇政府、街道办事处审核。对初审不符合条件的，要书面通知申请人，并告知原因。

3. 审核

镇政府、街道办事处按照"一门受理、协同办理"原则，在社会救助服务窗口受理残疾人两项补贴申请并做好服务工作。镇政府、街道办事处收到申报材料后，应在 7 个工作日内完成审核工作。对符合条件的，镇政府（街道办事处）在审批表上签署意见，连同有关证件资料报县残联审批同时录入全国残疾人两项补贴信息系统。对审核不符合条件的，要书面通知村民委员会（社区），并告知原因。

4. 审批

县残联在接到申报材料后，在 7 个工作日内完成审批工作。对符合条件的，在审批表及全国残疾人两项补贴信息系统中签署意见盖章，报同级民政部门审定。对审批不符合条件的，要书面通知镇政府、街道办，并告知原因。

【提示】具体申报程序以当地政府具体要求为准。

（三）申报资料

包括残疾人两项补贴申请审批表、居民身份证、户口本、残疾人证、低保证明及"一卡通"银行账号复印件、政策告知承诺书等相关证明材料（一式三份）。

【提示】具体申报资料以当地政府具体要求为准。

（四）政策标准

18 周岁以下（不含 18 周岁）残疾人（简称残疾儿童）每人每月 100 元；18 周岁以上（含 18 周岁）残疾人（简称成年残疾人）每人每月 60 元。重度残疾人护理补贴标准：一级残疾人每人每月 120 元；二级残疾人每人每月 80 元。❶

---

❶《关于做好困难残疾人生活补贴和重度残疾人护理补贴管理发放工作的通知》（陕民发〔2016〕10 号）。

【提示】① 若本节内提及的补贴比例、金额等数据与属地市县镇不一致的，以属地政策为准；② 申报程序、申请资料等有差异的，执行属地标准。

第六节 社 会 保 障

一、城乡居民基本养老保险政策

（一）参保范围

年满 16 周岁（不含在校学生），非国家机关和事业单位工作人员及不属于职工基本养老保险制度覆盖范围的城乡居民，可以在户籍地参加城乡居民养老保险。

（二）基金构成

城乡居民养老保险基金由个人缴费、集体补助、政府补贴构成。

1. 个人缴费

参加城乡居民养老保险的人员应当按规定缴纳养老保险费。缴费标准目前设为每年 100 元、200 元、300 元、400 元、500 元、600 元、700 元、800 元、900 元、1000 元、1500 元、2000 元 12 个档次，省（区、市）人民政府可以根据实际情况增设缴费档次，最高缴费档次标准原则上不超过当地灵活就业人员参加职工基本养老保险的年缴费额，并报人力资源社会保障部备案。人力资源社会保障部会同财政部依据城乡居民收入增长等情况适时调整缴费档次标准。参保人自主选择档次缴费，多缴多得。

2. 集体补助

有条件的村集体经济组织应当对参保人缴费给予补助，补助标准由村民委员会召开村民会议民主确定，鼓励有条件的社区将集体补助纳入社区公益事业资金筹集范围。鼓励其他社会经济组织、公益慈善组织、个人为参保人缴费提供资助。补助、资助金额不超过当地设定的最高缴费档次标准。

3. 政府补贴

政府对符合领取城乡居民养老保险待遇条件的参保人全额支付基础养老金，其中，中央财政对中西部地区按中央确定的基础养老金标准给予全额补助，对东部地区给予 50% 的补助。地方人民政府应当对参保人缴费给予补贴，对选择最低档次标准缴费的，补贴标准不低于每人每年 30 元；对选择较高档次标准缴费的，适当增加补贴金额；对选择 500 元及以上档次标准缴费的，补贴标准不低于每人每年 60 元，具体标准和办法由省（区、市）人民政府确定。对重度残疾人等缴费困难群体，地方人民政府为其代缴部分或全部最低标准的养老保险费。

（三）领取条件

参加城乡居民养老保险的个人，年满 60 周岁、累计缴费满 15 年，且未领取国家规定的基本养老保障待遇的，可以按月领取城乡居民养老保险待遇。

新农保或城居保制度实施时已年满 60 周岁，在本意见印发之日前未领取国家规定的基本养老保障待遇的，不用缴费，自本意见实施之月起，可以按月领取城乡居民养老保险基础养老金；距规定领取年龄不足 15 年的，应逐年缴费，也允许补缴，累计缴费不超过 15 年；距规定领取年龄超过 15 年的，应按年缴费，累计缴费不少于 15 年。

城乡居民养老保险待遇领取人员死亡的，从次月起停止支付其养老金。有条件的地方人民政府可以结合本地实际探索建立丧葬补助金制度。社会保险经办机构应每年对城乡居民养老保险待遇领取人员进行核对；村（居）民委员会要协助社会保险经办机构开展工作，在行政村（社区）范围内对参保人待遇领取资格进行公示，并与职工基本养老保险待遇等领取记录进行比对，确保不重、不漏、不错。❶

【提示】2022 年 4 月 21 日起，在中国境内参加城镇职工基本养老保险或者城乡居民基本养老保险的劳动者，可以参加个人养老金制度。参加人每年缴纳个人养老金的上限为 12000 元。

（四）享受对象

享受对象为全县城乡居民。对建档立卡已脱贫的脱贫人口、低保对象、特困人员、返贫致贫、残疾人等困难群体暂保留 100 元缴费档次，由政府每年为其代缴 50 元保费（重度残疾代缴 100 元）。所有参保缴费人员可自主选择缴费档次，鼓励选择较高档次缴费，多缴多得。

（五）基础养老金待遇标准

养老金待遇由基础养老金和个人账户养老金组成，支付终身。

---

❶《关于完善城镇职工基本养老保险政策有关问题的通知》（劳社部发〔2021〕20 号）。

1. 基础养老金

不同地方的基础养老金待遇标准不同，但分为 60～69 周岁、70～79 周岁及 80 岁以上三个区间，金额逐渐增加。

2. 个人养老金

个人账户养老金＝个人账户全部存储额（个人累计缴费金额＋财政补贴金额＋利息）÷139。❶

二、高龄补贴

（一）申报条件

凡具有本地区户籍，年满 70 周岁以上的老年人，均可申报高龄补贴。

（二）申报程序

持本人身份证、户口簿到户籍所在地镇（街道）进行申报。

【提示】具体申报程序以当地政府具体要求为准。

（三）申报资料

本人身份证、户口簿。

【提示】具体申报资料以当地政府具体要求为准。

（四）政策标准

不同年龄段标准不同，陕西具体情况如下：70～79 周岁，每人每月 50 元；80～89 周岁，每人每月 100 元；90～99 周岁，每人每月 200 元；100 周岁以上（含 100 周岁），每人每月 300 元。❷

三、计生补贴

（一）农村部分计划生育奖励扶助制度

1. 基本条件

申请人为本县农业户口或界定为农村居民户口；没有违反国家和我省计划生育法律法规和政策规定生育；现存一个子女或两个女孩；1933 年 1 月 1 日

---

❶ 《关于建立统一的城乡居民基本养老保险制度的意见》（国发〔2014〕8 号）。

❷ 陕西省民政厅官方网站，《关于印发〈陕西省高龄老人补贴发放管理暂行办法〉的通知》（陕老龄办发〔2012〕52 号），2014 年 4 月 9 日。

以后出生，年满60周岁。

2. 申报程序

本人提出申请；村民委员会审议并张榜公示—镇人民政府（街道办事处）调查初审并张榜公示—县级卫健行政部门审核、确认并公示，市级和省级人口计生行政部门备案。

【提示】具体申报程序以当地政府具体要求为准。

3. 申报资料

身份证、户口簿、结婚证、实行计划生育的有关证明等。

【提示】具体申报资料以当地政府具体要求为准。

4. 政策标准

每人每月100元（每人每年1200元）。

（二）农村独女户奖励制度

1. 基本条件

本人为农业户口或界定为农村居民户口；没有违反国家和我省计划生育法律法规和政策规定生育；现存一个女孩；年满55～59周岁。

2. 申报程序

本人提出申请—村民委员会审议并张榜公示—镇人民政府（街道办事处）调查初审并张榜公示—县级卫健行政部门审核、确认并公示，市级和省级人口计生行政部门备案。

【提示】具体申报程序以当地政府具体要求为准。

3. 申报资料

身份证、户口簿、结婚证、实行计划生育的有关证明等。

【提示】具体申报资料以当地政府具体要求为准。

4. 政策标准

每人每月100元（每人每年1200元）。

（三）特别扶助制度

1. 基本条件

具有本地区户籍；没有违反国家和我省计划生育法律法规生育，只生育一个子女或合法收养一个子女；1933年1月1日以后出生，女方年满49周岁；现无存活子女或独生子女被依法鉴定为残疾（伤病残达三级以上）。

2. 申报程序

本人提出申请—村民委员会审议并张榜公示—镇人民政府（街道办事处）调查初审并张榜公示—县级卫健行政部门审核、确认并公示，市级和省级人口计生行政部门备案。

【提示】具体申报程序以当地政府具体要求为准。

3. 申请资料

身份证、户口簿、结婚证、独生子女父母光荣证、收养证或收养公证书、独生子女的残疾证或死亡证明等；离婚或丧偶的，须同时提供离婚证或配偶的死亡证明材料。

【提示】具体申报程序以当地政府具体要求为准。

4. 政策标准

独生子女死亡：49～59 周岁每人每月 590 元（每人每年 7080 元）；60～69 周岁每人每月 1000 元（每人每年 12000 元）；70 周岁以上每人每月 1100 元（每人每年 13200 元）。

独生子女伤残：每人每月 460 元（每人每年 5520 元）。❶

四、退役军人惠民政策

带病回乡、年满 60 周岁农村籍及其他退役士兵生活补助相关政策如下：

（一）申请范围

（1）带病回乡退役军人。提高生活补助标准，提至每人每年 9450 元。

【提示】中央财政对不同省份的调整力度不同，其中：陕西补助标准调整为每人每年 7560 元。

（2）无工作单位且家庭生活困难的参战退役军人。提高生活补助标准，提至每人每年 10080 元。

【提示】中央财政对不同省份的调整力度不同，其中：陕西补助标准调整为每人每年 8060 元。

（3）患病、生活困难和其他原因。不符合评残和享受带病回乡退役军人生活补助条件，但患病或生活困难的农村和城镇无工作单位的原 8023 部队退役

---

❶《陕西省人口计生委陕西省财政厅关于进一步做好全省计划生育家庭奖励扶助工作的实施意见》（陕人口发〔2012〕19 号）、2022 年 5 月 25 日第三次修订《陕西省人口与计划生育条例》和《陕西省财政厅陕西省卫生计生委关于进一步完善计划生育特殊家庭扶助政策的通知》（陕财办社〔2016〕125 号）。

军人，以及其他参加核试验退役军人（含参与铀矿开采退役军人等），提至每人每年10080元。

【提示】中央财政对不同省份的调整力度不同，其中：陕西补助标准调整为每人每年8060元。

（4）对居住在农村和城镇无工作单位、18周岁之前没有享受过定期抚恤金待遇且年满60周岁的烈士子女（含建国前错杀后被平反人员的子女）提至每人每年8280元。

（5）对从1954年11月1日试行义务兵役制后至《退役士兵安置条例》施行前入伍、年龄在60周岁以上（含60周岁）、未享受到国家定期抚恤补助的农村籍退役士兵提高老年生活补助标准，每服一年义务兵役每人每年提高40元，提至每服一年义务兵役每人每年补助688元。

【提示】陕西实行全额补助。

农村籍退役士兵界定为：退役时落户农村户籍的目前仍为农村户籍、退役时落户农村户籍后转为非农户籍的人员。上述人员中不包括已享受退休金或城镇职工养老保险待遇的人员。

（二）申请材料

（1）申请人书面申请。

（2）有效身份证、户口簿原件；《退伍军人证》或《退伍军人登记表》原件。

（3）《60周岁以上农村籍退役士兵信息采集表》《年满60周岁农村籍退役士兵登记审批表》。

（4）近期1寸免冠彩色照片1张。

（三）申请待遇确认程序

1. 个人申报

符合条件人员需携带本人身份证、户口簿、退伍证等相关证明材料，向本人户籍所在地村（居）委会提出申请并办理登记手续，填写有关登记审核表。

2. 初审把关

对相关人员的申报材料，由村（居）委员会初审、乡镇（街道）复核，并做好登记工作。对符合条件的签署意见后，将有关登记审核表、人员花名册和个人相关资料复印件等材料上报县级退役军人事务部门；对经复核不符合条件的，应书面说明理由并告知本人。

3. 会审认定

县级退役军人事务部门对乡镇（街道）上报的材料组织专门人员认真核实其身份，逐一审定其年龄、服义务兵役的年限等条件。对符合条件的，由申请人所在村（居）委会进行张榜公示。对公示期间及以后有异议的，县级退役军人事务部门要组织专人调查核实。经查实不符合条件的，应书面通知本人并说明理由。调查核实过程中有疑义的，应逐级请示，确保认定工作稳妥顺利进行。

会审认定的依据应为个人档案、退伍证、户口簿、身份证等有效证明材料。对年龄的认定出现个人档案与身份证不符的，应以身份证为准；对服役年限的认定出现个人档案与退伍证不符的，应以个人档案为准。对无法提供有效证明材料的申报人，由乡镇（街道）退役军人服务站人员会同同级人武部、村（居）委会和已认定的同乡镇（街道）、同期入伍、同部队服役的人员进行会审，形成会审纪要后，连同相关资料报县级退役军人事务部门审批。

4. 建立档案

县级退役军人事务部门对申报登记人员的资料，要建立健全档案和数据资料，并认真做好适时更新、动态管理工作。

【提示】① 若本节内提及的费用等数据与属地市县镇不一致的，以属地政策为准；② 申报程序、申请资料等有差异的，执行属地标准。❶

---

❶《财政部关于调整部分优抚对象等人员抚恤和生活补助标准的通知》（退役军人部发〔2023〕39号）。

第七章 工作落实

本章对驻村帮扶的工作内容进行了论述，主要包括轮换交接、防返贫动态监测帮扶、异地搬迁后续帮扶、村集体经济、产业帮扶、就业创业、金融帮扶、消费帮扶、巩固成效、精神文明和乡村文明建设等相关内容。

第一节 轮 换 交 接

一、交接期限

新老工作队应做好轮换交接，严格按照省委组织部文件，坚持设立不少于15个工作日的工作交接期。

二、交接要求

组织新老第一书记和工作队员联推一次支部活动、联开一次群众会议、联访一轮村情民意、联办一件民生实事，通过"以老带新"，帮助新轮换人员尽快熟悉村内情况、掌握工作方法，尤其是五个"一口清"，具体如下：

（一）村情户情"一口清"

包括农村人口土地、组织机构、资源禀赋、村容村貌、产业发展以及农户家庭成员、健康状况、劳动能力、就业就读、经济收入、生活条件等。

（二）扶持政策"一口清"

包括种养殖业、就业创业、易地搬迁、危房改造、教育帮扶、健康帮扶、生态补偿、兜底保障、金融支持以及其他补助政策等。

（三）帮扶措施"一口清"

包括村级基础设施建设、村容村貌改造、产业项目拉动以及农户"两不愁三保障"解决办法等。

（四）工作成效"一口清"

包括贫困状况根本扭转、基础设施明显提升、产业发展成效显著、精神面貌焕然一新等，同时做好精准帮扶各类档案资料整理工作（以通过县级档案管理部门验收为准）。

（五）未来规划"一口清"

包括目前制约当地发展的瓶颈因素、可能影响社会稳定的关键问题以及下一步巩固拓展脱贫攻坚成果与乡村振兴有效衔接的实现路径等。❶

【提示】工作交接应该有书面记录，包含但不仅限于纸质档案移交、系统权限移交、工作进度移交等，交接工作清单见图7-1。

序号	交接事项	具体内容	是否完成	原任第一书记和工作队员签字	新任第一书记和工作队员签字	备注
1	村情户情"一口清"	包括农村人口土地、组织机构、资源禀赋、村容村貌、产业发展以及农户家庭成员、健康状况、劳动能力、就业就读、经济收入、生活条件等				
2	扶持政策"一口清"	包括种养殖业、就业创业、易地搬迁、危房改造、教育帮扶、健康帮扶、生态补偿、兜底保障、金融支持以及其他补助政策等				
3	帮扶措施"一口清"	包括村级基础设施建设、村容村貌改造、产业项目拉动以及农户"两不愁三保障"解决办法等				
4	工作成效"一口清"	包括贫困状况根本扭转、基础设施明显提升、产业发展成效显著、精神面貌焕然一新等。同时做好精准帮扶各类档案资料整理工作（以通过县级档案管理部门验收为准）				
5	未来规划"一口清"	包括目前制约当地发展的瓶颈因素、可能影响社会稳定的关键问题以及下一步巩固拓展脱贫攻坚成果与乡村振兴有效衔接的实现路径等				

村党委书记签字：

乡镇（街道）党（工）委书记签字（加盖公章）：

说明：本表一式两份。一份由村级留存，一份送乡镇（街道）党（工）委备案。

图7-1　驻村第一书记和工作队员交接工作清单

第二节　防返贫动态监测帮扶

深入贯彻落实习近平总书记关于实施乡村振兴战略的重要论述和讲话精

---

❶《中共陕西省委组织部等4部门关于做好驻村第一书记和工作队员到期轮换和持续选派工作》的通知（陕乡振发〔2023〕30号）。

神，按照中省市县关于巩固拓展脱贫攻坚成果同乡村振兴有效衔接安排和工作要求，切实解决监测对象致贫返贫风险，健全与脱贫群众多点利益联结的保障体系，建立健全防止返贫保障体系，坚实守住不发生规模性返贫底线，接续推进乡村全面振兴。

一、总体要求

健全防止返贫动态监测和帮扶机制是从制度上预防和解决返贫问题，巩固拓展脱贫成果的重要举措。各级各部门要把健全防止返贫动态监测和帮扶机制摆在重要位置，提高政治站位，强化责任担当，进一步明确防止返贫监测范围，建立多渠道监测预警机制，精准发现存在返贫致贫风险的困难群众，及时纳入监测帮扶范围，实行定期检查、动态管理，分层分类开展针对性帮扶，做到早发现、早干预、早帮扶。

二、工作措施

（一）完善机制

健全防止返贫动态监测和帮扶机制，建立工作专班，具体负责防止返贫动态监测和帮扶工作；建立部门筛查预警机制，明确各部门职责分工，强化部门之间数据共享及时有效；县级行业部门定期向乡村振兴部门推送数据，乡村振兴部门定期向乡镇推送数据。

（二）监测标准

陕西省乡村振兴局 2024 年公布的防止返贫监测线为 8000 元（2021 年为 6000 元、2022 年为 6700 元、2023 年为 7300 元）。防止返贫对象（简称监测对象）包括：

脱贫不稳定户：指人均纯收入在我省防止返贫监测范围内，且受各种原因影响存在返贫风险，被纳入监测帮扶的脱贫户。

边缘易致贫户：指人均纯收入在我省防止返贫监测范围内，且受各种原因影响存在致贫风险，被纳入监测帮扶的一般农户。

突发严重困难户：指人均纯收入在我省防止返贫监测范围内，但受突发事件等各类因素影响导致刚性支出较大或收入大幅缩减，使其基本生活出现严重困难并存在返贫致贫风险，被纳入监测帮扶的农户。这类群体可以是脱贫户，也可以是一般农户。

（三）监测内容

1. 农户返贫致贫风险

重点监测收入支出状况、"两不愁三保障"及饮水安全状况等。

2. 规模性返贫风险

实时监测自然灾害类风险，主要包括水旱灾害、气象灾害、地震灾害、地质灾害、生物灾害、火灾，以及疫情等各类重大突发公共事件带来的影响。重点监测经济发展类风险，主要包括大宗农副产品价格持续大幅下跌、农村劳动力未转移就业或失业明显增多、乡村产业项目失败等方面的风险。

3. 有效监测社会治理类风险

主要包括易地搬迁集中安置区人口产业就业、社会治理、社区融入等方面风险隐患，以及其他因工作、责任、政策落实不到位造成的返贫风险等。

（四）监测方式

采取农户自主申报、干部排查监测、部门筛查预警、各类渠道监督、平台监测分析相结合的办法，快速发现疑似风险户，对各类监测发现的风险预警信息进行逐级反馈，并同步反馈相应的主管行业部门。

（五）严格认定程序

对发现的可能返贫致贫困难群众，以县为单位，依托全国防返贫监测信息系统（原全国帮扶开发信息系统）（简称系统），严格按照"核实—评议—比对—公示—录入"程序，纳入监测范围。

1. 入户核实

乡镇帮扶办组织人员 5 个工作日内开展入户调查，核实相关信息。

2. 民主评议

组织召开村民代表会议，根据入户采集信息进行民主评议。乡镇帮扶办指导农户签订授权核查家庭资产信息承诺书，报县乡村振兴部门审核。

3. 信息比对

县乡村振兴部门与各部门开展信息比对（对存在返贫风险的脱贫享受政策户，可不再开展信息比对）并反馈至乡镇帮扶办。对不符合监测标准的群众，有乡镇帮扶办书面告知审核结果，并做好沟通解释工作，积极协调解决实际困难。

4. 村级公示

审核通过后，乡镇帮扶办组织村级名单在村内进行公示，公示期 5 天。

5. 录入系统

县乡村振兴部门在系统中将存在返贫风险的脱贫享受政策户标注为"脱贫不稳定户";将一般农户中年人均可支配收入低于省定监测标准且存在致贫风险的一般农户录入"边缘易致贫户"模块;将一般农户中年人均可支配收入高于省定监测标准且生活出现严重困难的录入"严重困难户"模块。

（六）政策宣传

"四支队伍"（第一书记、驻村工作队、包村干部、村"两委"成员）每月深入脱贫户、监测对象开展实地走访不少于 1 次，广泛宣传防止返贫动态监测和帮扶机制，所有农户应知尽知。

（七）加强动态帮扶

坚持"缺什么、补什么"的原则，使用各级财政衔接推进乡村振兴补助资金、行业政策等一户一策有针对性落实帮扶措施。对因病、因残、因灾、因意外事故等刚性支出较大或收入大幅缩减导致基本生活出现严重困难的落实帮扶措施。在监测对象识别认定后，明确帮扶联系人，根据返贫致贫风险，原则上在 10 天内完成帮扶计划制定和帮扶措施申报；识别认定（除风险自然消除外）30 天内落实针对性强的帮扶措施，确保不因帮扶不到位或不及时出现返贫致贫。

（八）风险消除

对收入持续稳定（除风险自然消除外，收入持续稳定原则上不少于半年）、"两不愁三保障"及饮水安全持续巩固、返贫致贫风险已经稳定消除的，按照民主评议、村级公示、乡镇核查、县级（乡村振兴局）审定、信息标注的程序消除风险。不得消除风险情况：

（1）整户无劳动能力的，落实社会兜底保障措施后，监测对象暂不标注消除风险，持续跟踪监测。

（2）识别认定在半年之内的监测户暂不标注消除风险。

（3）对风险消除稳定性较弱，特别是收入不稳定、刚性支出不可控的，在促进稳定增收等方面继续给予帮扶，风险稳定消除后再履行相应程序。❶

【提示】① 风险自然消除指监测户整户人员自然死亡、或长期生活地迁至

❶《2022 年防止返贫监测帮扶集中排查工作方案》（国乡振司发〔2022〕5 号）、《陕西省 2022 年防止返贫监测帮扶集中排查工作方案》（陕乡振发〔2022〕13 号）。

省外、或转为城镇户籍并享受了城镇居民相关保障政策等；② 无劳动能力是指年龄在 16 岁（不含）以下和 60 岁（不含）以上人员；丧失劳动能力是指年龄在 16 至 60 岁（含），由于疾病、残疾等丧失劳动能力人员；③ 整户无劳动能力指家庭所有成员劳动能力状态均为无劳动能力或丧失劳动能力，无法承接就业和产业帮扶措施；④ 弱劳动力、半劳动力按有一定劳动力认定。

第三节　异地搬迁后续帮扶

聚焦易地搬迁集中安置区，发展后续产业以拓宽群众增收渠道，解决群众就业以促进群众稳定增收，提升配套设施以提高可持续发展能力，强化社区治理以提升整体服务能力，确保搬迁群众"稳得住、有就业、逐步能致富"。

一、发展后续产业，拓宽群众增收渠道

（一）大力发展安置点特色产业

立足当地资源禀赋发展适合搬迁群众的特色后续产业，充分发挥新技术、新业态、新模式在特色优势产业发展中的支撑作用，推进一二三产业融合发展。支持小微型安置点发展特色种养、农畜产品加工等产业。鼓励龙头企业、专业合作社等经营主体与搬迁群众建立契约型、分红型、股权型等合作新模式。支持新型经营主体参与迁出地土地流转与规模化经营，深入推进"三变"改革（资源变资产、资金变股金、农民变股东），让搬迁群众更多分享后续产业发展红利。支持从东部引进的企业在搬迁安置点附近建厂兴业，引导更多社会资本和各类市场主体积极参与承接相关产业园区的开发、建设和运营。

（二）推动产业提档升级

支持有条件的大中型安置点提升、新建一批配套产业园区、农产品仓储保鲜冷链基地。延续支持安置点配套就业帮扶车间的优惠政策，优化结构、淘汰无效车间，推动就业帮扶车间可持续发展。发挥市场主导力量，支持有条件的安置点发展景观农业、观光体验、文化休闲、健康养生等新型业态，支持消费需求旺盛且具备基础条件的安置点发展餐饮家政等生活服务业态。牢固树立"绿水青山就是金山银山"的理念，在安置点推行生态友好型生产方式，确保污染物达标排放。

（三）创新发展林草经济

将林下经济扶持补助资金优先投向易地搬迁重点县区，支持搬迁群众发展林下种养业。鼓励搬迁户入股新型林业经营主体，增加搬迁群众的经营性和财产性收入。结合本地实际，切实做好搬迁后生态护林员续聘工作。

（四）创新安置点资产收益使用管理

按规定将各政策性资金用于就业帮扶车间和农牧业、商贸物流、旅游业等配套设施建设所形成的帮扶项目资产，符合规定且具备条件的可探索资产折股量化分红等长期稳定的利益联结机制，资产收益可按规定用于支持搬迁群众发展产业、创业就业增收、解决搬迁群众面临的突出困难等，为安置点的后续发展提供必要的资金保障。结合实际，相关资产收益可用于公益性岗位补贴发放。

二、解决群众就业，促进群众稳定增收

（一）拓宽就地就近就业主渠道

坚持扶志扶智和扶技扶业相结合，帮助搬迁群众转变就业观念。引导当地企业和单位积极吸纳搬迁劳动力就业，在融资贷款等方面给予倾斜支持。通过政府投资项目、购买服务项目和设置公益岗位，为搬迁群众提供就地就近就业机会。在农业农村基础设施建设领域大力推广以工代赈方式，优先吸纳搬迁群众就近务工增收。

（二）支持搬迁群众自主创业

支持安置点配套创业园区、创业孵化基地等创业载体建设，引导具备创业能力和意愿的搬迁群众优先入驻，在场地租金、经营费用等方面给予一定优惠，组织专家及时提供跟踪指导服务。加大创业公共服务力度，强化信息发布、法律援助等服务，在市场营销、渠道挖掘、维护客户关系等方面开展专门培训。引导各类金融机构为搬迁群众创业提供便捷金融服务。

（三）提高外出就业精细化水平

强化组织协调和对接能力，根据搬迁群众意愿和专业技能，逐步提高搬迁群众外出就业的专业化、品牌化、市场化程度。发挥苏陕协作、对口支援和省内市际、县际协作等机制作用，精准对接用工需求，提高劳务输出的组织化、精细化程度。

（四）加强职业技能培训

紧密结合安置点用工需求，有序组织搬迁群众参与职业技能培训。鼓励青壮年劳动力就读技工院校或参加中长期培训，引导有意愿的妇女、老人、残疾人等群体，接受职业技能培训。鼓励企业开展"订单式"培训、以工代训，发挥致富能手"传帮带"作用，鼓励采取线上线下相结合的技能培训模式，拓宽搬迁群众获得技能渠道。

三、完善配套设施，增强可持续发展能力

（一）完善安置点配套基础设施

按照"规模适宜、功能合理、经济安全、环境整洁、宜居宜业"的原则，提升完善安置区水、电、路、气、通信网络、垃圾和污水处理等基础设施。将农村安置点水、电、路、气、网等配套基础设施纳入乡村建设行动统一规划、统一建设。全面推进安置点农村厕所革命、村容村貌提升等工程。大力开展爱国卫生运动，引导搬迁群众形成文明健康、绿色环保的生活方式。将已建成的配套基础设施纳入迁入地统一管理，落实维护管理经费，降低运营维护成本。

（二）完善安置点公共服务设施

统筹利用好安置区新配建和迁入地原有的学校、幼儿园、医疗卫生机构等资源，加强人员配置，加大设备供给，持续开展搬迁群众户口迁移、子女入学手续办理、社保接续等工作。将小微型安置点和分散安置户纳入迁入地基本公共服务保障范围，支持迁入地根据人口规模变化，推动教育、医疗卫生、社会福利、养老等公共服务设施扩容升级，在经费投入、资质审批、编制划拨等方面予以倾斜，确保搬迁群众与迁入地群众共享公共服务资源。

四、强化社区治理，提升整体服务能力

（一）补齐社区服务设施短板

推动邮政、金融、电信等公共事业和物流配送、资源回收商业网点尽快覆盖一定规模的安置社区，打造"一刻钟便民生活服务圈"。完善提升社区服务中心、综合性文化场所、未成年人保护工作站、大众健身全民健康等公共服务功能，提供户籍管理、就业、就学、法律咨询、就医和社保等"一站式"服务。

（二）健全基层组织架构

构建完善以党组织为核心、村居委会为主体、群团自治组织为辅助的村（社区）组织管理服务架构。迁入地和迁出地乡镇建立协调协作机制，共同做好搬迁居民管理服务工作。加快完成安置区基本管理单元设置，落实办公经费。逐步推进物业规范化，结合入住群众实际收入状况制定收费标准，做好安置点、安置住房日常风险监测和隐患排查，做好房屋和配套设施设备日常维修维护，合理设置派出所、警务室、执勤点，加强安置点治安综合防控，畅通利益诉求表达渠道，加强调解工作，完善突发性事件应急处置机制，引导各类社会力量参与社区服务。

（三）充分保障搬迁群众合法权益

搬迁群众享受的迁出地、承包地、山林地的退耕还林、森林生态效益补偿、耕地地力保护等各种农牧业补贴和生态补偿等政策，按照现行标准执行，低保、五保等社会保障权益保持不变。严格执行安置住房交易限制期限有关规定，规范安置住房出租行为。探索公租房和保障性租赁住房用于保障符合条件的搬迁群众新增住房需求的政策。

（四）增强搬迁群众归属感认同感

在安置社区广泛开展精神文明创建活动，依托公共文化资源，结合中华传统节日、重要节假日、少数民族特色节日等节庆活动，促进搬迁群众与所在地居民人际交往、文化交流、情感交融，提高搬迁群众对新社区的归属感、认同感，促进安置点邻里和睦、人心相通。❶

第四节　村集体经济

发展壮大农村集体经济，有利于落实农业农村优先发展，有利于拓宽农民增收致富渠道，有利于巩固党在农村的执政基础，有利于提升乡村治理能力和水平。为巩固和完善农村基本经营制度，加快发展壮大新型农村集体经济，结合我省实际提出如下措施：

---

❶ 关于印发《陕西省"十四五"巩固拓展脱贫攻坚成果同乡村振兴有效衔接规划》的通知（陕乡振发〔2021〕40号）。

一、总体要求

全面贯彻党的二十大精神，以习近平新时代中国特色社会主义思想为指导，深入贯彻习近平总书记关于"三农"工作的重要论述和来陕考察重要讲话重要指示，认真落实省第十四次党代会部署，坚持党的全面领导，坚持尊重农民主体地位，坚持市场导向，深化农村集体产权制度改革，畅通农村资源要素流动，立足关中、陕北、陕南区位条件和资源禀赋，因地制宜、因村施策，加快发展壮大新型农村集体经济，推动农民农村共同富裕。力争到 2023 年底，全省农村集体经济"空壳村"（行政村范围内集体经营性收益合计≤0 元）基本清除；到 2025 年，农村集体经济"薄弱村"（0 元＜行政村范围内集体经营性收益合计＜5 万元）占比降至 30%以下，逐步建立组织运行规范化、资产监管信息化、经营管理市场化、收益分配份额化、产权流转顺畅化的农村集体经济运行新机制，农村集体经济组织联农带农和盈利能力明显提升，不断实现农民集体财产权益，巩固拓展脱贫攻坚成果，全面推进乡村振兴。

二、加强农村集体经济组织建设，规范运行管理

（一）理顺组织关系

坚持党对农村集体经济组织的领导，充分发挥农村基层党组织战斗堡垒和党员先锋模范作用，有序推动村党组织书记通过法定程序担任村级集体经济组织负责人。推动集体成员（代表）大会、理事会、监事会独立规范履职，集体经济组织重大决策参照"四议两公开"程序，实行"村党组织提议、村党组织和集体经济组织理事会会议商议、党员大会审议、集体成员（代表）大会决议"和"决议公开、实施结果公开"，落实民主决策、民主管理、民主监督机制。稳妥处理行政村撤并后农村集体经济组织存续问题，稳慎探索无资源性资产、无经营性资产且无法正常履职的村级集体经济组织，经民主协商和县乡审核有序加入新成立的行政村集体经济组织。严禁借村庄撤并之机违法违规合并、平调不同农村集体经济组织的资金、资产、资源，撤并农村集体经济组织。开展农村集体经济组织与村委会"政经分离"试点，探索构建村级党组织领导下农村集体经济组织与群众自治组织职能相对独立、功能相互支撑的乡村治理体系。

（二）深化农村集体产权制度改革

巩固拓展农村集体产权制度改革成果，督促有集体经营性资产的村民小

组、行政村、乡镇尽快完成农村集体产权制度改革。开展农村集体经济组织初始成员规范性审查，完成农村集体经济组织成员证书颁发，落实并保障农民集体经济组织成员权、集体收益分配权。开展集体资产股权质押贷款、退出、继承试点，探索具体实现机制和程序办法。规范集体收益分配制度，推动成员依据所持有的集体资产股份（份额）参与集体收益分配，逐步引导脱贫村集体成员平等享有集体收益分配权利。农村集体经济组织不得举债兴办公益事业，举债从事经营性活动应当纳入村级重大事项决策范围。

（三）加强集体资产财务监督管理

加强县乡农村经营管理队伍建设，推广"乡镇监管＋第三方委托服务"相结合方式，提高农村集体经济组织财务管理水平。全面推动农村集体资产数字化管理，加快农村集体财务线上审批管理和非现金结算。统筹开展农村集体经济组织审计监督，建立集体经济组织负责人任期（离任）审计制度，持续加大农村征地补偿费、帮扶资产、集体债务等重点领域审计力度。对一些集体经济体量大、工程项目建设多、廉政风险高的行政村，纪检监察机关可对集体资产提级监督，加强对农村集体经济组织负责人特别是"一肩挑"人员监督。

（四）开展农村集体经济合同专项清理

全面梳理规范农村集体经济组织对外订立的经济合同，依法完善口头合同，终止到期合同、无效合同，变更、解除严重损害集体经济组织利益、显失公平的低价、无偿合同以及因情势变更导致继续履行会对村集体明显不公的合同，依法终止集体不认可、群众反映大、长期拖欠租金等严重违约的合同。制定统一规范的合同示范文本，推动合同规范管理。因依法终止、解除合同收回的集体资源资产，需进入农村产权流转交易市场重新发包或由农村集体经济组织统一经营管理。重新发包的，同等条件下原经营主体享有优先权。对专项清理工作中发现的不担当、不作为、乱作为及涉嫌贪污侵占、弄虚作假、搞利益输送等侵害群众利益、失职失责违纪违法问题线索，及时移交纪检监察机关处置，构成犯罪的移交司法机关依法追究当事人的刑事责任。

三、创新发展方式，激活发展动能

（一）加大政策支持力度

赋予农村集体经济组织平等独立的市场主体地位，建立健全农村集体经济组织平等享受产业项目、金融服务、行政审批等政策规定，保证农村集体经济组织平等使用生产要素，公平参与市场竞争。进一步优化农村集体经济组织涉税事项办理流程，落实涉税优惠政策。各相关部门将农村集体经济组织纳入重点扶持对象，支持农村集体经济组织同等条件下优先承担各类扶持项目；市县按照有关规定统筹利用集体经济奖补资金、衔接资金和其他涉农资金，支持农村集体经济组织投资县域经济重要产业、重大项目，支持农村集体经济组织与工商企业平等合作，将农村集体经济组织打造成优质要素下乡和产业链下移的承接载体、小农户衔接现代农业发展的重要依托。

（二）引导推动联合发展

支持地域相邻、资源相连、产业相近的农村集体经济组织因地制宜自主开展合作经营，支持乡镇政府统筹辖区农村集体经济组织联合组建有限责任公司、股份制公司等，支持乡镇集体经济组织发挥统筹联合作用，推动集中集约投资，抱团联合发展。鼓励引导农村集体经济组织与企业、农民专业合作社等市场主体联合组建混合所有制经营主体，增强集体经济发展活力。建立"空壳村""薄弱村"集体经济帮扶机制，夯实"国企合力团"和"万企兴万村"企业帮扶责任，加大苏陕协作帮扶力度，推动农村集体经济发展。

（三）拓展多元发展路径

鼓励支持农村集体经济组织开展全域土地综合整治和高标准农田建设，引导农民发展适度规模经营，盘活土地资源。鼓励支持农村集体经济组织升级改造旧村部、老校舍、废弃厂房等集体固定资产，投资建设标准厂房、商铺门面、加工仓储物流设施设备、车库泊位、专业市场、酒店公寓等工商业项目，投资建设畜牧水产养殖场、日光温室、农产品加工冷藏储运等农业生产经营设施，发展物业经济。鼓励支持农村集体经济组织投资入股乡村旅游、光伏发电等重大产业项目，鼓励将政府投资的重大产业项目配股到农村集体经济组织，发展股权经济。鼓励支持农村集体经济组织为成员提供生产托管、土地流转、电商服务、劳务服务、信用合作等经营服务和养老托幼、婚丧嫁娶、环卫保洁等公益服务，承接农村基础设施建设等工程项目，发展服务经济。

（四）深化农村土地制度改革

积极稳妥推进村庄规划编制，可在村庄规划中预留不超过 5%的建设用地机动指标，稳妥推进农村集体经营性建设用地入市，允许农村集体经济组织在农民自愿前提下，依法把有偿收回的闲置宅基地、废弃的集体公益性建设用地转变为集体经营性建设用地入市。支持农村集体经济组织依法依规申请集体所有的不动产确权登记颁证。允许农村集体经济组织按照有关规定享受设施农业用地、农村一二三产业融合发展用地政策。

（五）强化人才支持

建立集体经济奖励激励机制，实行村干部绩效报酬与集体经济发展效益挂钩，鼓励县（市、区）党委、政府采取财政奖励、社保补贴、生活补助等方式对发展农村集体经济作出突出贡献的个人进行奖励激励。鼓励有条件的农村集体经济组织探索建立职业经理人制度。引导高校毕业生、退役军人、外出务工返乡人员、自主创业农民等各类人员到农村干事创业，享受相关创业扶持政策，参与农村集体经济发展。推动农村集体经济政策进党校（行政学院），作为县乡党政负责人和乡村党员干部教育培训重要内容，提升基层党员干部政策水平。

（六）激活农村资源要素

加快培育农村产权流转交易市场及评估机构，打造乡村振兴投融资综合服务平台。加大金融投入力度，健全完善土地经营权、集体经营性资产收益权、农业生产设施设备所有权或使用权、长效经济作物所有权和使用权、集体资产股权等质押担保政策。探索开展农村集体经济组织信用等级评价，加快开发集体经济组织信贷产品，加快建立农村集体经济发展信用担保机制，引导农村集体经济组织依托陕西中小企业融资服务平台（"秦信融"）享受金融服务。建立农村各类产权流转交易风险防范机制。

四、强化组织保障

（一）加强组织领导

各级党委和政府要把发展壮大新型农村集体经济作为全面推进乡村振兴、引领农民实现共同富裕的重要抓手，加强政策制定和统筹协调力度，各级党委书记特别是县乡党委书记要亲自挂帅，承担领导责任，形成主要领导亲自抓、分管领导具体抓，一级抓一级，层层抓落实的工作机制。坚持量力而行发展集体经济，合理把握发展节奏，不脱离实际大铺摊子、赶进度，不变相兜底保收入。严禁农村集体经济组织公共投资摊派，避免增加农村集体经济组织负债。

（二）加强典型推广

积极开展新型农村集体经济调查研究，广泛发掘集体经济发展新典型、新
经验、新模式，及时掌握各地发展趋势和困难问题，总结提炼可复制、可推广
的发展模式，多种形式宣传推广。开展集体经济示范村创建活动，对资产管理、
资源开发、产业发展和内部治理等方面做法规范、效益突出、增收明显的农村
集体经济组织分级开展示范认定，营造比学赶超的良好氛围，引领全省农村集
体经济高质量发展。

（三）加强评估反馈

建立新型农村集体经济评估机制，制定发展新型农村集体经济绩效评估办
法，定期开展调查评估，反馈评估结果，督促落实集体经济发展政策。加强评
估结果应用，评估结果与下年度涉农项目安排挂钩，在实施乡村振兴战略实绩
考核、各级党委和政府主要负责人及领导班子综合考核、市县乡党委书记抓基
层党建述职评议等考核中体现。省委农村工作领导小组（省委实施乡村振兴战
略领导小组）对评估问题较多、进展较慢、排名靠后的市县予以通报。❶

第五节 产 业 帮 扶

推进乡村优势产业集群式发展，促进特色产业与市场需求精准对接，深入
推进品牌强农，大力发展村集体经济，促进脱贫地区文旅休闲业提质增效，发
展壮大脱贫地区乡村特色产业。

一、推进乡村优势产业集群式发展

（一）促进"3+X"优势产业提档升级

大力发展以苹果为代表的果业、以奶山羊为代表的畜牧业、以棚室栽培为
代表的设施农业，做优做强茶叶、魔芋、食用菌、中药材、核桃、红枣、花椒、
板栗、柿子、小杂粮和有机、富硒、林特系列产品等区域特色产业。促进脱贫
地区产业规模化、标准化和品牌化发展。大力发展智慧农业，推动物联网、人
工智能、区块链技术与农业深度融合。鼓励脱贫地区因地制宜发展家庭农场、

---

❶ 关于印发《陕西省"十四五"巩固拓展脱贫攻坚成果同乡村振兴有效衔接规划》的通知（陕乡振发〔2021〕
40号）。

农民专业合作社。建设标准化生产基地，培育一批高产优质多抗品种，提升地方特色品种和优质种子种苗供种能力。

（二）促进优势产业聚集发展

大力发展县域经济，建设一批卫星城镇，打造1~2个首位产业。聚力建设国家级苹果、奶山羊、猕猴桃、茶叶、核桃特色产业集群，持续推进"一村一品"示范村镇、农业产业强镇、优势特色产业集群建设。开展国家、省、市、县级现代农业产业园"四级联创"。优先支持有条件的县区创建科技园、农村一二三产业融合发展示范园，促进产村、产镇联动发展和深度融合。分类打造产业核心区、辐射区和加工物流集散区。大力推进脱贫地区高标准农田建设，引导土地规范有序流转，发展多种形式的适度规模经营。指导脱贫地区加大农业产业化龙头企业培育力度，构建中、省、市、县四级农业产业龙头企业梯队。鼓励电商企业、农产品批发市场、大型超市采取"家庭农场+合作社+企业"等模式，引导农（林）业新型生产经营主体建成一批规模化、设施化生产基地。

（三）提升农产品加工水平

统筹发展脱贫地区农产品初加工、精深加工和综合利用加工，推动脱贫地区由卖原字号向卖制成品转变。支持龙头企业和农民专业合作社改善储藏、保鲜、烘干、分级、包装等设施装备条件，促进商品化处理。支持龙头企业在脱贫地区发展特色农产品精深加工，拓展农业产业链、价值链。推进加工产能集聚发展，引导加工产能向重点乡镇、易地搬迁安置区聚集。

二、促进特色产业与市场需求精准对接

（一）推进农村电商发展

强化县级公共服务中心统筹能力，为电商企业、家庭农（林）场、农民专业合作社、专业运营公司等主体提供市场开拓、资源对接、业务指导等服务。提升农村电商应用水平，引导电商平台投放更多种类工业品下乡，弥补农村实体店供给不足短板。培育涉农电商市场主体，壮大网销"一县一品"品牌，深化与平台产销对接合作，促进电商与快递物流协同发展。加强与全国知名电商、社区团购、短视频等平台的对接合作，利用各类展会、节庆、大赛等活动，线上线下相结合促进产销对接。

（二）加强农产品仓储冷链物流建设

强化县、乡、村三级物流网络建设，支持脱贫地区统筹建设农产品产地、集散地、销地批发市场，健全农产品物流骨干网络和生鲜冷链物流体系，鼓励脱贫地区建设区域性冷链物流基地，鼓励发展田头市场。支持市场主体建设产地分拣包装、冷藏保鲜、仓储运输、初加工等设施。

（三）完善利益联结机制

扶持和培育龙头企业、农民专业合作社、家庭农（林）场、农业服务组织、致富带头人等经营主体，带动脱贫户和防止返贫监测户融入产业链、利益链，完善利益联结机制，形成企业、合作社和脱贫户、小农户在产业链上优势互补、分工合作的格局。探索农业生产经营收益科学分配机制。

三、深入推进品牌强农

（一）深入推进农业品牌建设

重点培育省级区域公用品牌，鼓励各市、县区培育片区公用品牌，培育一批绿色食品、有机食品、地理标志、气候品质认证等品牌。优先推荐脱贫地区区域公用品牌、产品品牌纳入中国农业品牌目录。鼓励省粮农集团、省移民（脱贫）搬迁开发集团、陕果集团、省供销集团等省属企业帮助消费帮扶重点产品打造品牌，实施陕媒推"秦品"行动。

（二）健全农产品"身份证"管理体系

完善脱贫地区农产品"身份证"质量管控标准体系，推行食用农产品合格证制度，推进农产品质量安全信用体系建设，逐步实现农产品"身份证"管理和赋码标识，建立可追溯体系。

四、庭院经济

脱贫群众（脱贫人口和监测对象）利用庭院土地、房屋、生态环境等资源，将劳力、资金、技术等生产要素进行最优组合，发展种植、养殖、手工、旅游、服务等特色产业，不断扩宽脱贫群众收入渠道，优化收入结构，促进脱贫群众持续稳定增收。支持措施：

（1）利用财政衔接补助资金、东西部协作资金、定点帮扶资金等纳入县级巩固衔接项目库；

（2）小额信贷、创业担保贷款；

（3）乡村创业就业政策支持；

（4）电商平台帮扶和消费帮扶；

（5）行业部门开展人才培育。❶

第六节 就业创业

一、就业帮扶

（一）促进就业

1. 加大有组织劳务输出力度

扎实开展"春风行动""春暖农民工""就业援助月""雨露计划"等就业帮扶专项活动，深化苏陕劳务协作，做好省内转移就业工作，开展搬迁群众就业帮扶专项行动，加大乡村振兴重点帮扶县倾斜支持力度。健全招聘岗位信息库和脱贫人口就业需求信息库，加强供需信息对接。对重点人群就业状况实施动态监测，有针对性的及时开展就业精准帮扶。支持发展村级劳务组织，引导人力资源企业面向农村开展就业服务，组织脱贫人口外出务工。全面落实脱贫人口外出务工交通补助，按规定落实脱贫劳动力职业介绍补贴、一次性求职补贴、职业培训补贴等政策，促进脱贫劳动力外出务工。

2. 大力支持就业帮扶基地、社区工厂吸纳脱贫劳动力

就业帮扶基地新吸纳脱贫劳动力就业并签订 1 年以上劳动合同或劳务协议的，按每人 2000 元的标准给予一次性就业奖补，每年累计最高不超过 30 万元。社区工厂（就业帮扶车间）新吸纳 1 名脱贫劳动力就业并签订不低于 1 年期限劳动合同或劳务协议的，给予 1000 元的一次性岗位补贴。对社区工厂从业人员中脱贫劳动力数量不低于本企业（分公司、分厂、卫星工厂、车间等可单独核算）员工总数 1/3 的，对其生产经营场地租赁费、水电费，按不超过实际支出额 50%的标准给予补贴，补贴期限不超过两年。具体补贴标准由县级人社部门、财政部门制定，补贴资金从就业补助资金列支。对社区工厂（就业帮扶车间）吸纳脱贫劳动力就业情况实行动态监测，对吸纳数量多、帮扶效果好

---

❶ 关于印发《陕西省"十四五"巩固拓展脱贫攻坚成果同乡村振兴有效衔接规划》的通知（陕乡振发〔2021〕40 号）。

的加大支持力度；对吸纳数量少、帮扶效果差的督促整改；对仍未达到帮扶效果的不再享受优惠政策。

3. 统筹用好乡村公益岗位

统筹使用衔接推进乡村振兴补助资金（简称衔接资金）、就业补助资金、光伏帮扶电站发电收益资金等，继续在乡村建设、人居环境治理、公共设置维护、村级公共服务、疫情防控、灾后重建等领域开发公益岗位，保持乡村公益岗位规模总体稳定。优先安置"无法离乡、无业可扶、有返贫致贫风险"且有能力胜任岗位工作的脱贫人口就地就业。健全公益岗位管理制度，因事设岗，以岗定人，按需定员，规范管理。对乡村公益岗位安置人员按规定给予岗位补贴，依法签订劳动合同或劳务协议，每次签订期限不超过 1 年。

4. 支持产业发展促进就业

逐步提高中央衔接资金用于产业发展的比重，重点支持帮扶产业补上技术、设施、营销等短板，强化龙头带动作用，促进产业提档升级。鼓励各地拓展农业多种功能、挖掘乡村多元价值，重点发展农产品加工、乡村休闲旅游、农村电商等产业。鼓励发展共享用工、多渠道灵活就业，支持和规范发展新就业形态，培育发展家政服务、物流配送、养老托育等生活性服务业。培育壮大新型经营主体，促进一、二、三产业融合发展，发展壮大村级集体经济，增强县域经济活力，不断提升本地产业带动力，增加就业岗位，吸纳脱贫人口就业。

5. 加大以工代赈力度

加大以工代赈实施力度。结合实施乡村建设行动，在农业农村基础设施建设领域积极推广以工代赈方式，充分吸纳脱贫人口务工增收。在安排各级衔接资金时，优先支持采用以工代赈方式实施的巩固脱贫成果和乡村振兴项目。采取以工代赈方式实施的项目，利用衔接资金推广的以工代赈项目劳务报酬发放金额原则上不低于项目总投资的 15%，具备条件的可提高劳务报酬发放比例。

6. 加强苏陕劳务协作

充分发挥苏陕对口帮扶机制作用，完善用工信息对接平台，推广使用"秦云就业"小程序，建立常态化的跨区域岗位信息共享和发布机制。要形成本地区就业需求清单，在外出务工较集中地区设立劳务工作站，扎实做好定点劳务输出工作。对依托苏陕劳务协作吸纳脱贫人口就业成效明显的企业，可从苏陕协作资金给予一次性奖补。

7. 培育壮大特色劳务品牌

结合本地资源禀赋、文化特色、产业基础等优势，坚持技能化开发、市场化运作、组织化输出、产业化打造,培育壮大一批有特色、有品牌、有规模的劳务品牌,发挥品牌效应扩大劳务输出规模,提高脱贫人口劳务输出质量。加强劳务品牌技能带头人培养,建设一批技能大师工作室,打造具有一流水准、引领行业发展潮流的劳务品牌高技能人才培养基地,对符合条件的劳务品牌高技能人才按规定给予高技能人才培养补助。被认定的国家级、省级劳务品牌,对培育品牌作出贡献的县(区),在就业补助资金安排上给予倾斜,用于支持培育劳务品牌相关工作。

8. 提高职业技能培训实效

大力开展适合农民工就业的技能培训和新职业新业态培训,进一步强化职业技能培训的就业导向。各类培训机构、技工院校围绕培育劳务品牌开展的相关职业技能培训,按规定纳入补贴性职业技能培训范围,按照培训就业率实行梯级培训补贴。对职业技能培训后 3 个月内该班次就业率低于 30%(不含)的,对该班次按照实现就业人数给予培训补贴。对培训后 3 个月内该班次就业率高于 30%(含)的,对该班次按照培训合格人数给予培训补贴,补贴标准按照该职业(工种)初级工本地职业培训补贴标准执行。

9. 加大金融支持力度

鼓励各类金融机构结合乡村产业发展特点,创新产品和服务,加大对吸纳脱贫人口就业的市场经营主体、就业帮扶基地、社区工厂(就业帮扶车间)的支持力度。鼓励县级探索创新衔接资金支持方式,积极采取"先建后补""以奖代补""贷款贴息"等方式,支持脱贫地区产业发展促进就业。具体奖补、贴息办法和标准由市县根据实际制定。

10. 维护就业群众合法权益

督促和指导吸纳企业与脱贫人口及"三类户"劳动力依法签订劳动合同、缴纳社会保险,及时足额支付劳动报酬,提供良好的工作环境。合理引导灵活就业农民工按规定参加职工基本医疗保险和城镇职工基本养老保险,增强就业保障。对不得不裁减的,指导企业依法支付工资和经济补偿,做好社会保险关系转移接续,同时提供就业服务,帮扶其尽快实现再就业❶。对发生劳动争议的,开辟仲裁"绿色通道",做到快立、快审、快结,切实保障脱贫人口合法权益。

---

❶《关于促进脱贫人口稳岗就业十二条政策措施》(陕乡振发〔2022〕4 号)。

（二）职业技能培训

对有培训意愿的脱贫劳动力和监测对象进行职业技能培训，原则上组织参加培训人数不少于上年度（具体以考核指标为准），对参加职业技能培训的脱贫劳动力，按规定享受各项培训补贴、培训生活和交通费补贴等政策措施。

1. 就业技能培训补贴

给予培训机构享受培训补贴政策不受定点培训和最低课时规定的限制，基本补贴标准最高不超过每人每 8 个课时 180 元。脱贫劳动力参加就业技能培训后，获得职业资格证书（或职业技能等级证书、专项职业能力证书、培训合格证书，下同）的，按基本补贴标准给予补贴；取得职业资格证书且在 6 个月内实现就业的，按基本补贴标准的 150% 给予补贴。

2. 就业技能培训生活和交通费补贴

脱贫劳动力参加就业技能培训并合格后，给予脱贫劳动力培训生活和交通费补贴，培训时间低于 80 课时的，补贴标准为每人每天 20 元；培训时间不低于 80 课时的，每人每天 50 元；培训生活和交通费补贴每人每年只能享受一次，补贴总额不超过 2500 元。

3. "技能 +" 培训补贴

培训机构组织脱贫劳动力开展 "技能 +" 培训的，培训时间分别为 3 个月（63 个培训日）、3～6 个月（64～128 个培训日）、6 个月（129 个培训日）以上，培训结束后在 6 个月内实现就业且培训就业率达到 50% 的，按每人每期 3000、3500 元和 4500 元的标准对培训机构给予职业培训补贴，培训就业率低于 50% 的，按以上标准的 60% 给予职业培训补贴。❶

二、创业帮扶

（一）促进创业

1. 一次性创业补贴

对创办小微企业或从事个体经营，且所创办企业或个体工商户自工商登记注册之日起正常运营 6 个月以上的脱贫劳动力创业人员，在其创业实体登记注册后 7 至 12 个月期间，向创业所在地县（市、区）人社部门申请一次性创业补贴，一次性创业补贴每人 5000 元。

---

❶《陕西省就业补助资金管理办法》（陕财办社〔2020〕190 号）。

2. 鼓励返乡入乡创业

加强返乡创业载体建设，充分利用现有园区等资源建设一批返乡入乡创业园、创业孵化基地、双创基地、众创空间。优化完善功能，为脱贫劳动力等创业人员提供培训、贷款、开业指导等"一站式"创业服务，引导返乡入乡创业人员就地创业，帮助有条件的脱贫人口自主创业，按规定落实税费减免、场地安排、创业担保贷款、一次性创业补贴和创业培训等政策支持。在脱贫村深入开展创业担保贷款信用村建设，免除反担保手续，支持脱贫劳动力创业。❶

3. 创业担保贷款

（1）政策内容。自主创业的脱贫劳动力、各类返乡创业人员创办各类经济实体并依法取得营业执照可享受最高 20 万元的创业担保贷款；多人共同创业的，最高额度可达 100 万元；创办劳动密集型小微企业的，最高额度不超过300 万元。

（2）享受对象。脱贫劳动力（男女均为 16～60 岁）；返乡创业人员（男16～60 岁、女 16～50 岁）。

（3）申报材料。个人（企业）申请创业担保贷款审核表；创业担保贷款个人连带责任承诺书；创业担保贷款关于贷款用途及到期一次性还款承诺书；贷款人及配偶身份证复印件；担保人身份证、工资卡复印件；营业执照复印件；经营场所产权证或租赁合同复印件。❷

（二）创业培训补贴

对脱贫劳动力自愿参加创业培训，根据培训项目类别（含 SIYB 培训、网络创业培训等）和培训效果给予补贴。其中，参加 SYB、网络创业等培训后取得创业培训合格证但在 6 个月内未实现创业的，按每人每期 1000 元给予补贴；在 6 个月内实现创业的，按每人每期 2500 元给予补贴。参加 IYB 培训后取得创业培训合格证的，按每人每期 1000 元给予补贴。❸

三、致富带头人

按照"政府主导、多方参与、产业引领、精准培训"的工作途径，紧扣"能力培训、孵化创业和带动就业"三大环节，建立健全脱贫村致富带头人选择培

---

❶《关于促进脱贫人口稳岗就业十二条政策措施》（陕乡振发〔2022〕4 号）。

❷《关于做好创业担保贷款信用乡村建设工作有关问题的通知》（陕人社发〔2016〕17 号）。

❸《陕西省就业补助资金管理办法》（陕财办社〔2020〕190 号）。

训、创业指导、政策扶持、联农带农的体制机制，培养一批创业能成功、带动见实效的致富带头人。

（一）认定程序

致富带头人主要从目前已在脱贫村创业人员中选择，包括"村两委"成员、村级后备干部、农村党员、小微企业主、农村专业合作社负责人、家庭农场主、种养业大户和企业负责人；在外创办企业（务工）且有意愿返回脱贫村创业的本土人才等。致富带头人的认定培训工作按照自下而上、公开公示的原则进行。具体程序：

（1）本人提出申请；

（2）村级初审，所在的村两委要对申请人思想觉悟、个人品行等进行考察，脱贫村第一书记和驻村工作队开展实地考察，主要考察其产业规模、联农带农、增收效益等情况，考察完成后在村务公开栏公示，无异议后由村两委向镇办推荐；

（3）镇办审核，镇人民政府（街道办事处）审核，并签注意见后报县区乡村振兴局；

（4）联合审定，由县区乡村振兴局同人社局、农业农村局进行联合审定后，由县乡村振兴局负责制定培训计划、确定培训项目和内容、组织实施培训、建立培训信息档案、统计培训完成情况、协调培训资金等。

（二）信息采录

脱贫村致富带头人认定、培训工作完成后，由县乡村振兴局牵头，组织各镇办开展脱贫村致富带头人及联农带农信息采集，建立完善工作台账，并全部准确录入全国防止返贫监测和衔接推进乡村振兴信息系统。

第七节 金 融 帮 扶

一、小额信贷

（一）应贷尽贷

1. 贷款对象

有产业（创业）发展意愿的 18 周岁（含）至 65 周岁（含）之间脱贫户或监测户。

2. 贷款金额

原则上 5 万元（含）以下。在超出 5 万元（含）部分不享受贴息、不纳入风险补偿范围情况下，贷款额度可追加至 10 万元。

3. 贷款期限

三年（含）以内。

4. 贷款利率

实际执行利率不超过同期相应年限贷款基础利率。

5. 担保方式

免担保免抵押。

6. 贴息方式

财政资金对贷款按照实际执行利率贴息。

7. 贷款用途

坚持户借、户用、户还，精准用于发展生产和开展经营，不能用于结婚、建房、理财、购置家庭用品等非生产性支出，也不能以入股分红、转贷、指标交换等方式交由企业或其他组织使用。

8. 续贷和展期

脱贫户或监测户可续贷或展期 1 次，续贷或展期期间各项政策保持不变。已还清贷款且符合贷款条件的脱贫人口可多次申请贷款。

（二）小额信贷获贷率

新增获贷率不低于 1% 并按照获贷率高低排名。计算公式：当年新增户数÷[当年脱贫户＋监测户（去重）]。小额信贷新增贷款规模不低于上年；农业经营主体贷款规模逐年稳步增加。

（三）贷款户均余额

小额信贷户均余额不低于 1 万元。计算公式：贷款余额÷余额户数。

（四）贷款逾期率

小额信贷逾期率低于 0.5%。计算公式：逾期金额÷贷款金额。

（五）风险补偿金启用情况

脱贫人口小额信贷符合条件的逾期贷款风险补偿金及时启用。❶

---

❶《关于深入扎实做好过渡期脱贫人口小额信贷工作的通知》（银保监发〔2021〕6 号）。

二、互助资金

（一）组建机构

各县（市、区）为每个脱贫村注入 20 万～30 万元，建立互助资金协会，制定协会章程，组建 5 户及以上联保小组。借款户数要低于联保小组户数的 60%，发放金额不得低于协会资金总额（财政资金＋会费＋滚动资金）的 60%。

（二）借款程序

协会会员向联保小组提出借款申请，联保小组审核同意后，提交协会，协会审查合格后，签订借款协议并进行公示，公示无异议后进行放款。

（三）借款额度

单笔借款额度控制在 3 万元以内，借款期限不超过 12 个月。建档立卡户会员借款优先审批，并按银行基准利率补贴占用费。

（四）占用费率

按照能覆盖互助协会运行成本的原则，由村民大会讨论决定，可参照当地信用社贷款年利率确定，一般不高于当地商业银行同期贷款利率。

（五）收益分配

借款占用费所得不超 60%用于日常运行开支，其余部分作为储备金滚动发展。

三、创新金融服务

（一）政策性农业保险

按照自主、自愿原则，对有投保意愿的所有农民和各类农业生产经营组织。脱贫户、监测对象在年度计划内予以优先保障。

（二）防返贫致贫综合保险

1. 参保对象

参保对象不事前确定，不事先识别。各县（市、区）可按照县域农村人口的一定比例测算筹集资金设立资金池。脱贫不稳定户及农村低收入户因病、因学、因灾等情况可能引发返贫、致贫风险时，均可申请保险帮扶。

2. 参保方式

由县（市、区）政府依法依规通过购买第三方保险服务的形式确定保险经办机构，对参保对象实施返贫致贫预防。参保对象因病、因学、因灾、因意外等情况引发返贫致贫风险时，启动保险帮扶机制，使用资金池资金进行帮扶。保险经办机构适当收取服务费用。

3. 险种设立

紧扣"两不愁三保障"核心指标，抓住因病、因学、因灾、因意外等返贫致贫关键因素设立相应险种。各县（市、区）根据实际情况自定金额，按照致贫因素分类设立防贫预警线和最高给付线，合理制定阶梯式帮扶标准。鼓励有条件的县（市、区）根据实际情况增加保险责任，如增加对除因病因学因灾等因素致收入骤减、支出陡增，以及危房改造等致贫返贫因素的保障责任。

4. 资金筹集

各级政府要发挥主观能动性，创新工作方法，采取县级财政预算、社会捐赠资金以及统筹集体经济组织收益等多元化方式筹集资金，注入资金池。以自然年度为防贫周期，结余资金结转下年继续使用，资金不足由保险经办机构和县（市、区）政府协商确定具体解决方案。

5. 防贫界限

以脱贫攻坚期国家帮扶标准的 1.5 倍（2021 年为 6000 元）为底线，设置"防返贫致贫保障线"。省级每年综合全省物价指数变化、农村居民人均可支配收入增幅、农村低保标准变化等情况，实行动态调整。对发现有返贫致贫风险的"三类户"和低收入户，纳入防返贫致贫综合保险保障范围，低于"防返贫致贫保障线"的，启动防返贫致贫综合保险帮扶机制。

6. 保险支付

按照公平、公正、公开，便捷、高效的原则，坚持县（市、区）、镇（办）、村（社区）三级联动，依法依规做好保险帮扶资金的支付工作。支付程序主要分四步：① 村级研判。由村级对纳入监测范围、符合保险帮扶条件的监测对象进行研判，提出享受保险帮扶人员建议名单并上报镇办。② 镇办核查。镇办收到村级享受保险帮扶建议名单后，组织干部实地入户核查，确定保险帮扶人员名单，并通知保险经办机构启动保险调查。③ 机构调查。保险经办机构调查核实并征询有关部门意见后，提出保险帮扶意见，报县级巩固拓展脱贫攻坚成果同乡村振兴有效衔接领导小组办公室。④ 资金到户。县级巩固拓展脱贫攻坚成果同乡村振兴有效衔接领导小组办公室备案审查完成后，由保险经办

机构将保险帮扶资金兑付到户。原则上保险帮扶资金从申报至兑现到户不超过30个工作日。❶

第八节 消 费 帮 扶

积极联系国有企业、民营企业、社会组织、爱心企业和爱心人士实施"国企合力团""万企兴万村""万社联万家"行动，积极参与慈善公益捐赠。建立消费帮扶工作机制，依托苏陕协作、定点帮扶、工会组织、脱贫地区农副产品网络销售平台（简称"832平台"）等机制购买帮销消费帮扶重点产品。

一、万企兴万村

（一）总体思路

以"万企兴万村"行动为平台，采取政府引导与市场运作相结合、政策支持与民营企业参与相结合、集中发动与持续推动相结合、公益帮扶和投资经营相结合等方式，动员引导民营企业与重点帮扶县开展帮扶对接，帮助发展产业，参与乡村建设，促进就业创业，开展消费帮扶，救助困难群众，助力重点帮扶县巩固拓展脱贫攻坚成果，防止发生规模性返贫，尽快补齐区域性发展短板，在全社会营造民营企业参与乡村振兴的良好氛围。

（二）工作内容

组织引导与重点帮扶县对接的民营企业，重点开展消费帮扶。组织引导民营企业开展消费帮扶、产销对接等活动，积极采购重点帮扶县农产品，帮助做好农产品包装加工，打造产品品牌，搭建销售平台，拓宽销售渠道，提高市场化销售水平，提升特色农产品的知名度和影响力，助力乡村产业发展。

（三）活动安排

1. 组织开展帮扶项目规划征集活动

由各级乡村振兴部门统筹，从现有项目库中优选一批、结合实际科学规划编制一批适合社会帮扶的项目，建立全省统一的社会帮扶需求项目库，为组织民营企业、社会组织、爱心人士等对接帮扶提供基础支撑。此项工作7月底前完成，并持续完善。

---

❶《关于开展防返贫致贫综合保险工作的指导意见》（陕乡振发〔2022〕20号）。

2. 组织开展重点民营企业对接活动

由省乡村振兴局、省工商联负责,及时向国家乡村振兴局、全国工商联报送帮扶需求,充分利用全国性的重大活动推介帮扶项目,积极争取在全国层面有一定影响力的民营企业到我省重点帮扶县开展对接,努力促成一批巩固脱贫成果和助力乡村振兴示范项目。

3. 组织开展江苏民营企业对接活动

由省发改委、省乡村振兴局、省工商联共同负责,强化与江苏有关方面的对接联系,积极动员江苏省民营企业到我省国家乡村振兴重点帮扶县对接帮扶。各重点帮扶县依托苏陕协作机制,结合高层互访,策划开展以江苏民营企业为主体的考察对接活动。

4. 组织开展省内民营企业对接活动

由省工商联负责国家级乡村振兴重点帮扶县,各市工商联负责辖区内省级乡村振兴重点帮扶县,通过组织民营企业座谈会、恳谈会、现场会等活动,组织动员省内有一定实力的民营企业到重点帮扶县开展对接帮扶,确保"十四五"期间,每个乡村振兴重点帮扶县(含省级乡村振兴重点帮扶县)至少新增3家省内民营企业帮扶。

5. 组织开展"回报家乡"专项行动

推广岚皋县实施"归雁兴岚"计划的经验做法,各市县各相关部门进一步加大宣传力度、强化政策供给、优化平台服务,通过浓郁的乡情纽带和良好的营商环境,引导本地籍的民营企业家和外出创业成功人士返乡投资兴业,以实际行动回报家乡、造福桑梓,赋能乡村振兴。❶

二、政府、国有企事业单位采购

(一)保障对象

脱贫人口、农村低收入人口;入驻"832平台"的企业、农民合作社、家庭农场等。

(二)政策规定

(1)各级机关、国有企事业单位等在同等条件下优先采购脱贫地区产品。

(2)自2021年起,各级预算单位应当按照不低于10%的比例预留年度食

❶《陕西省2022年度"万企兴万村"行动倾斜支持乡村振兴重点帮扶县专项计划》(陕乡振发〔2022〕14号)。

堂食材采购份额，通过"832平台"采购脱贫地区农副产品。

（3）鼓励各级预算单位工会组织通过"832平台"采购工会福利、慰问品等，有关采购金额计入本单位年度采购总额。

（4）"832平台"除按市场通行规则收取必要的产品检测费、支付通道费以及履约保证金外，不向供应商、预算单位收取交易费、平台使用费。

（5）严格农副产品产地认定，将政策支持范围聚焦在832个脱贫县，通过预留份额、搭建平台等方式促进脱贫地区农副产品销售，带动脱贫人口稳定增收。

（6）支持脱贫地区加快新建改建一批冷藏库、移动冷库等基础设施。

（7）严格落实高速公路鲜活农产品运输"绿色通道"政策，对整车合法装载运输《鲜活农产品品种目录》内产品的车辆免收车辆通行费。

（8）支持脱贫地区参加农博会、农贸会、展销会，集中推介、展示、销售特色农副产品。❶

三、持续推进消费帮扶

（一）扩大产品和服务消费

1. 强化定向采购帮扶

省市县机关、国有企事业单位在同等条件下优先采购脱贫地区产品，继续组织开展特色农副产品进机关、进学校、进医院、进金融机构等活动。省总工会按照有关规定同等条件下组织采购脱贫地区产品，引导干部职工自发消费脱贫地区产品和旅游服务，推进部队优先采购脱贫地区农副产品。

2. 持续深化苏陕协作消费帮扶

主动对接江苏农产品需求，不断完善苏陕消费帮扶推介协作机制，发挥苏陕消费帮扶联盟和东西协作农产品展销中心陕西馆作用，结合中国农民丰收节及春节、中秋、国庆等重要节假日，持续开展"陕货进苏"产销对接活动。在江苏设立消费帮扶专馆，推动更多供应商和产品进驻"832平台"和中国社会帮扶网。

3. 鼓励社会力量参与帮扶

开展"万企兴万村"行动，引导民营企业集中采购消费帮扶重点产品，推

---

❶《关于运用政府采购政策支持乡村产业振兴的通知》（财库〔2021〕19号）。

动行业龙头企业优先购买脱贫地区农副产品作为原材料。支持鼓励行业协会、商会等社会团体、慈善组织利用多种形式消费脱贫地区的产品与服务。动员金融机构、各类商超、电商平台等创新会员激励机制，探索通过"积分换购""满赠满减"等方式引导社会力量持续扩大脱贫地区产品和服务消费。

（二）扩宽脱贫地区农产品流通和销售渠道

1. 拓展消费帮扶重点产品销售渠道

加大消费帮扶"七进"力度，做到全覆盖、优先购。拓展销售渠道，打通安置区特色农产品供应链。组织批发市场、大型商超直接对接消费帮扶重点产品，建立"集采直销"模式。开展消费帮扶协作系列活动，支持脱贫地区参加农博会、农贸会、展销会，推动形成"龙头电商企业＋合作社＋基地＋农产品"产销模式。

2. 提升脱贫地区电商服务水平

充分挖掘脱贫地区电商发展潜力，指导各地建立专业化、规范化运营团队，加强对脱贫地区电商人才培训指导。支持脱贫地区完善县级电商服务中心功能，提供包装、品控、营销、物流等公共服务。

（三）强化预警妥善应对农副产品滞销

1. 强化农产品滞销监测预警

切实用好各级政府网站、农业农村大数据中心、重点农产品市场信息平台等现有载体，充分调动互联网、大数据、云计算等新平台在农产品产销监测领域的信息化优势，建立完善农副产品滞销监测预警机制，定期采集、分析、预判重点农产品市场价格走向，免费发布农副产品价格和市场行情信息，引导各地科学制定生产计划，合理安排农产品上市时间，针对可能发生的农产品滞销发布监测预警信息。

2. 建立多方联动应急处理机制

研究探索农副产品滞销应急处置方式，采取"以购代捐""爱心认购"等方式集中消纳滞销农副产品。鼓励重点企业加大市场化采购力度，适当增加商业库存，就地就近解决农副产品滞销。❶

---

❶《陕西省"十四五"巩固拓展脱贫攻坚成果同乡村振兴有效衔接规划》（陕乡振发〔2021〕40号）。

第九节 巩 固 成 效

一、农户年人均纯收入

农户年人均纯收入指农户当年从各个来源得到的总收入相应地扣除所发生的费用后的收入总和,按照家庭常住人口平均的纯收入水平。根据收入的性质划分为家庭经营性收入、工资性收入、财产性收入、转移性收入。

(一)家庭经营性收入

指以家庭为生产经营单位进行生产筹划和管理而获得的收入。家庭经营纯收入计算要扣除生产经营过程中的家庭经营费用支出、生产性固定资产折旧、税金和上交承包费用等。

家庭经营活动按行业分为农业、林业、牧业、渔业、工业、建筑业、交通运输业、邮电业、批发和零贸业、餐饮业、社会服务业、文教卫生业和其他家庭经营。家庭经营活动收入包括种植、养殖或家庭经营超市、小卖部、饭店、幼儿园、养老院、工厂、建筑队、货车运输、客车运输等收入情况。

家庭经营费用支出指以家庭为基本生产经营单位从事生产经营活动而消费的商品和服务、自产自用产品,如购买种子、化肥、农药、灌溉、租用农机、雇工、生产性固定资产折旧(按照一次性投资,10年折旧计算)等。

不计入内容包括项目投入、预期收入;当年扶持的现金资助。在计算纯收入时,所消费的未计算为收入的自产自用产品,不计算自产自用的费用支出;库存的化肥、农药不计算为本期费用支出。

(二)工资性收入

指家庭成员受雇于单位或个人,靠付出劳动而获得的收入,包括基本工资、奖金、(津)补贴、加班工资和住房公积金、养老保险、医疗保险和各种税费个人缴纳部分。

家庭成员为现役军人(士官或军官)或在公益性岗位(包括护林员、村保洁员、村公路管护员、村信息员等)就业的,其收入应计入家庭工资性收入;在本县(市、区)范围内务工的视为本地务工,所得收入全部计入工资性收入,在本县(市、区)外务工的视为外地务工,按工资收入的30%扣除房租、日常生活支出等相关花费,70%计入工资性收入。

（三）财产性收入

指金融资产或有形非生产性资产的所有者向其他机构单位提供资金或将有形非生产性资产供其支配，作为回报而从中获得的现金收入。包括利息，股息，合作社、光伏发电及其他分红，租金收入，土地征用补偿（按 5～10 年折算，量化到具体年度）、土地流转收入，出让无形资产净收益，储蓄性保险投资收益，转让承包土地经营权收入和其他投资收益等。其中，三年以上的资产收入（土地整治、旅游园区、光伏、设施农业、水力发电、矿产等）方可计入。

不计入内容包括：危房改造、易地搬迁建房补助款。

（四）转移性收入

指国家、单位、社会团体对农户家庭的各种转移支付和居民家庭间的收入转移。包括政府对个人收入转移的离退休金、失业救济金、赔偿等；单位对个人收入转移的辞退金、保险索赔、住房公积金、家庭间的赠送和赡养等。在家庭收入中转移性收入主要考虑稳定性的长期收入，包括长期抚恤金、五保金、低保金、养老金、残疾补助、赡养费、高龄补贴和各种稳定性补贴收入（如耕地地力保护补贴、退耕还林还草补偿款、生态林业补贴、农业支持保护补贴、计生奖励扶助金）等稳定长期的转移性收入。

不计入内容包括：政府为支持农户发展产业发放的现金及实物，如产业项目补助资金、奖励资金等，种子、种苗、种畜、化肥、农药等；帮扶小额信贷；临时性补贴、教育补贴、"雨露计划"补助、临时救助金、临时性慰问金、帮扶干部给予的帮扶资金；社会各界给予的帮扶赠予、捐助资金；亲友偶尔赠予的资金；医疗报销、大病救助补助资金；"两后生"（城乡未继续升学的初高中毕业生）职业培训专项计划补贴。

二、脱贫地区农民收入增速

脱贫县本年度农村居民人均可支配收入增速不低于全省农村人均可支配收入增速；全省乡村振兴重点帮扶县农民收入增速不低于全省脱贫县农民收入平均增速。

三、脱贫群众收入持续稳定增长

脱贫群众本年度家庭人均纯收入与上年度相比保持稳定或有所上涨，未出现较多群体或较大幅度下降的情况。全省脱贫人口人均纯收入增速不低于全国脱贫人口人均纯收入增速。当地脱贫人口人均纯收入增速不低于农民人均可支配收入增速。

四、群众对巩固脱贫成果的满意度

受访群众对今年巩固脱贫成果工作的总体满意度达到 95% 以上。

五、问题整改和督帮

对每年考核评估以及督查巡查、专项审计、媒体舆情等反映的问题，全面认领、举一反三，制定整改方案，建立整改台账、整改清单，明确责任人、整改措施和时限，扎实开展整改。对整改事项采取销号管理，全部按时间节点整改到位，需要长期坚持的均建立长效机制。建立常态化督帮机制，完善"周例会、月通报、季调度、半年点评、全年总结"制度，采取日常督帮、集中督帮、重点督帮等形式，及时发现存在问题和不足，指导和帮助解决困难，补齐短板弱项，以问题整改促进各项工作落实落细。❶

第十节　精神文明和乡村文明建设

一、农村精神文明建设

（一）精神文明建设

（1）每年至少开展一次村级"道德模范""星级文明户""五好家庭""好媳妇、好婆婆""致富能手"等先进典型评选活动。

（2）行政村有"一约四会"，运行正常，作用发挥良好。无婚丧嫁娶大操大办、高价彩礼、人情攀比、薄养厚葬、铺张浪费、封建迷信等现象。深化"美丽乡村文明家园"建设，强化扶志扶智工作，激发脱贫群众内生动力，推进农村精神文明建设。

（3）严防侵害鳏寡孤独、妇女儿童、精神障碍患者、残疾人权益等冲击社会道德底线事件发生。❷

---

❶《关于实现巩固拓展脱贫攻坚成果同乡村振兴有效衔接的意见》（中发〔2020〕30号）、《关于实现巩固拓展脱贫攻坚成果同乡村振兴有效衔接的实施意见》（陕发〔2021〕5号）。

❷ 2022年省委文明办《关于深化"美丽乡村文明家园"建设全面推进农村精神文明建设的实施方案》。

（二）乡村文化建设

利用传统节日、民间节庆、农民丰收节等活动，弘扬乡村传统文化，丰富群众精神生活。行政村建有图书馆、村民活动中心等公共文化场所，定期开展文化活动。

二、乡村治理体系建设

（一）农村基层组织建设

"村两委"班子特别是带头人队伍结构合理、有效履职，村党组织书记、村委会主任每年至少参加 1 次集中培训，每村至少储备 2 名后备力量。

（二）自治法治德治建设

落实"四议两公开""村务监督"制度。定期召开村民代表大会或村民议事会，让广大村民或村民代表积极参与村庄发展等重要事项，发挥村民自治的主人翁作用。开展法治县、民主法治教育示范村创建活动，加快培养乡村"法律明白人"，每年至少开展 1 次普法宣传活动，引导农民尊法学法守法用法。推进新时代文明实践中心建设，提升农民群众思想觉悟、道德水准和文明素养。总结推广应用积分制、清单制、数字化、网格化等经验做法。

（三）平安乡村建设

落实平安乡村建设各项任务，深入排查化解乡村矛盾纠纷，常态化开展扫黑除恶斗争，依法打击"村霸"等黑恶势力。每年至少开展一次普法宣传活动。成立村级矛盾纠纷调节机构，并有效发挥作用。

三、农村人居环境

（一）农村厕所革命

2025 年前整村推进厕所改造提升和公共服务设施配套建设任务，并建立相对完善管护机制的行政村、农户。实施农村"厕所革命"整村推进的行政村，农户卫生厕所普及率达到 85% 以上，厕所粪污基本得到无害化处理和资源化利用。确保已改的农村厕所质量好、利用率高，改厕补贴及时足额发放到位。未实现粪污无害化处理或资源化利用的卫生厕所不在财政奖补范围之内。奖补实行"一宅一厕"，多年无人居住或三年内有搬迁计划的农户可不列入改造计划，不计为整村推进改厕基数。

（二）农村生活污水治理

行政村有正常运行的污水处理设施并正常运行，无污水乱排放现象，黑臭水体得到整治。

（三）农村生活垃圾治理

行政村有垃圾清扫收运设施设备，无垃圾乱堆乱放或随意焚烧情况，保洁员配备到位。

（四）村庄清洁行动

村容村貌干净、整洁、有序，无污水乱泼乱倒现象，粪污无明显暴露，杂物堆放整齐。

四、农村基本公共服务

（一）养老托幼建设

有条件的村建立村级幸福院、日间照料中心、老年食堂等养老服务设施，农村普惠性养老和托幼服务发展良好。

（二）公共文化建设

行政村建有图书室、村民活动中心等公共文化场所，定期开展免费放电影、文艺演出等送文化下乡活动。

第八章　电力行业帮扶

本章对电力行业的帮扶措施进行了论述，主要包括电力爱心超市、汉产平台、慧农帮平台、对外捐赠、国网公司乡村振兴示范村创建等相关内容。

第一节　电力爱心超市规范运营管理

一、电力爱心超市建设和运营目的

引导农户积极参与乡村治理、公共服务和美丽乡村建设行动，在乡村公共基础设施建设管护、人居环境整治、农村生态环境保护等方面尽责出力，共建美好家园、共享振兴成果。激发群众内生动力，鼓励农户主动学习劳动技能和就业务工，积极发展现代农业和乡村产业，促进农民持续就业增收。丰富乡村民俗文化活动，推进农村移风易俗，营造人人参与文明乡风建设氛围，助力打造文明乡风、良好家风、淳朴民风。

二、职责分工

公司乡村振兴办是电力爱心超市建设与运营管理的牵头部门，组织落实建设标准、运营模式、管理制度等，组织各单位开展建设工作。

公司宣传部负责电力爱心超市公益帮扶项目宣传、捐赠预算审核等工作。

公司各单位是电力爱心超市建设与运营管理的责任主体，也是超市公益帮扶项目资金的捐赠主体，负责统筹推进本单位超市建设推广、验收评估、运营等工作，每年底对超市运营情况进行督导检查并提交报告。

属地县级供电公司是电力爱心超市建设与运营管理的监督主体，负责及时跟进超市建设与验收情况，监督超市日常运营情况，定期核对超市物品台账和积分兑换台账，检查物品质量，对超市运营出现的问题及时向上级报告。

驻村第一书记或驻村工作队是电力爱心超市建设与运营管理的实施主体，

负责协调当地政府部门和村两委，落实超市用房、建设、运营等工作，组织开展各类帮扶活动和乡村文化活动，监督农户参与情况和积分评价，定期检查核对超市物品、各类台账等。

三、建设要求

（一）建设标准

电力爱心超市一般建设在公司定点帮扶县及各单位负责的帮扶村。超市用房由驻村第一书记或驻村工作队协调利用当地村两委闲置的办公室或屋舍，面积一般为 50m² 左右，并配有统一的 LOGO 标识牌（见图 8-1）、信息公告牌、规章制度牌等。超市应设置生活用品区、粮油副食区、学习用品区、捐赠物品区、电动农机具租赁区等货架（见图 8-2），对应摆放相关物品，并对物品标有相应的兑换分值。村两委可根据实际情况配套设置超市经营管理 1~2 个公益性岗位。

图 8-1　电力爱心超市 LOGO

图 8-2　电力爱心超市实景图（一）

图 8-2 电力爱心超市实景图（二）

（二）验收授牌

超市建成后，由乡村振兴办牵头组织对电力爱心超市进行验收，并向国网乡村振兴办、国网基金会提交验收情况报告，经批准后方可正式运营授牌（见图 8-3）。超市授牌有效期一般为 3 年，有效期过后重新验收。

图 8-3 电力爱心超市授牌

（三）资金募集

电力爱心超市建设与运营管理资金一般来自各单位帮扶捐赠资金或其他捐赠资金。各单位应在年初编制帮扶捐赠资金预算或年中调整预算中列支电力爱心超市建设运营捐赠科目。电力爱心超市可依法接受法人和自然人捐赠的现金和物资，但不得进行公开筹募。

四、运营流程

（一）制度建立

公司派驻的驻村第一书记或驻村工作队会同村两委、村民代表组成电力爱心超市的运营管理团队，建立健全相关规章制度，不断完善积分管理细则（见图8-4）。

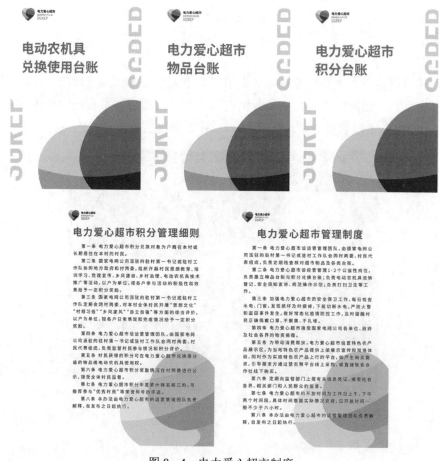

图8-4　电力爱心超市制度

（二）物品兑换

帮扶干部、村两委、超市管理人员根据实际情况，用积分在慧农帮平台上兑换超市物品，共同做好超市物品登记、摆放、兑换等工作，并按要求做好记录。慧农帮平台负责将兑换的超市物品配送至帮扶村超市。

（三）日常管理

应组织专人负责超市的运营管理工作，包括建立物品台账与积分兑换台账、打扫卫生环境等。

超市物品每两周进行一次盘点，需要补充的物品及时与慧农帮平台进行积分兑换，平台于 5 日内配送补齐，平台还应根据超市物品目录备足充足的库存。

（四）积分发放

日常期间，公司派驻的驻村第一书记或驻村工作队协调地方政府和村两委组织开展村民思想教育、培训学习、党建宣传、乡风建设、乡村治理、电动农机具技术推广等活动，以户为单位，视各农户参与活动的积极性和效果给予一定积分奖励（见图 8-5）。另外，公司派驻的驻村第一书记或驻村工作队可定期会同村两委，对本村全体农户开展思想文化、村规习俗、乡风家风、院落卫生、自立自强等方面的综合评价，以户为单位，视各农户日常表现和完成情况给予一定积分奖励。积分奖励情况应在村两委进行公示，接受全体村民监督。

图 8-5　电力爱心超市积分发放

（五）积分兑换

农户获得的积分可在电力爱心超市兑换等分值的超市物品或租赁电动农机具使用，通过农户参与活动得积分、积分兑换超市物品形式，实现超市与农户生产生活的良性互动。农户获得的每一积分等额为人民币 1 元钱，积分不可兑换成现金。积分奖励标准和超市物品兑换目录由各省公司统一制定（见图 8-6）。

（六）有关要求

强化监督，严格把关。各单位要紧密依托属地县级供电公司，加强对超市日常运营的监督管理，定期检查核对超市台账、物品质量等，主动向村两委和村民公示积分兑换情况。公司派驻的驻村第一书记或驻村工作队要会同村两委，准确客观评价农户相关情况并主动接受群众监督，确保评价打分公平、公正、公开，杜绝"村霸"问题、人情评分等违法违规行为。

图 8-6　电力爱心超市积分兑换

五、书记端、村民端应用说明

电力爱心超市、慧农帮二维码见图 8-7。

电力爱心超市　　　　　　　　慧农帮

图 8-7　电力爱心超市、慧农帮二维码

（一）书记端物资选配

第一书记可以点击慧农帮首页的"电力爱心超市"，在电力爱心超市专区首页，按需选配相关物资。

下单完成后，书记可在电力爱心超市专区下方点击"我的"—"我的订单"查看所有下单信息。

在"我的订单"处，点击任何订单，可以进入"订单详情"页面，查看相关的订单状态。如出现缺货、漏货或未配送到村等情况，可在慧农帮内点击"申请售后"按钮，根据实际情况申请售后（见图8-8）。

图8-8　电力爱心超市书记端物资选配

（二）书记端村民管理

（1）在村民管理页将村民信息录入系统，被添加的村民可以使用"电力爱心超市"小程序参加活动、查看积分、兑换物品（见图8-9）。

（2）在活动管理页管理村民可参与的活动，点击"新增"或"编辑"按钮，在弹出的对话框内填写活动名称（见图8-10）。

图8-9　电力爱心超市书记端录入村民信息

图8-10　电力爱心超市书记端管理活动

（三）书记端库存管理

在慧农帮签收订单，或在小程序中完成销兑后，超市库存自动更新（见图8-11）。

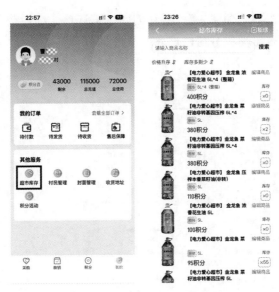

图 8-11 电力爱心超市书记端库存管理

（四）书记端订单核销

输入村民兑换时生成的六位核销码，点击核销，在待核销弹窗内确认核销（见图 8-12）。

图 8-12 电力爱心超市书记端订单核销

在核销页点击右上角"+"，手动创建核销订单，选择购买人、物品名称和购买数量，检查所需积分后，创建并核销订单（见图8-13）。

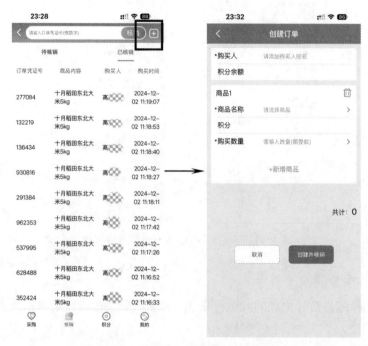

图8-13　电力爱心超市书记端订单创建

（五）村民端登录

村民打开微信，通过微信小程序搜索"电力爱心超市"。点击小程序图标进入后选择"我是村民"，使用手机号直接登录，无需注册。如果登录时显示"抱歉，暂时无法使用"，说明手机号权限未开通，需联系驻村第一书记（或超市管理员）开通使用权限，或确认手机号是否准确。点击"我是村民"使用本人手机号发送动态验证码登录小程序。

（六）村民端积分申报

小程序首页左上角点击"积分申报"，页面跳转到"积分申报"页。在"积分活动"栏选择参与的活动。"备注栏"填写活动完成情况。"上传凭证图"上传活动照片，点击"提交"。提交后等待驻村第一书记审核。审核通过后获得相应积分。"历史记录"查看过往参加活动情况（见图8-14）。

图 8-14　电力爱心超市村民端积分申报

（七）村民端超市兑换

首页点击"超市兑换"，村民可以查看本村电力爱心超市内的物品明细、库存数量、积分额度，并用个人积分兑换物品。在选购物品时，选择规格并填写兑换数量，选择加入购物车（见图 8-15）。

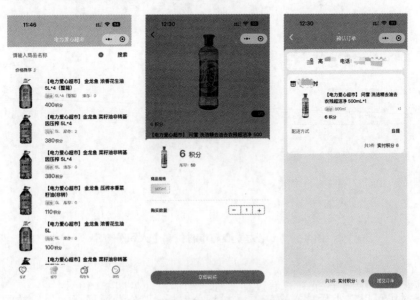

图 8-15　电力爱心超市村民端超市兑换

选择立即兑换，小程序会弹出订单确认页，确认支付后，可凭借订单凭证号在书记处核销订单并领取相应物品（见图8-16）。

图8-16　电力爱心超市村民端超市兑换确认支付

（八）村民端个人积分查询

村民可以在首页右上角"我的积分"处进入个人所在户的积分账单页，村民可在"积分账单"页查看本人的加分、兑换、减分详情（见图8-17）。

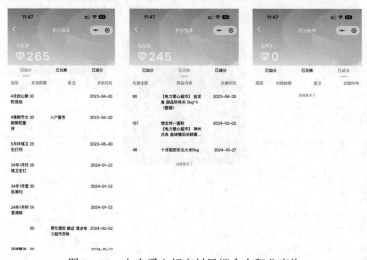

图8-17　电力爱心超市村民端个人积分查询

（九）村民端积分看板

村民可以在小程序首页查看本村积分看板。积分看板展示本村发放的总积分、村民积分排行榜、活动积分分布。首页展示当月的积分公示，点击【查看历史】查询积分公示明细（见图8-18）。

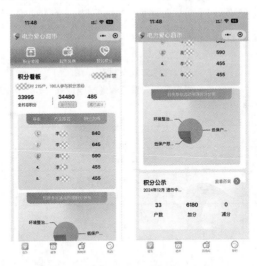

图8-18　电力爱心超市村民端积分看板

（十）村民端积分公示

村民可以在积分公示页查看本村每月的加分与扣分明细。积分发放以户为单位统计，姓名部分显示户主姓名，实际积分显示为户主所在户的所有获取和扣除的积分明细（见图8-19）。

图8-19　电力爱心超市村民端积分公示

六、人员轮换

如人员轮换需变更管理员，需履行审批手续，经公司乡村振兴办签署意见，报国网数科公司后，方可变更（见图8-20）。

电力爱心超市
惠农帮账户变更管理员申请

申请单位：　　　　　　　　　　　　　　　　　　申请日期：

超市名称	×××村电力爱心超市		
变更明细			
原管理员姓名	手机号（惠农帮旧账号）	新管理员姓名	手机号（惠农帮新账号）
变更原因			
主管单位意见			

图8-20　电力爱心超市惠农帮账户变更管理员申请

【提示】电力爱心超市运行过程中无相关规定要求每月不少于两次活动。[1]

第二节　汉中市消费帮扶生活体验馆

一、汉中市消费帮扶生活体验馆简介

汉中市消费帮扶生活体验馆（简称汉产平台）是集产品体验、直采直购、品牌推介、集中展示、电商直播、旅游推介、招商资源整合等功能为一体的优质特色农产品线上、线下运营平台，位于汉台区滨江西路天汉长街E区，总投资2000余万元，总面积约3000m²。其中，一层为消费帮扶生活超市，经营各类特色产品2000余种，设有"四个在汉中""味见汉中""茶文化"三个主题

---

[1]《国网乡村振兴办关于深化推进"电力爱心超市"建设工作的通知》（国网乡振办〔2022〕2号）、《国网陕西电力乡村振兴工作领导小组办公室关于开展"电力爱心超市"建设助力乡村振兴工作的通知》（陕电乡振办〔2022〕1号）。

展示区和品牌推介功能区，经营各类特色产品；负一层是以汉中 2 区 9 县特色农产品展示、民俗文化、旅游互动等元素为主题的"一县一馆"。

二、产品商城操作说明

（1）打开微信扫码。

（2）扫码进入商城首页。

（3）分类查找所需商品。

（4）确定购买数量。

（5）选择配送地址。

（6）确认付款下单。

（7）等待快递送货。

第三节 慧农帮平台运营规范

一、慧农帮简介

慧农帮是属于国网电商集团旗下的电商帮扶平台，是全链条精准帮扶管理系统。

慧农帮可解决脱贫地区脱贫轨迹跟踪难、农产品上行难等问题，实现社会爱心资源扶持的网络对接，促进乡村振兴事业的发展，助力国家乡村振兴战略。

其主要特点如下：

（1）为脱贫地区政府提供精准结对匹配、大数据分析等服务。

（2）为个人用户及集体企业提供帮扶社交沟通、精准营销等服务。

（3）为加盟供应商提供统一供应链标准培训、品牌授权等服务。

（4）为脱贫地区人口及企业提供农业生产知识学习、电商运营培训等服务。

二、职责分工

慧农帮负责平台的日常运营，驻村工作队负责慧农帮商品的上架、下架等事宜，村经济合作社负责商品的质量、调价、发货、开票、收款等事宜；村两委负责慧农帮收入的公示、分配等事宜。

三、慧农帮自营商户运营规范

慧农帮商户综合管理平台网站网址为 http：//third.esgcc.com.cn/login.html，可进行注册登录，管理商户商品。

（一）添加新品

1. 上架平台选择

进入店铺后点击【商品管理】，点击【添加商品】，上架平台选择慧农帮。

2. 商品类目选择

根据新商城分类表填写关键字进行搜索并选择，若未出现要上传商品类目，需联系平台添加。

3. 商品标题命名规范

地区商品品牌商品名称规格（地区按照省县，如××省××县/市不需要写"省县/市"，比如吉林省通榆县应该写成吉林通榆；商品品牌指售卖商品的品牌，品牌没有可以不写；商品名称要求简洁明了；规格后面不需要加计量单位，如每箱、每盒、每份、每袋、/份、/袋等。地区商品品牌商品名称规格中间以空格隔开）。

正确示例：

吉林通榆问香禾东北大米 4kg

湖北秭归伦晚脐橙 5kg

湖北长阳清江肴金丝皇菊 30g×2

湖北长阳华饴一级菜籽油 5L

4. 销售价格

对应商品报价单中"销售价格"。

5. 市场价格

对应商品报价单中"其他商城销售价"。

6. 结算价格

对应商品报价单中"结算价格"。

7. 贫困地区选择

选择【是】并选择实际对应的省县。

8. 企业购相关内容填写

是否支持企业购选择【是】；企业购价格对应《商品报价单》中"企业购

价格"；起购数量填写 10 件及以上。

9. 财务信息填写

开具发票一栏中，可开具增值税专用发票的商户选择【增值税专用发票】，不可开具增值税专用发票的商户选择【增值税普通发票】；发票进项税率对应《商品报价单》中"进项税率"；发票销项税率对应商品报价单中"销项税率"。

10. 其他

库存：按照商品实际库存量填写；是否上架：根据实际需求选择；链接：必须填写，若在京东或天猫有销售，需在相应位置放上相应商品链接，在其他平台（如帮扶平台），需把链接放在【其他】处；商品品牌按照实际填写；商品属性和规格目前可以随意填写，无后续影响。

11. 详情页图片

上传操作：点击选择商品图片；图片要求：基本信息+商品特色（卖点）+推荐食用方法（小贴士）+包装物流+公司概况+资质证明+质检报告，图片宽度为 800px，高度不限，商品图片必须显示展示生产商、产地、保质期和检测报告，最后一张主图需为食品标签实物图，能清晰展示生产商、配料表、保质期、生产许可证编号（SC 开头）、执行标准、贮存条件、营养成分表等。

12. 商品编号

点击【生成编号】自动生成。

13. 商品标题

会自动带出，需要手动删除括号内的内容，和前面填写的商品标题保持一致。

14. 价格

销售价格：对应商品报价单中"销售价格"；结算价格：对应商品报价单中"结算价格"。

15. 商品图片上传

点击【编辑商品图片】上传图片，图片要求：每张图片尺寸为 800×800px。

16. 平台审核

通过后会在【在售商品】处显示。

（二）修改商品信息

1. 修改商品信息

在【商品管理】处点击【在售商品】，需要修改商品信息时点击【编辑商品】进行修改商品名称、其他平台链接，其他信息暂不支持修改。平台未审核通过前，修改商品的信息会展示在【商品管理】中【审核商品】的待审核菜单里。

2. 修改货品信息

在【商品管理】处点击【在售商品】点击操作栏中的三角处出现下拉菜单，点击【编辑货品】，进入新的界面后，继续点击【编辑货品】，进行货品名称、库存的修改。

主图的修改：在【商品管理】处点击【在售商品】，点击操作栏中的三角处出现下拉菜单，点击【编辑货品】，进入新的界面后，点击操作栏中的三角处出现下拉菜单，点击【编辑图片】，选择图片进行修改，平台未审核通过前，修改货品的信息会展示在【商品管理】中【审核货品】里。

3. 【审核商品】内各信息

【审核未通过】为提交审核后被平台退回的商品，此处会显示退回原由，若不知如何修改请联系平台对接人员；

【禁售】为被查出有问题的被平台操作禁售的商品，会显示禁售原因，若不知如何修改请联系平台对接人员；

【在售-待审核】为修改商品信息的在售商品，通过审核后方能展示修改后的商品信息。

4. 批量修改库存

在【商品管理】处点击【修改库存】，点击【下载导入模板】后会得到商品库存修改导入模板，在模板中填写需修改库存商品的货品编号和商品库存量。

（三）商品订单管理

平台在线支付订单和企业购订单，及对应的售后订单，分别至于两个列表模块，请分别查看。

为避免发货期间有退单情况，发货后务必及时填写单号，发现订单信息有变化后，以便可以及时处理。

1. 企业购订单管理

72h 内必须发货，特殊情况需向平台商品群报备。

在【订单管理】点击【企业购订单】，点击【一键发货】，选择相应物流公司并填写物流单号。

若无相应的物流公司，需在【我的店铺】中点击【物流管理】，点击【新建物流】，在【选择物流】中选择需添加的物流，点击保存。

若订单货物为商家自行配送，需在【选择物流】中编辑【线下】点击【线下配送】，进行保存。

再次回到【订单管理】中点击【一键发货】，新添加的物流公司信息便会出现，选择相应的物流，填写物流单号即可。

2. 个人订单管理

个人订单发货处理。在【订单管理】点击【订单列表】，点击【一键发货】，选择相应物流公司并填写物流单号（流程与企业购订单发货操作方式相同）。

个人订单退货处理。需不定时查看【订单管理】中【退单列表】并及时处理，超过24h未处理，系统将自动通过客户的退款申请。

（四）申请退款订单全流程

1. 个人订单

待发货订单：客户申请退款后，商家同意后退款成功；若商家不及时处理，72h后会自动同意退款。

已完成订单：订单完成后15天内客户可申请售后，商家同意申请后，客户上传退货物流单号/商家上传补发物流单号，若商家不及时处理，72h后会自动同意售后申请。

2. 企业购订单

待发货企业购订单客户申请取消，由平台审核，并在微信群内告知商户。

已完成订单：订单完成后15天内客户可申请售后，商家同意申请后，订单变为交易关闭，若商家不及时处理，72h后会自动同意售后申请，若商家拒绝，由平台复审售后。

第四节 对外捐赠规范管理

一、对外捐赠分类

公司对外捐赠投向主要包括以下三类。

1. 救济性捐赠

向受灾地区、定点帮扶地区、定点援助地区或者困难的社会弱势群体提供的用于生产、生活救济救助的捐赠。

2. 公益性捐赠

向教育、科学、文化、卫生医疗、体育事业、环境保护及节能减排等社会公益事业的捐赠。

3. 其他捐赠

即除上述捐赠之外，向其他社会公共福利事业的捐赠。

二、对外捐赠原则

对外捐赠坚持量力而行的原则，开展捐赠应充分考虑自身经营规模、盈利能力、负债水平、现金流量等财务承受能力，合理确定对外捐赠支出规模和标准。经营亏损或者捐赠行为影响正常生产经营的，一般不安排对外捐赠支出。

三、管理机构职责

（1）国网外联部负责公司对外捐赠统筹管理；负责对公司各级单位捐赠事项进行审批和备案；负责公司对外捐赠的统计及向国务院国资委备案。

（2）国网财务部负责对外捐赠的全面预算、会计核算和税务管理；负责向国资委报送公司对外捐赠预算专项报告。

（3）各分部、省公司、直属单位对外联络工作部门负责协调本单位对外捐赠事宜；负责对本单位及所属各级单位捐赠事项统一报批或报备工作；负责对所属各级单位捐赠事项在职权范围内进行审批；负责汇总本单位及所属各级单位捐赠信息并按要求报送。

（4）各分部、省公司、直属单位的所属各级单位对外联络工作部门负责协调本单位对外捐赠事宜，按要求开展捐赠事项报批或报备工作，按要求报送捐赠信息。

四、项目实施

（1）选择捐赠项目时，应符合公司公益品牌化发展要求，落实公司公益品牌建设有关安排。

（2）实施捐赠应当通过国家电网公益基金会、依法成立的其他慈善机构、其他公益性机构或政府有关部门进行。对于缺乏法律法规或其他合理依据的摊派性捐赠，应予以拒绝。一次性捐赠支出超过 50 万元（不含本数）的项目，原则上应通过国家电网公益基金会实施。

（3）实施捐赠应认真审核受赠方资质，需签订合同时应使用公司对外捐赠统一合同文本。

（4）实施捐赠应加强捐赠项目过程跟踪，积极开展对外捐赠品牌传播，确保捐赠收到良好社会效果。对主动发起实施的超过 50 万元（含本数）的项目，应于项目完成后 3 个月内督促受赠方出具项目评估或总结报告，由各分部、省公司、直属单位统一报送至国网外联部。

（5）公司各级单位应于每季度 5 日前，通过各分部、省公司、直属单位统一向国网外联部报送上季度发生的对外捐赠信息。对外捐赠信息应按照规定的格式报送。

（6）捐赠流程（见图 8-21）：

1）村委会向帮扶单位提出捐赠项目需求。

2）经过捐赠单位党委会审议后逐级上报省公司。

3）省公司乡村振兴办会同宣传部审核，初审通过后由市级捐赠单位正式行文上报至省公司乡村振兴办。

4）捐赠合同及票据。省公司下达捐赠项目后，各级单位组织完成捐赠合同签订及票据收集，于每年 6 月 30 日前报送省公司乡村振兴办，每年 10 月 30 日前完成项目实施及竣工验收，并将验收报告按标准格式上报省公司乡村振兴办，捐赠合同模板以国网公司一级经法系统捐赠合同标准为准。

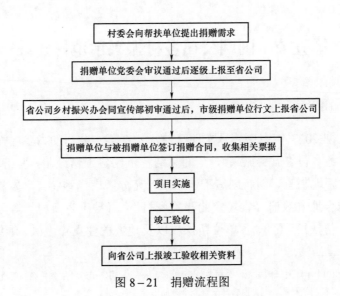

图 8-21　捐赠流程图

五、财务处理

（1）对外捐赠支出应当按照国家和公司有关财务会计制度规定进行账务处理。

（2）实际发生的捐赠支出，应当依据受赠方出具的财政部门统一印制的捐赠收据或者捐赠资产交接清单确认。

（3）对外捐赠应当按照税收法律法规的相关规定申报纳税扣除。

（4）公司各级单位应当在年度财务决算中如实反映对外捐赠情况，包括捐赠事项、金额、相关部门审核意见及审批手续等。

六、监督与检查

（1）公司总部不定期组织对公司各级单位对外捐赠事项进行检查或抽查。对未按规定程序决策、未及时履行批准或备案手续、未实行预算管理、未及时报送信息等不规范行为予以通报，并纳入工作评价。对于以权谋私、将企业的资产以个人名义对外捐赠等违法违规行为，依法依规予以处理。

（2）公司各级单位监察、审计等部门负责对外捐赠管理的监督检查，及时对捐赠支出的事项、决策程序、预算安排等方面开展监督检查。

【提示】由帮扶单位每年开展捐赠项目运营状况自评估，建立问题整改台账。❶

第五节　国网公司乡村振兴示范村建设

一、工作思路

深入贯彻 2023 年中央一号文件精神，认真落实公司助力乡村振兴工作部署，聚焦服务乡村"五个振兴"，全面总结示范创建工作经验，坚持政企协同、开放合作、因地制宜、创新创造工作原则，充分考虑当地特点、发展程度、实际需求，结合地方政府"宜居宜业和美乡村""百县千乡万村"等创建活动，在公司定点帮扶县（区）、各单位帮扶村以及地方关注重点地区，继续打造 100

---

❶ 国网公司于 2014 年印发《国家电网公司对外捐赠管理办法》，明确了对外捐赠总则、管理机构职责、管理程序、项目实施、财务处理、监督与检查 6 个方面内容。

个具备电网企业帮扶特色的助力乡村振兴示范村,推动公司示范村创建国家乡村振兴"百县千乡万村"示范,更好展示公司服务"三农"工作成效,擦亮国家电网"电靓和美乡村"特色品牌。

二、创建重点

(一)供电基础坚实可靠

立足主责主业,深入实施农村电网巩固提升工程,确保低压配网布局合理、供电安全可靠。办电服务落实"三零""三省"工作要求,简化办电流程,压缩接电时间,满足示范村发展需要,展示公司优质服务成果。结合实际打造新型电力系统或综合能源示范项目,因地制宜推广乡村电气化模式,推介绿色高效家电,开展新能源汽车下乡活动,引导示范村转变生产生活方式,提高终端电能消费占比,形成能源生产消费清洁绿色转型示范。

(二)乡村产业稳定发展

发挥公司资金、管理、技术、平台等优势,通过公司帮扶项目、技术引进、服务培训、消费帮扶等多种方式,帮助培育、支持示范村特色产业发展,不断壮大村集体经济。加强重点产业、清洁能源开发等项目服务,主动对接需求,切实做好供电保障。依托示范村创建,打造新型电力系统、能源综合利用等示范工程,展示新型电力系统、源网荷储互动等前沿技术成果,引导示范村产业走"清洁能源 + 乡村振兴"道路,推动分布式光伏、生物质等清洁能源与农业、旅游业耦合发展。

(三)村庄环境美丽宜居

巩固提升农村"三线"搭挂治理成效,通过排查整改、加强巡视等措施,杜绝电力线、通信线、电视线"蜘蛛网"问题。组织开展安全用电宣传和志愿者服务活动,普及安全用电知识,帮助排查消除用电隐患。落实地方农村人居环境整治安排,做好村容村貌优化保护工作,支持示范村生活垃圾、污水治理、厕所粪污、易腐烂垃圾、有机废弃物就近就地资源化利用等,同步做好配套供电服务。

(四)公共服务延伸下沉

建设电力便民服务示范点,将助力乡村振兴示范创建与"村网共建"模式推广相结合,推动示范村电力服务融入乡村公共服务体系,展示"村网共建"

模式建设成果，引导当地公共服务资源向村社延伸。鼓励探索创新电力便民服务工作的方式方法，推动供电业务高效办理，更好发挥服务效能。

（五）乡村治理和谐有效

充分发挥驻村第一书记和工作队作用，落实地方政府帮扶要求，以党建引领乡村治理，丰富示范村基层党组织结对共建活动，增强示范村党组织治理能力。推广枫桥经验，建立健全用电矛盾纠纷预防、调解、化解机制。规范电力爱心超市建设运营，落地线上数字化管控平台，充分发挥电力爱心超市作用，组织开展乡村治理、移风易俗等活动，引导村民讲文明、树新风、做好事。

三、工作安排

（一）方案评审

各单位全面开展宣贯动员，指导基层单位和驻村帮扶干部因地制宜、科学编制示范创建方案，经本单位初选后报送至国网乡村振兴办。国网乡村振兴办将组织专家对各单位申报方案进行集中评审。

（二）组织创建

各单位按照审定方案，统筹相关资源，安排落地帮扶项目，积极推进示范创建工作。各单位定期报送工作进展和典型经验，国网乡村振兴办适时组织开展现场指导、经验交流等活动。国网乡村振兴办将根据工作实际，组织修订《国家电网公司助力乡村振兴示范村评审认定标准》。

（三）验收认定

各单位对照评价标准（修订后印发），开展示范创建工作自评总结，形成验收报告和推荐意见，报送至国网乡村振兴办。国网乡村振兴办将组织相关专家进行综合评审，认定并发布国网助力乡村振兴示范村名单、颁授奖牌。认定的示范村典型经验做法和创新模式收入《国网助力乡村振兴典型案例集》并出版。❶

---

❶《国网乡村振兴办关于全面深化助力乡村振兴示范创建工作的通知》（国网乡振办〔2023〕5号）。

第三篇 电力服务篇

本篇分为三章,包括电价电费、业扩报装、低压用电安全检查服务。收录了常用的电价业务知识及电价政策、业扩报装及执行要求,方便相关人员在工作中参考。

第九章　电价电费

本章根据近年来各级政府价格管理部门出台的电价政策文件，整理了现行电价标准和应用范围，便于相关人员准确掌握、正确执行。

第一节　农业生产用电价格

一、农业生产电价

（一）电价标准

农业生产电价标准见表 9-1。

表 9-1　　　　　　　　　　农 业 生 产 电 价 标 准

用电分类 （用电类别）	电压等级	电度电价（元/kWh）		
		平段电价	高峰电价	低谷电价
农业生产用电 （陕西电网）	不满 1kV	0.5164	0.7740	0.2588
	1~10（20）kV	0.5084	0.7620	0.2548
	35kV 及以上	0.4984	0.7470	0.2498
农业生产用电 （榆林地区）	不满 1kV	0.4808	0.7212	0.2404
	1~10（20）kV	0.4728	0.7092	0.2364
	35kV 及以上	0.4628	0.6942	0.2314

（二）适用范围

（1）农业用电：是指各种农作物的种植活动用电。包括谷物、豆类、薯类、棉花、油料、糖料、麻类、烟草、蔬菜、食用菌、园艺作物、水果、坚果、含油果油、饮料和香料作物、中药材及其他农作物种植用电，以及农业经济作物灌溉和排涝用电。

（2）林木培育和种植用电：是指林木育种和育苗、造林和更新、森林经营和管护等活动用电。其中，森林经营和管护用电是指在林木生长的不同时期进行的促进林木生长发育的活动用电。

【提示】林木培育、农业科研单位种子培育等种植活动用电执行农业生产电价。观赏性花草、盆景园艺作物用电执行一般工商业电价。

（3）畜牧业用电：是指为了获得各种畜禽产品而从事的动物饲养活动用电。不包括专门供体育活动和休闲等活动相关的禽畜饲养用电。

【提示】畜禽是哺乳纲和鸟纲范围内的家养动物，据《国家畜禽遗产资源目录》（简称《目录》）规定列入 33 种畜禽，包括传统畜禽 17 种：猪、牛（普通牛、瘤牛、水牛、牦牛、大额牛）、羊（绵羊、山羊）、马、驴、鸡、骆驼、兔、鸭、鹅、鸽、鹌鹑；特种畜禽 16 种：羊驼、火鸡、鸵鸟、梅花鹿、珍珠鸡、雉鸡、鹧鸪、鸸鹋、番鸭、绿头鸭、貉、马鹿、驯鹿、水貂、银狐、北极狐等。宠物养殖、野生动物养殖用电执行一般工商业电价。

（4）渔业用电：是指在内陆水域对各种水生动物进行养殖、捕捞，以及在海水中对各种水生动植物进行养殖、捕捞活动用电。不包括专门供体育活动和休闲钓鱼等活动用电以及水产品的加工用电。

（5）农产品初加工用电：是指对各种农产品（包括天然橡胶、纺织纤维原料）进行脱水、凝固、去籽、净化、分类、晒干、剥皮、初烤、沤软或大批包装以提供初级市场的用电。包括用于果蔬保鲜贮藏的气调库和冷藏库用电。不包括直接以农、林、牧、渔产品为原料进行的谷物磨制、饲料加工、植物油和制糖加工、屠宰及肉类加工、水产品加工，以及蔬菜、水果、坚果等农副食品加工业用电。

【提示】

（1）《中华人民共和国农产品质量安全法》所称农产品，是指来源于农业的初级产品，即在农业活动中获得的植物、动物、微生物及其产品。对农产品加工应严格区分用户产出是否属于农产品的初加工。从分类上讲，当产出面向的是终端消费市场，用电分类应属于农副食品加工业。建议各类用户根据产出准确核对查找国民经济行业用电分类。

（2）农产品初加工用电包括以下：

粮食初加工：是指小麦、稻谷的净化、晒干及米糠清理；玉米的筛选、脱皮、净化、晒干用电；薯类的清洗、去皮用电；食用豆类的清理去杂、浸洗、晾晒用电；燕麦、荞麦、高粱、谷子等杂粮清理去杂、晾晒及米糠等粮食的副产品的清理用电。

蔬菜初加工：新鲜蔬菜的清洗、挑选用电。

水果初加工：新鲜水果（含各类山野果）的清洗、剥皮、分类用电。

油、糖料植物初加工：是指菜籽、花生、大豆、葵花籽、蓖麻籽、芝麻、胡麻籽、茶子、桐子、棉籽、红花籽、甘蔗等各种糖、油料植物的清理、清洗、破碎等简单加工用电。

茶叶初加工：是指毛茶或半成品原料茶的筛、切、选、拣、炒等初加工活动用电。

药用植物初加工：各种药用植物的挑选、整理、捆扎、清洗、晾晒用电。

纤维植物初加工：棉花去籽、麻类沤软用电。

天然橡胶初加工：天然橡胶去除杂质、脱水用电。

烟草初加工：烟草的初烤用电。

大批包装：各类农产品初加工过程中的大批包装以提供初级市场的用电。

（3）奶牛养殖专业合作社用电性质价格执行农业生产用电价格。❶

二、农业灌溉电价

（一）电价标准

农业灌溉电价标准见表9-2。

表9-2　　　　　　　　　农业灌溉电价标准

用电分类（用电类别）		电压等级	电度电价（元/kWh）
农业排灌（陕西电网）		不满1kV	0.2994
		1～10（20）kV	0.2974
		35kV及以上	0.2944
农业排灌（榆林地区）		不满1kV	0.2668
		1～10（20）kV	0.2648
		35kV及以上	0.2618
其中	深井、高扬程农业排灌（陕西电网）	50～100m	0.2794
		100～300m	0.2694
		300m以上	0.2594

---

❶《陕西省物价局关于规范销售电价分类适用范围有关事项的通知》（陕价商发〔2018〕65号）、《陕西省物价局》（陕价价函〔2011〕199号）。

续表

用电分类（用电类别）		电压等级	电度电价（元/kWh）
其中	深井、高扬程农业排灌（榆林地区）	50～100m	0.2468
		100～300m	0.2368
		300m 以上	0.2268

（二）适用范围

农业灌溉用电：是指为粮食作物生产服务的灌溉及排涝用电。

1. 粮食作物的灌溉及排涝用电

【提示】粮食作物：经加工而成为人类基本食粮的作物。粮食作物分类：粮食作物分为谷类作物、薯类作物和豆类作物三大类。其中：谷类作物包括小麦、水稻、玉米、燕麦、黑麦、大麦、谷子、高粱和青稞等，薯类作物包括甘薯、马铃薯等，食用豆类作物包括大豆、蚕豆、豌豆、绿豆、小豆等，一般用作人类主食。

2. 农村饮水安全工程供水用电

农村饮水安全工程是指经县级以上（含县级）有关部门批准建设的，向县（市）以下（不含县城城区）的乡镇、村庄、学校、农场、林场等居民区及分散住户供水的工程，又称农村供水工程或村镇供水工程，主要满足农村居民日常生活用水需要。包括取水、制水、输水等过程的生产性用电，不包括供水运行机构办公、生活等用电。

县级水利部门要明确辖区内符合执行农业排灌电价标准的供水工程，并建立清单函告同级电力部门，电力部门根据水利部门提供的工程清单，对应执行农村饮水安全工程供水用电价格政策。❶

3. 深井、高扬程农业排灌用电

（1）深井、高扬程定义。深井、高扬程中扬程是指动水位到出水口的扬程，扬程应按设计扬程计算，没有设计扬程的，按实测扬程计算。

（2）深井、高扬程示意图见图 9-1 和图 9-2。

---

❶《陕西省发展和改革委员会关于农村饮水安全工程供水用电价格有关问题的通知》（陕发改价格〔2019〕933 号）、《陕西省水利厅关于明确农村饮水安全工程供水用电价格政策执行范围的通知》（陕水农发〔2019〕41 号）。

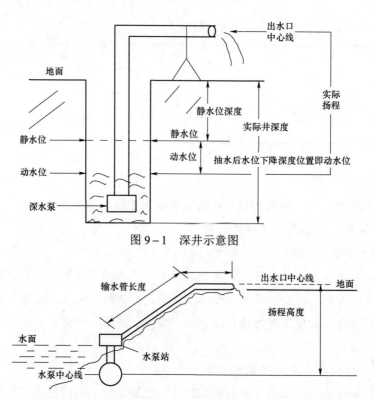

图9-1 深井示意图

图9-2 高扬程示意图

【提示】深井、高扬程排灌电价只能是符合条件的粮食作物灌溉用电才能执行。农村饮水安全工程用电不能执行深井、高扬程排灌电价。❶

三、农业用电执行功率因数调整电费

农业用电执行功率因数调整电费见表9-3。

表9-3　　　　　　　　　农业用电执行功率因数调整电费

功率因数标准	适用范围
0.9	315kVA 及以上的农业排灌用户
0.85	100kVA（kW）及以上的农业排灌用户
0.8	100kVA（kW）及以上的农业生产用户❷

❶《陕西省物价局关于规范销售电价分类适用范围有关事项的通知》（陕价商发〔2018〕65号）、《关于调整陕西电网发电企业上网电价有关事项的通知》（陕价商发〔2013〕100号）。

❷《关于贯彻国家计委调整陕西电网电力价格有关问题的通知》（陕价电发〔1999〕79号）。

第二节 居民生活用电价格

一、电价标准

居民生活用电电价标准见表9-4。

表9-4 居民生活用电电价标准

类别	电压等级（kV）	陕西电网（元/kWh）	榆林地区（元/kWh）
居民生活用电	不满1	0.4983	0.49
	1～10	0.4983	0.49
	35	0.4983	0.49

二、适用范围

居民生活用电价格，是指城乡居民家庭住宅，以及机关、部队、学校、企事业单位集体宿舍的生活用电价格。

城乡居民住宅小区公用附属设施用电（不包括从事生产、经营活动用电），电锅炉用电，执行居民生活用电价格。

学校教学和学生生活用电、社会福利场所生活用电、宗教场所生活用电、城乡社区居民委员会服务设施用电以及监狱监房生活用电，执行居民生活用电价格。

凡利用居民住宅从事生产、经营活动用电，应按用电性质分表计量，不能分表计量的，可根据设备容量由双方协商确定各类用电比例，执行相应电价。❶

三、价格分类

（一）居民阶梯电价

1. 电价标准

居民阶梯电价标准见表9-5。

---

❶《陕西省物价局关于规范销售电价分类使用范围有关事项的通知》（陕价商发〔2018〕65号）。

表 9-5 居 民 阶 梯 电 价 标 准

类别	档次	陕西电网（元/kWh）	榆林地区（元/kWh）
实行"一户一表"的城乡居民用户	第一档：年累计电量在 2160kWh（180kWh×12 个月）及以下的	0.4983（基础价）	0.49（基础价）
	第二档：年累计电量在 2161～4200kWh（350kWh×12 个月）的	0.5483（上浮 0.05）	0.54（上浮 0.05）
	第三档：年累计电量在 4201kWh 及以上的	0.7983（上浮 0.30）	0.79（上浮 0.30）
实行居民电采暖政策的"一户一表"城乡居民用户	第一档：年累计电量在 1260kWh（180kWh×7 个月）及以下的	0.4983（基础价）	0.49（基础价）
	第二档：年累计电量在 1261～2450kWh（350kWh×7 个月）的	0.5483（上浮 0.05）	0.54（上浮 0.05）
	第三档：年累计电量在 2451kWh 及以上的	0.7983（上浮 0.30）	0.79（上浮 0.30）

注 执行居民电采暖用电价格政策的"一户一表"居民用户每年 11 月 1 日至次年 3 月 31 日的用电量不执行居民阶梯电价。

2. 执行范围

陕西省实行"一户一表"的城乡居民用户。居民用户以住宅为单位，一个房产证明对应的住宅为一户。没有房产证明的，以供电企业为居民用户安装的电表（合表用户除外）为单位。

3. 分档加价标准

（1）实行"一户一表"的城乡居民每月电量划分为三档，电价实行分档递增。第一档用电价格维持现行电价不加价；第二档用电价格在第一档电价基础上每千瓦时提高 0.05 元；第三档用电价格在第一档电价基础上每千瓦时提高 0.3 元。

（2）综合考虑用电季节性差异等因素，陕西省居民阶梯电价按年为周期执行（当年 7 月 1 日起至次年 6 月 30 日相对应的抄表时间为一个执行周期）。现行按月抄表并结算电费的方式不变，当阶梯年内累计电量达到分档临界点后，即开始阶梯加价。居民用户因新报装用电、改变用电类别、过户、更换表计等原因发生用电变更，在同一阶梯年内实际用电月份不足一年的，按照实际用电月份计算分档电量，用电天数不足一个月的按一个月计算，执行相应的分档电价标准。❶

---

❶《关于居民生活用电试行阶梯电价有关问题的通知》（陕价商发〔2012〕73 号）。

4. 电采暖电价政策

（1）执行居民电采暖用电价格政策的"一户一表"居民用户，每年 11 月 1 日至次年 3 月 31 日的用电量不执行居民阶梯电价政策，即按照居民阶梯第一档电价不加价执行，年内其他月份执行相对应的居民阶梯电价。

（2）政策实施范围为我省非市政集中供暖的采用电锅炉、电地热、电热膜、空调等方式取暖的"一户一表"居民用户（含小区自备锅炉）。

（3）汉中、安康、商洛陕南三市"一户一表"居民用户无须申请和认定，直接执行我省居民采暖用电价格政策。不愿意执行居民电采暖用电价格政策的用户，需持居民身份证、用电户号等信息及时向当地供电部门申请。

【提示】申请执行居民电采暖政策的"一户一表"居民客户，也可申请居民峰谷分时电价政策，电采暖政策无执行年限规定。❶

（二）居民合表户电价

1. 电价标准

居民合表户电价标准见表 9-6。

表 9-6 居民合表户电价标准

类别	电压等级（kV）	陕西电网（元/kWh）	榆林地区（元/kWh）
居民生活用电	不满 1	0.4983	0.49
	1~10	0.4983	0.49
	35	0.4983	0.49

2. 执行范围

未实行"一户一表"的合表居民用户暂不执行居民阶梯电价，维持 2012 年 7 月 1 日前价格水平不变，不得提高。多层、多户、多套住宅（别墅除外）共表的用户暂按合表用户对待。

对于由供电部门直抄到户的"一户一表"城中村房屋出租户，能够分线分表分户计量的，由供电部门予以分户计量，执行居民阶梯电价，分户前和不能分户的按照目录电价每千瓦时提高 1.26 分进行结算（销售电价为每千瓦时 0.5109 元）。

保障性租赁住房是指利用非居住存量土地和非居住存量房屋建设的保障

---

❶《陕西省发展和改革委员会关于进一步明确我省居民电采暖用电价格政策的通知》（陕发改价格〔2020〕1450 号）。

性租赁住房，取得由县级以上住建部门核发的保障性租赁住房项目认定书后，属于居住性质的住户，用电按照居民生活类价格执行。

【提示】合表户暂不执行居民阶梯电价。继续做好未移交小区接收改造工作，对于 2019 年按照程序确认的、尚未同意移交改造的存量小区，具备条件可启动改造接收工作。❶

（三）执行居民生活电价的非居民用户电价

1. 电价标准

执行居民生活电价的非居民用户电价标准见表 9-7。

表 9-7　　　　　　执行居民生活电价的非居民用户电价标准

类别	电压等级（kV）	陕西电网（元/kWh）	榆林地区（元/kWh）
执行居民生活电价的非居民用户	不满 1	0.5109	0.4973
	1～10	0.5109	0.4973
	35	0.5109	0.4973

　注　执行居民生活电价的非居民用户，暂不执行居民阶梯电价。

2. 执行范围

（1）机关、部队、学校、企事业单位集体宿舍的生活用电。

（2）城乡居民住宅公用附属设施用电。是指城乡居民家庭住宅小区内的公共场所照明（含乡村道路照明）、电梯、电子防盗门、电子门铃、增压水泵、消防、绿地、喷泉、景观、门卫、车库等非经营性用电。包括向居民供暖（制冷）的地热源热泵、干热岩供热、污水源热泵等环保节能设备用电；居民家庭住宅、居民住宅小区（含车库）、执行居民电价的非居民用户中设置的电动汽车充换电设施的用电。

【提示】不包括物业管理办公场所、经营性场所、收费经营的车场车库，市政管理的小区路灯以及通信运营商等位于小区内的用电设施生产、经营活动用电。

（3）电锅炉用电。电锅炉用电是指居民住宅小区，省级机关和驻陕部队办

---

❶《关于保障性租赁住房水电气热价格政策的通知》陕发改价格〔2023〕110 号、《关于我省居民生活用电试行阶梯电价的补充通知》（陕价商发〔2012〕107 号）、《关于居民生活用电试行阶梯电价有关问题的通知》（陕价商发〔2012〕73 号）、《国家发展改革委印发关于居民生活用电实行阶梯电价的指导意见的通知》（发改价格〔2011〕2617 号）。

公、休养所、老干所，楼堂馆所、大型商务等使用电热锅炉、蓄热式电锅炉、空调冰（水）蓄冷装置用电。

（4）学校教学和学生生活用电。学校教学和学生生活用电是指学校的教室、图书馆、实验室、体育用房、校系行政用房等教学设施，以及学生食堂、澡堂、宿舍等学生生活设施用电。

执行居民用电价格的学校，是指经国家有关部门批准，由政府及其有关部门、社会组织和公民个人举办的公办、民办学校，包括：① 普通高等学校（包括大学、独立设置的学院和高等专科学校）；② 普通高中、成人高中和中等职业学校（包括普通中专、成人中专、职业高中、技工学校）；③ 普通初中、职业初中、成人初中；④ 普通小学、成人小学；⑤ 幼儿园（托儿所）；⑥ 特殊教育学校（对残障儿童、少年实施义务教育的机构）。不含各类经营性培训机构，如驾校、烹饪、美容美发、语言、电脑培训等，以及机关、企事业单位培训机构、非学生参加劳动实习为主的校办企业等生产经营用电。党校符合学校教学和生活用电政策范围。

（5）社会福利场所生活用电。社会福利场所生活用电是指经县级及以上人民政府民政部门批准，由国家、社会组织和公民个人举办的，为老年人、残疾人、孤儿、弃婴提供养护、康复、托管等服务场所的生活用电。

其中，养老托育服务机构是指经县级以上民政部门备案，为老年人提供全日集中住宿和照料护理服务的养老机构和居家社区养老服务机构；托育服务机构是指经县级以上卫生健康部门备案，为 3 岁以下婴幼儿提供全日托、半日托、临时托等抚育服务的机构。养老托育服务机构用电按照执行居民价格的非居民用户价格标准执行。❶

（6）宗教场所生活用电。宗教场所生活用电是指经县级及以上人民政府宗教事务部门登记的寺院、宫观、清真寺、教堂等宗教活动场所常住人口和外来暂住人员的生活用电。

（7）监狱监房生活用电。监狱监房生活用电是指由司法行政部门批准的监狱监房生活用电。

（8）城乡社区居民委员会服务设施用电。城乡社区居民委员会服务设施用电是指城乡居民社区居民委员会（村民委员会）工作场所及非经营公益服务设

---

❶《陕西省发展和改革委员会陕西省民政厅陕西省卫生健康委员会关于进一步明确养老托育服务机构水电气热价格政策的通知》（陕发改价格〔2023〕150 号）。

施的用电。包括城乡社区党支部、居民委员会办公室、警务室、图书室、社会保障和救助站、卫生计生服务站、文体活动指导站、室外活动广场等为社区居民提供公益性服务和活动的场所用电。用于出租等盈利性质的社区服务设施不在此范围内。❶

（9）农村生活污水处理设施用电。农村生活污水处理设施用电的申请，应向供电企业提供县级以上生态环境部门核发的农村生活污水处理设施确认表。

【提示】农村生活污水处理设施用电原则上应在供电企业单独立户分表计量，不具备单独立户条件或未分表计量的，转供电主体应通过安装独立计量装置或采用定量（定比）方式分别计价计费。❷

（10）居民电动汽车充电桩用电。是指在居民家庭住宅、居民住宅小区、执行居民电价的非居民用户中设置的，由电网企业直接抄表、收费到户的电动汽车充电桩用电执行居民的非居民电价标准。高峰时段为：7:00—23:00；低谷时段为：23:00—次日7:00。❸

（四）居民峰谷分时电价政策

1. 电价标准及时段划分

居民峰谷分时电价标准及时段划分见表9-8。

表9-8　　　　　　　　居民峰谷分时电价标准及时段划分

用电分类	电网区域	高峰	低谷
		8:00—20:00	20:00—次日8:00
"一户一表"居民用户	陕西	0.5483	0.2983
	榆林	0.54	0.29
执行居民生活电价的非居民用户	陕西	0.5609	0.3109
	榆林	0.5609	0.3109
居民合表户		不执行	不执行

❶《陕西省物价局关于规范销售电价分类适用范围有关事项的通知》（陕价商发〔2018〕65号）、《国网陕西省电力公司关于转发陕西省物价局〈关于规范销售电价分类适用范围有关事项的通知〉的通知》（陕电财〔2018〕33号）、《陕西省物价局关于规范居民生活用电价适用范围的通知》（陕价商发〔2014〕99号）、《国家发展改革委关于调整销售电价分类结构有关问题的通知》（发改价格〔2013〕973号）。
❷《陕西省发展和改革委员会陕西省生态环境厅关于农村生活污水处理设施用电价格政策的通知》（陕发改价格〔2023〕261号）。
❸《陕西省发展和改革委员会关于居民电动汽车充电桩分时电价政策有关事项的通知》（陕发改价格〔2023〕1487号）。

2. 执行范围

一是陕西省电网企业直接抄表、收费到户的城乡居民用户，即实行"一户一表"居民用户（不含居民合表用户）。二是执行居民电价的非居民用户。上述用户可自愿选择执行居民峰谷分时电价政策，时间以年为周期，原则上一年内不作调整。

城乡居民用户选择执行峰谷分时电价后，每年 11 月 1 日至次年 3 月 31 日用电量全部执行居民阶梯第一档电价，年内其他月份执行相对应的居民阶梯电价。

【提示】对总表下存在执行居民电价的非居民性质负荷的，需装表计量方可执行。对未装表但具备分表分线条件的，由供电企业安装分时表计后执行。❶

第三节　工商业用电价格

工商业用电是指除居民生活及农业生产以外的用电。

按照电力体制改革"管住中间、放开两头"总体要求，推动工商业用户全部进入市场，按照市场价格购电，取消工商业目录销售电价。对暂未直接从电力市场购电的用户由电网企业代理购电，代理购电价格主要通过场内集中竞价或竞争型招标方式形成。

一、市场化用户电价

市场化用户分为批发市场用户和零售市场用户。批发市场用户是指参加批发市场交易，直接向发电企业购电的电力用户；零售市场用户是指参与零售市场交易，向售电公司购电的电力用户。

零售市场用户执行零售套餐结算，现阶段暂由交易公司统一确定零售套餐类型，并制定零售套餐模板，供售电公司和电力用户选择。目前主要分为四类：固定零售价格类、批发均价＋固定代理价格类、分时固定零售价格类、分时批发均价＋固定代理价格类（目前陕西仅实行前两个套餐）。

---

❶《陕西省物价局关于调整我省居民生活用电峰谷时段划分的通知》（陕价商发〔2018〕83 号）、《陕西省物价局关于进一步完善我省居民生活用电价格政策的通知》（陕价商发〔2017〕97 号）、《国网陕西省电力公司居民峰谷和电采暖电价政策操作实施规范》（陕电营销〔2017〕112 号）。

（一）政策依据

依据《国家发展改革委关于第三监管周期省级电网输配电价及有关事项的通知》（发改价格〔2023〕526 号）、《陕西省电力中长期交易规则》（西北能监市场〔2023〕3 号），市场化用户用电价格由市场交易价格、上网环节线损费用、输配电价、系统运行费、政府性基金及附加组成。

（二）电价构成

（1）市场交易电价。市场交易电价由交易公司提供，其中：

批发用户的市场交易电价包含批发交易合同电量电价、偏差电量电价及其他电价等。

零售用户的市场交易电价包含零售套餐电价及其他电价。

无合同的批发用户或零售用户，市场交易电价包含 1.1 倍月度集中竞价交易成交均价及其他电价。

（2）上网环节线损费用。市场化批发用户按照交易中心提供的用户合同加权均价计算，某月上网环节线损费用=用户签订合同加权均价×（线损率/（1−线损率））×该户当月结算电量。

市场化零售用户，按照交易中心提供的用户零售合同电价计算，某月上网环节线损费用=用户签订的零售合同电价×［线损率/（1−线损率）］×该户当月结算电量。

（3）输配电价。省级电网输配电价指省级电网企业为使用其经营范围内共用网络的用户提供输配电服务的价格。省级电网输配电价在每一监管周期开始前核定，监管周期暂定为三年。输配电价按照第三监管周期陕西电网输配电价列示。

陕西电网输配电价分为一般工商业用电（单一制）和大工业用电（两部制），各电压等级输配电价（含增值税、区域电网容量电费、对居民和农业用户的基期交叉补贴）详见表 9−9。

表 9−9　　　　　　市场化用户各电压等级输配电价标准

电压等级	一般工商业用电（单一制）	大工业用电（两部制）			
		电量电价（元/kWh）		容（需）量电价［元/（kW·月）］	
	电量电价（元/kWh）	榆林	陕西	需量电价	容量电价
不满 1kV	0.2215	—	—	—	—
1～10（20）kV	0.2015	0.1038	0.1231	35.2	22

续表

电压等级	一般工商业用电（单一制）	大工业用电（两部制）			
		电量电价（元/kWh）		容（需）量电价[元/（kW·月）]	
	电量电价（元/kWh）	榆林	陕西	需量电价	容量电价
35kV	0.1815	0.0838	0.1031	35.2	22
110kV	0.1565	0.0638	0.0831	32	20
220（330）kV	—	0.0538	0.0731	32	20

注 容（需）量电价相关政策详见本章第四节内容。

（4）系统运行费度电折价、输配电价、政府性基金及附加与代理购电用户执行相同标准。

（5）其他相关事项。

1）零售用户执行偏差考核。零售用户偏差电量为其对应类别实际用电量与零售合同当月总合同电量之间的差值。差值为正计为正偏差电量，反之计为负偏差电量。偏差考核电价由售电公司和零售用户在合同中约定，由交易公司向营销部门提供。

2）市场化其他费用：批发用户包括但不限于用户侧超额收益费用、省间调峰辅助服务费用等，零售用户包括但不限于用户侧偏差考核费用、省间调峰辅助服务费用等，均由陕西交易公司提供（省间调峰辅助服务费用需由财务部明确陕西公司相关费用已到账）。

3）对于市场化用户，市场交易电价、输配电价、其他电价参与峰谷浮动计算，上网环节线损电费度电折价、系统运行费度电折价、零售用户市场交易电价中固定代理价格、固定零售价格与批发交易合同加权均价之间的差额，不参与峰谷浮动计算。

4）力调电费中，电能量电费、输配电费和基本电费参与力调电费计算。在《售电公司与电力用户委托代理交易合同》中明确"用户适用功率因数调整电费政策的，按照功率因数调整电费相关规定执行。随电费征收的政府性基金及附加、售电公司代理服务费或零售交易合同电价与交易电价之间的差额不参与功率因数调整电费计算。

二、代理购电工商业用户价格

（一）政策依据

根据《国家发展改革委关于进一步深化燃煤发电上网电价市场化改革的通

知》（发改价格〔2021〕1439 号）、《国家发展改革委办公厅关于组织开展电网企业代理购电有关事项的通知》（发改办价格〔2021〕809 号）、《陕西省发展和改革委员会转发国家发展改革委办公厅关于组织开展电网企业代理购电工作有关事项的通知》（陕发改价格〔2021〕1849 号）文件规定，取消工商业目录销售电价，建立电网企业代理购电机制。

根据政策规定，10kV 及以上用户原则上要直接参与市场交易（直接向发电企业或售电公司购电），暂无法直接参与市场交易的可由电网企业代理购电；鼓励其他工商业用户直接参与市场交易，未直接参与市场交易的由电网企业代理购电；已直接参与市场交易又退出的用户，可暂由电网企业代理购电。

（二）电价构成

依据《陕西省发展和改革委员会转发国家发展改革委办公厅关于组织开展电网企业代理购电工作有关事项的通知》（陕发改价格〔2021〕1849 号）、《国家发展改革委关于第三监管周期省级电网输配电价及有关事项的通知》（发改价格〔2023〕526 号），代理购电工商业用户电价由代理购电价格、上网环节线损费用、输配电价、系统运行费用（包括辅助服务费用、抽水蓄能容量电费等）、政府性基金及附加组成。

1. 代理购电价格

电网企业代理购电价格、代理购电用户电价应按月测算，并提前 3 日通过营业厅等线上线下渠道公布，于次月执行，并按用户实际用电量全额结算电费。

已直接参与市场交易（不含已在电力交易平台注册但未曾参与电力市场交易，仍按目录销售电价执行的用户）在无正当理由情况下改由电网企业代理购电的用户，拥有燃煤发电自备电厂、由电网企业代理购电的用户，用电价格由电网企业代理购电价格的 1.5 倍、上网环节线损费用、输配电价、系统运行费用、政府性基金及附加组成。

2. 上网环节线损费用

上网环节线损费用按上网电价和综合线损率计算。代理购电用户按照财务公示的上网环节线损电价计算，则用户某月上网环节线损费用＝上网环节线损电价×该户某月上网电价对应的结算电量。

上网环节线损费用不参与峰谷电费计算、不参与功率因数调整电费计算。

3. 系统运行费度电折价

系统运行费暂列抽水蓄能容量电费、辅助服务费用、电价交叉补贴新增损益、上网环节线损代理采购损益等服务整个电力系统的费用，由全体工商业用户分摊或分享。

各计量点工商业结算电量×各分项价格系统运行费等于各分项系统运行费之和。

系统运行费不参与力率调整电费计算，不参与峰谷计算。

4. 输配电价

省级电网输配电价指省级电网企业为使用其经营范围内共用网络的用户提供输配电服务的价格。省级电网输配电价在每一监管周期开始前核定，监管周期暂定为三年。输配电价按照第三监管周期陕西电网输配电价列示。

陕西电网输配电价分为一般工商业用电（单一制）和大工业用电（两部制），各电压等级输配电价（含增值税、区域电网容量电费、对居民和农业用户的基期交叉补贴）详见表9-10。

表9-10　　　　代理购电工商业用户各电压等级输配电价标准

电压等级	一般工商业用电（单一制）	大工业用电（两部制）			
		电量电价（元/kWh）		容（需）量电价[元/(kW·月)]	
	电量电价（元/kWh）	榆林	陕西	需量电价	容量电价
不满1kV	0.2215	—	—	—	—
1~10（20）kV	0.2015	0.1038	0.1231	35.2	22
35kV	0.1815	0.0838	0.1031	35.2	22
110kV	0.1565	0.0638	0.0831	32	20
220（330）kV	—	0.0538	0.0731	32	20

注　容（需）量电价相关政策详见本章第四节内容。

5. 政府性基金及附加

政府性基金及附加包括重大水利工程建设基金（0.001125元/kWh）、可再生能源附加（0.019元/kWh）、大中型水库移民后期扶持资金（0.0062元/kWh）三项。

第四节　两部制电价

两部制电价，是将电价分成两部分。一部分称为基本电价，它反映企业用电成本中的容量成本，计算基本电费时，以用户设备容量（千伏安）或用户最大需量（千瓦）为计费依据。另一部分称为电度电价，它反映企业用电成本中的电能成本，在计算电度电费时，以用户实际用电量为计费依据。

一、两部制电价执行依据

按照《国家发展改革委关于第三监管周期省级电网输配电价及有关事项的通知》（发改价格〔2023〕526 号）、《陕西省发展和改革委员会关于第三监管周期陕西电网输配电价有关事项的通知》（陕发改价格〔2023〕876 号）、《陕西省发展和改革委员会关于第三监管周期陕西电网（榆林地区）输配电价有关事项的通知》（陕发改价格〔2023〕881 号）及《国网公司第三周期输配电价落地执行工作指导》要求，对两部制电价执行政策进行了调整。

二、两部制电价执行范围

自 2023 年 6 月 1 日起：

（1）执行一般工商业用电价格的用户，用电容量在 100kVA 及以下的，执行单一制电价；

（2）100～315kVA 的一般工商业用户，若为高压供电用户，可选择执行单一制或两部制电价，若为低压供电（不满 1kV）用户，执行单一制电价；

（3）315kVA 及以上的，2023 年 6 月 1 日后新增的大工业、一般工商业用户（简称工商业用户）均执行两部制电价（见表 9-11）。

表 9-11　　　　　　　　　　两部制电价执行范围

用户分类		单一制	两部制
100kVA 及以下用户		全部	
100～315kVA 的一般工商业用户		可选	可选
315kVA 及以上	存量一般工商业用电执行单一制的	可选	可选
	存量一般工商业用电选择两部制的		全部
	存量大工业用电		全部
	新增大工业用电		全部
	新增一般工商业用电		全部

注意事项：

（1）315kVA 及以上的，现执行单一制电价的用户，指的是 2023 年 6 月 1

日前正式提交用电申请、经确认为一般工商业用电的用户（已选择执行两部制电价的除外），可选择执行单一制或两部制电价。

（2）315kVA 及以上的，2023 年 6 月 1 日前系统有新装、增容、变更等业务在途且未送电的用户，（且变更后用电类别为一般工商业用电的）均可按原电价政策执行。

（3）对实行两部制电价暂免收容量、需量电费的海水淡化、污水处理、电动汽车充换电设施、港口岸电等绿色发展行业用户，继续沿用现有政策。

（4）用户选择单一制、两部制电价，原则上变更周期不少于 12 个月、提前 15 天办理。分时电价、功率因数调整电费等继续按现行标准执行。

（5）原为两部制电价用户，因暂停、减容后容量达不到相应标准执行或选择执行对应用电类别单一制电价的，不受单一制两部制电价选择周期限制，暂停（减容）恢复后，应继续执行两部制电价。截至 2023 年 6 月 1 日在途未停（送）电的用户，均可按上述原则选择。

（6）临时用电统一执行单一制电价。

三、两部制电价的执行方式

按照《供电营业规则》《国家发展改革委办公厅关于完善两部制电价用户基本电价执行方式的通知》（发改办价格〔2016〕1583 号）、《国家发展改革委关于降低一般工商业电价有关事项的通知》（发改价格〔2018〕500 号）、《陕西省物价局关于调整陕西电网电力价格的通知》（陕价商发〔2018〕43 号）等文件要求，两部制电价的基本电费计收方式分为按容量、按合同约定最大需量和按实际最大需量三种。

（1）基本电价按变压器容量或按最大需量计费，由用户选择。电力用户可提前 15 个工作日向电网企业申请变更下个月的基本电价计费方式，基本电价计费方式变更周期为三个月，选择一种计费方式后，至少应执行三个月才允许再次变更。

（2）电力用户选择按照变压器容量计收基本电费的，按用户受电变压器容量计算，有不通过专用变压器接用高压电动机的，按其容量另加千瓦数（千瓦视同千伏安）计算基本电费。

（3）电力用户选择按合同约定最大需量或实际最大需量方式计收基本电费的，应与电网企业签订合同，并按合同约定的最大需量或用户实际最大需量计收基本电费。其中：

1）合同最大需量核定值变更周期为按月变更，电力用户可提前 5 个工作日向电网企业申请变更下一个月（抄表周期）的合同最大需量。电力用户实际最大需量超过合同确定值 105%时，超过 105%部分的基本电费加一倍收取；未超过合同确定值 105%的，按合同确定值收取；申请合同最大需量低于变压器容量和高压电动机容量总和的 40%时，按容量总和的 40%计收基本电费。

2）选择实际最大需量方式不受运行总容量（变压器容量及不通过变压器接入高压电动机容量总和）40%下限限制，按照电力用户当月实际最大需量计收基本电费。

3）对有两路及以上进线的用户，各路进线应分别计算最大需量，累加计收基本电费。

（4）电力用户（含新装、增容用户）可根据用电需求变化情况，提前 5 个工作日向电网企业申请减容、暂停、减容恢复、暂停恢复用电，暂停用电必须是整台或整组变压器停止运行，减容必须是整台或整组变压器的停止或更换小容量变压器用电。电力用户减容两年内恢复的，按减容恢复办理；超过两年的按新装或增容手续办理。

（5）电力用户申请暂停时间每次不应少于十五日，每一日历年内累计不超过六个月，超过六个月的可由用户申请办理减容，减容期限不受时间限制。

（6）减容（暂停）后容量达不到实施两部制电价规定容量标准的，应改为相应用电类别单一制电价计费，并执行相应的分类电价标准。减容（暂停）后执行最大需量方式的，合同最大需量按照减容（暂停）后总容量申报。

（7）减容（暂停）设备自设备加封之日起，减容（暂停）部分免收基本电费。

（8）基本电费以月计算，但新装、增容、变更与终止用电当月的基本电费，可按实用天数（日用电不足 24h 的，按一天计算）每日按全月基本电费 1/30 计算。事故停电、检修停电、计划限电不扣减基本电费。

四、需量电价执行及电费计算规则

按照《国家发展改革委关于第三监管周期省级电网输配电价及有关事项的通知》（发改价格〔2023〕526 号）规定，选择执行需量电价计费方式的两部制用户，每月每千伏安用电量达到 260kWh 及以上的，当月需量电价按核定标准的 90%执行。每月每千伏安用电量为用户所属全部计量点当月总用电量除以用户合同变压器容量。

（一）计算公式

月每千伏安用电量＝（用户总电量－执行居民、农业电价以及不执行需量电价的独立受电点电量）/（用户合同容量－执行居民、农业电价以及不执行需量电价的独立受电点"受电点容量"），月每千伏安用电量舍尾取整。

（二）相关计费规则

（1）用户办理新装、增容、暂停、变更、销户等涉及电费分段计算的用电业务，月每千伏安用电量按照基本电费分段原则进行分段计算，分别确定每段需量电价标准。按照分段需量电价标准计算分段基本电费，不足整月的，月每千伏安用电量按日均每千伏安用电量×30 天折算。

（2）对于高供低计或用户侧计量的专线用户，应将变损或线损电量计入当月总用电量。

（3）转供计费关系中，转供户月每千伏安用电量计算时，要扣减被转供户的电量和合同容量。

（4）月每千伏安用电量计算不考虑有序用电、需求响应、检修停电、事故停电的影响，地方政府另有规定的除外。

（5）违约用电、窃电追补电量不参与当月月每千伏安用电量计算、不还原以往年月月每千伏安用电量；因计量故障差错、抄表差错涉及电量退补的，退补电量不参与当月月每千伏安用电量计算，但须还原至差错月并重新计算差错月月每千伏安用电量和需量电费。

五、基本电费减免政策

（1）按照《国家发展改革委、国家电监会、国家能源局关于规范电能交易价格管理等有关问题的通知》（发改价格〔2009〕2474 号）文件要求，发电企业启动调试阶段或由于自身原因停运向电网购买电量时，其价格执行当地目录电价表中的大工业类电度电价标准。

（2）按照《陕西省物价局关于调整陕西电网电力价格的通知》（陕价商发〔2018〕75 号）文件，2025 年底前对实行大工业两部制电价的污水处理企业用电、电动汽车集中式充换电设施用电、港口岸电运营用电，免收基本电费。

第五节 功率因数调整电费

一、功率因数标准值及其适用范围

功率因数标准值及其适用范围详见表 9-12。

表 9-12　　　　　　　功率因数标准值及其适用范围

功率因数标准	适用范围
0.9	160kVA 以上的高压供电工业客户（包括社队工业客户），装有带负荷调整电压装置的高压供电电力客户，315kVA 及以上的高压供电电力排灌站
0.85	100kVA（kW）及以上的其他工业客户（包括社队工业客户）、非工业客户、电力排灌站
0.8	100kVA（kW）及以上的农业用户

【提示】《陕西省物价局关于调整陕西省电网电力价格的通知》（陕价价发〔2009〕133 号）中将"商业、非居民照明、非工业、普通工业用电合并为一般工商业用电类别"，并未对其功率因数调整电费执行范围重新明确。因此，一般工商业功率因数调整电费仍按《功率因数调整电费办法》中对应的用电类别执行，即非工业、普通工业用户功率因数调整电费标准不变，商业、非居民照明用户不执行功率因数调整电费。关于商业、非居民照明、非工业、普通工业用电的范围可参考《关于贯彻国家计委调整陕西电网电力价格有关问题的通知》（陕价电发〔1999〕79 号）。

二、执行说明

（一）功率因数的计算

（1）凡实行功率因数调整电费的用户，应装设带有防倒装置的无功电度表，按用户每月实用有功电量和无功电量，计算月平均功率因数。

（2）凡装有无功补偿设备且有可能向电网倒送无功电量的用户，应随其负荷和电压变动及时投入或切除部分无功补偿设备，供电企业应在计费计量点加装带有防倒装置的反向无功电度表，按倒送的无功电量与实用的无功电量两者的绝对值之和，计算月平均功率因数。

（二）电费的调整

（1）根据计算的功率因数，高于或低于规定标准时，在按照规定的电价计算出其当月电费后，再按照"功率因数调整电费表"所规定的百分数增减电费。如用户的功率因数在"功率因数调整电费表"所列两数之间，则以四舍五入计算。

（2）自 2018 年 1 月起，在计算功率因数调整电费时，农网还贷资金（自 2023 年 6 月 1 日起，原在价外征收的农网还贷资金每千瓦时 2 分钱并入输配电价，不再单独收取）、国家重大水利工程建设基金、大中型水库移民后期扶持基金、地方水库移民后期扶持资金（自 2018 年 7 月 1 日起，陕西省电价中征收地方水库移民后期扶持资金标准由每千瓦时 0.05 分降低为 0 分）、可再生能源电价附加、差别电价收入等政府性基金及附加不纳入计费基数，其他价内部分均应参与功率因数调整电费计算。

【提示】

（1）功率因数标准适用于营销系统内以用户编号为单位的一个用户，即无论一个用户有一个或多个不同用电类别，每个用电类别执行的功率因数标准，均按照该用户的合同容量确定。

（2）用户以受电点为单位执行功率因数考核，只有一个受电点时，按照合同签订和主表用电类别确定考核标准。主表下装有不同用电类别的子表，按照主表的有功、无功电量计算实际功率因数，进行调整电费计算。用户有多个受电点时，可单独计算每个受电点的实际功率因数。

（3）用户的同一受电点，装有不同用电类别主表，应将这一受电点的各主表的有功、无功电量进行汇总，计算这个售电点的实际功率因数，各用电类别分别执行相应的标准值，进行调整电费计算。

（4）用户计量方式为高供低计时，有功变损、无功变损电量均应参与功率因数计算。

（5）用户功率因数调整电费执行范围与电压等级无关，如低压用户满足执行范围规定，也应计算功率因数。

（6）如增容或变更用电引起用户的功率因数标准发生变化时，需根据变化前后的电量数据分段进行实际功率因数计算；如增容或变更用电未引起用户功率因数标准发生变化时，则根据实际业务需要按变更前后的电量数据计算或采用全月结算电量计算实际功率因数。

（7）功率因数调整电费计算基数不包括执行居民生活电价的电费，不含政府性基金及附加费用。上网环节线损费用、系统运行费用、售电公司代理服务费或零售交易合同电价与批发电价之间的差额也不纳入计算基数。

（8）160kVA 高压供电工业客户的功率因数标准值为 0.85，而不是 0.90。

（9）执行两部制电价的原一般工商业用户仍按现行标准执行功率因数调整。

三、功率因数调整电费表

功率因数调整电费表详见表 9–13。

表 9–13　　　　　　　　　功率因数调整电费表

以 0.90 为标准值的功率因数调整电费表														
减收电费	实际功率因数	0.90	0.91	0.92	0.93	0.94	0.95～1.00							
	月电费减少（%）	0.0	0.15	0.30	0.45	0.60	0.75							
增收电费	实际功率因数	0.89	0.88	0.87	0.86	0.85	0.84	0.83	0.82	0.81	0.80	0.79	0.78	0.77	0.76	0.75
	月电费增加（%）	0.5	1.0	1.5	2.0	2.5	3.0	3.5	4.0	4.5	5.0	5.5	6.0	6.5	7.0	7.5
增收电费	实际功率因数	0.74	0.73	0.72	0.71	0.70	0.69	0.68	0.67	0.66	0.65	功率因数自 0.64 及以下，每降低 0.01 电费增加 2%			
	月电费增加（%）	8.0	8.5	9.0	9.5	10.0	11.0	12.0	13.0	14.0	15.0				
以 0.85 为标准值的功率因数调整电费表														
减收电费	实际功率因数	0.85	0.86	0.87	0.88	0.89	0.90	0.91	0.92	0.93	0.94～1.00			
	月电费减少（%）	0.0	0.1	0.2	0.3	0.4	0.5	0.65	0.8	0.95	1.10			
增收电费	实际功率因数	0.84	0.83	0.82	0.81	0.80	0.79	0.78	0.77	0.76	0.75	0.74	0.73	0.72	0.71	0.70
	月电费增加（%）	0.5	1.0	1.5	2.0	2.5	3.0	3.5	4.0	4.5	5.0	5.5	6.0	6.5	7.0	7.5
增收电费	实际功率因数	0.69	0.68	0.67	0.66	0.65	0.64	0.63	0.62	0.61	0.60	功率因数自 0.59 及以下，每降低 0.01，电费增加 2%			
	月电费增加（%）	8.0	8.5	9.0	9.5	10.0	11.0	12.0	13.0	14.0	15.0				
以 0.8 为标准值的功率因数调整电费表														
减收电费	实际功率因数	0.80	0.81	0.82	0.83	0.84	0.85	0.86	0.87	0.88	0.89	0.90	0.91	0.92～1.00	
	月电费减少（%）	0.0	0.1	0.2	0.3	0.4	0.5	0.6	0.7	0.8	0.9	1.0	1.15	1.30	

续表

增收电费	实际功率因数	0.79	0.78	0.77	0.76	0.75	0.74	0.73	0.72	0.71	0.70	0.69	0.68	0.67	0.66	0.65
	月电费增加（%）	0.5	1.0	1.5	2.0	2.5	3.0	3.5	4.0	4.5	5.0	5.5	6.0	6.5	7.0	7.5
增收电费	实际功率因数	0.64	0.63	0.62	0.61	0.60	0.59	0.58	0.57	0.56	0.55	功率因数自 0.54 及以下，每降低 0.01 电费增加 2%❶				
	月电费增加（%）	8.0	8.5	9.0	9.5	10.0	11.0	12.0	13.0	14.0	15.0					

第六节　分时电价政策

一、执行范围

（1）除电气化铁路牵引用电外的执行工商业及其他电价的电力用户，应执行峰谷分时电价。其中机关、部队、医院暂不执行峰谷分时电价。

（2）居民峰谷分时电价和季节性电采暖政策仍按现有政策执行（具体参照第一节居民生活电价部分）。

（3）农业生产用电执行峰谷分时电价，其中排灌用电暂不执行峰谷分时电价。❷

二、时段划分

除居民生活用电外的峰谷分时电价每日分为高峰、平段、低谷三个时段，每个时段 8 个小时。高峰时段为 8:00—11:30、18:30—23:00，低谷时段为 23:00—7:00，其余时间为平段。

每年夏季 7 月、8 月，冬季 1 月、12 月对工商业及其他用电实施尖峰电价，夏季尖峰时段为每日 19:30—21:30，冬季尖峰时段为每日 18:30—20:30（见表 9-14）。

---

❶《功率因数调整电费办法》《关于贯彻国家计委调整陕西电网电力价格有关问题的通知》（陕价电发〔1999〕79 号）、《陕西省物价局关于调整陕西省电网电力价格的通知》（陕价价发〔2009〕133 号）、《国网陕西省电力公司关于明确功率因数调整电费有关事项的通知》（陕电财〔2018〕1 号）、《陕西省物价局关于调整陕西电网电力价格的通知》（陕价商发〔2018〕75 号）、《陕西省发展和改革委员会关于第三监管周期陕西电网输配电价有关事项的通知》（陕发改价格〔2023〕876 号）、《陕西省发展和改革委员会关于第三监管周期陕西电网（榆林地区）输配电价有关事项的通知》（陕发改价格〔2023〕881 号）。
❷《陕西省发展和改革委员会关于进一步完善分时电价机制有关事项的通知》（陕发改价格〔2021〕1757 号）。

表 9-14 分 时 电 价 时 段 划 分

时段	时间划分
尖峰	夏季 7 月、8 月：19:30—21:30 冬季 1 月、12 月：18:30—20:30
峰段	8:00—11:30、18:30—23:00
平段	11:30—18:30、7:00—8:00
谷段	23:00—次日 7:00

三、电价标准

峰谷分时电价浮动比例：大工业生产用电峰平谷比价为 1.63:1:0.37，农业生产用电、一般工商业及其他用电峰平谷比价为 1.5:1:0.5。尖峰时段用电价格在峰段电价基础上每千瓦时上浮 20%。

【提示】

（1）实行峰谷分时电价的用户，必须装有由供电企业统一安装的分时电能表，分别计量高峰（或尖峰、高峰）、低谷、平段的用电量。

（2）高压供电低压计量的用户，其变压器和线路损失的电量，按分时电能表记录的高峰（或尖峰、高峰）、低谷、平段电量比例核定。

（3）市场化用户以当月购电价格（含电能量交易价格和输配电价）为基数浮动。政府性基金及附加、上网环节线损费用、系统运行费用、售电公司代理服务费或零售交易合同电价与批发电价之间的差额不参与峰谷浮动。

第七节　电动汽车充电设施用电价格

一、扶持性电价政策

（1）对向电网经营企业直接报装接电的经营性集中式充换电设施用电，执行大工业用电价格。2030 年底前，免收基本电费。

（2）其他充电设施按其所在场所执行分类目录电价。其中，居民家庭住宅、居民住宅小区、执行居民电价的非居民用户中设置的充电设施用电，执行居民生活电价的非居民用户电价；党政机关、企事业单位和社会公共停车场中设置的充电设施用电执行工商业用电价格。

（3）电动汽车充换电设施用电执行峰谷分时电价政策。鼓励电动汽车在电力系统用电低谷时段充电，提高电力系统利用效率，降低充电成本。

二、执行要求

电网企业要做好电动汽车充换电配套电网建设改造工作，电动汽车充换电设施产权分界点至电网的配套接网工程，由电网企业负责建设和运行维护，不得收取接网费用，相应成本纳入电网输配电成本统一核算。❶

第八节　分布式光伏上网电价

一、上网电价

分布式光伏发电上网电量按照燃煤机组上网标杆电价收购（Ⅱ类地区0.3345 元/kWh、Ⅲ类地区 0.3545 元/kWh）。

二、补贴标准

对分布式光伏发电按照全电量补贴的政策，补贴标准：

（1）纳入 2020 年财政补贴规模的户用分布式光伏全发电量补贴标准调整为每千瓦时 0.08 元。

（2）2021 年起，对新备案集中式光伏电站、工商业分布式光伏项目和新核准陆上风电项目，中央财政不再补贴，实行平价上网。

（3）2021 年纳入当年中央财政补贴规模的新建户用分布式光伏项目，其全发电量补贴标准按每千瓦时 0.03 元执行。❷

❶《陕西省物价局关于规范销售电价分类适用范围有关事项的通知》（陕价商发〔2018〕65 号）、《陕西省物价局关于调整陕西电网电力价格的通知》（陕价商发〔2018〕75 号）、《国家发展改革委关于电动汽车用电价格政策有关问题的通知》（发改价格〔2014〕1668 号）。
❷《关于 2020 年光伏发电上网电价政策有关事项的通知》（发改价格〔2020〕511 号）、《国家发展改革委关于 2021 年新能源上网电价政策有关事项的通知》（发改价格〔2021〕833 号）、《关于落实好 2021 年新能源上网电价政策有关事项的函》。

第十章　业扩报装

　　本章以国家、行业及公司发布的法律法规、规章制度、技术标准等为依据，以贴近乡村振兴工作实际为目的，简述了常见业扩报装工作。本章主要分为四个小节，分别为低压居民业务办理流程、低压非居民业务办理流程、高压业务办理流程和高可靠性供电费。

第一节　低压居民业务办理流程

一、业务办理流程

（1）业务受理；

（2）装表接电。

二、业务办理操作指导

（一）低压居民新装

（1）在"网上国网"App 首页点击【个人新装】，在已经进行实名认证的情况下，在首页点击【新装】会跳转至新装业务选择页，点击【个人新装】，会给出准备材料提示页。

（2）选择【所在地区】、【街道】、【详细地址】、【装表位置照片】，并将【是否住宅用电】选择为"住宅用电"，勾选【已阅读并确认新装业务办理须知】，点击【开通峰谷电】可以选择是否开通峰谷电，点击选择【服务预约时间】，红色字体代表预约量已经接近饱和，点击【下一步】。

　　注：【申请容量】为用户在近期或远期用电可能达到的最大视在（或有功）功率数或受电装置（受电变压器、直供高压电机以及低压用户的用电设备）容量的总和。

（3）选择"产权证明类型"为产权人，并上传相关附件，申请人身份设定为"产权人"，产权人姓名为带入的实名认证的姓名，且不可修改，手机号码为带入的实名认证的手机号码，且不可以修改，点击"发送验证码"并输入收到的验证码，点击"提交"。

（4）选择"产权证明类型"为经办人，并上传相关附件，申请人身份设定为经办人，经办人姓名为带入的实名认证的姓名，且不可修改，手机号码为带入的实名认证的手机号码，且不可以修改，产权人姓名和手机号码按校验规则手动输入，点击【发送验证码】并输入收到的验证码，点击【提交】。

（5）营销系统客户申请确认环节会自动生成该业务工单，客户经理联系用户核实后，点击【下一步】即可受理该业务。

（二）低压居民增容

（1）点击开始办理，选择需要办理业务的户号。正常填写增容基本信息，点击【下一步】。

（2）代入已实名认证的产权人信息，点击勾选居民生活供用电合同，点击选择"申请人身份"为产权人，填写相关信息，并上传相关附件，点击【提交】。

（3）点击选择"申请人身份"为经办人，将实名认证信息与营销系统户号所对应的客户信息进行比对，自动判断申请人身份。正常填写相关信息，提交申请信息，App 将数据存储并提交预申请表单数据至营销业务应用系统，并点击【提交】。

（4）营销系统客户申请确认环节会自动生成该业务工单，客户经理联系用户核实后，点击【下一步】即可受理该业务。

三、业务办理说明

（一）申请受理资料

（1）用电人有效身份证件；

（2）用电地址物权证件。

注：若客户暂时无法提供房屋产权证明，将提供"一证受理"服务，启动后续工作。缺件资料若无法通过政务信息共享系统查询，则请在后续办电过程中补充完善。

（二）装表接电

（1）受理用电申请后，需在 2 个工作日内，或者按照与客户约定的时间开展上门服务，如现场具备装表条件，则应立即完成装表接电；如现场不具备装表条件，需尽快组织工程施工，并在施工完成当天装表接电。

（2）计量点（包括电能表、互感器、电表箱）之前供电设施由供电公司负责出资建设，计量点之后属用户产权范围内的受电工程由客户自行出资建设。

（三）其他事项

（1）根据国家有关规定，产权分界点是双方运行维护管理以及安全责任范围的分界点。产权分界点应在《供用电合同》中约定。

（2）应当按照国家有关规定，购置、安装合格的漏电保护装置，确保用电安全。

第二节　低压非居民业务办理流程

一、业务办理流程

（1）申请受理；

（2）供电方案答复（实行"三零"服务的低压非居民省去该环节）；

（3）装表接电。

二、业务办理操作指导

（一）低压非居民新装

1. 低压非居新装（个人申请）

（1）在"网上国网"App首页点击【个人新装】，在首页点击【新装】会跳转至新装业务选择页，点击【个人新装】，会给出准备材料提示页。

（2）选择【所在地区】、【街道】、【详细地址】、【装表位置照片】，并将【是否住宅用电】选择为"住宅用电"，勾选【已阅读并确认新装业务办理须知】，点击【开通峰谷电】可以选择是否开通峰谷电，点击选择【服务预约时间】，红色字体代表预约量已经接近饱和，点击【下一步】。

注：【申请容量】为用户在近期或远期用电可能达到的最大视在（或有功）功率数或受电装置（受电变压器、直供高压电机以及低压用户的用电设备）容量的总和。

（3）选择"产权证明类型"为产权人，并上传相关附件，申请人身份设定为产权人，产权人姓名为带入的实名认证的姓名，且不可修改，手机号码为带入的实名认证的手机号码，且不可以修改，点击【发送验证码】并输入收到的验证码，点击【提交】。

（4）选择"产权证明类型"为经办人，并上传相关附件，申请人身份设定为经办人，经办人姓名为带入的实名认证的姓名，且不可修改，手机号码为带入的实名认证的手机号码，且不可以修改，产权人姓名和手机号码按校验规则手动输入，点击【发送验证码】并输入收到的验证码，点击【提交】。

（5）营销系统客户申请确认环节会自动生成该业务工单，客户经理联系用户核实后，点击【下一步】即可受理该业务。

2. 低压非居新装（企业或非个人用户申请）

（1）在"网上国网"App 首页点击【新装】，页面会跳转至新装业务选择页，点击【企业新装】。

（2）进入企业新装业务办理页面。点击【是否安装变压器】，点击选择【不安装】。随后进入用电设备填写页以及用电设备选择页面，填写相关信息，并勾选"已阅读并确认《低压非居民企业新装业务办理须知》"，点击【下一步】。

（3）进入低压非居（企业）新装页面，正常填写相关信息，点击【下一步】，已经上线"一证办电"的省份可以通过统一社会信用代码（或营业执照授权码）调取政务平台相关资料信息。证照调取不成功的情况下，可以继续上传图片提交。

（4）默认法人信息未填写，初始默认申请人身份为"法人代表"，带入已实名认证的姓名、注册手机号，选择发票性质并填写发票信息，并发送短信验证码，提交申请信息，App 数据存储并提交预申请表单数据至营销业务应用系统，并点击【提交】。

（5）默认法人信息未填写，将申请人身份为"经办人"，填写信息并上传相关附件，并发送短信验证码，提交申请信息，App 数据存储并提交预申请表单数据至营销业务应用系统，点击【提交】。

（6）营销系统客户申请确认环节会自动生成该业务工单，客户经理联系用户核实后，点击【下一步】即可受理该业务。

（二）低压非居民增容

1. 低压非居增容（个人申请）

（1）点击【开始办理】，选择需要办理业务的户号。

（2）根据实名认证信息，自动识别是否为产权人（如未识别，则可以手选），若为产权人，直接跳转至产权人信息未填写页面，选择"产权证明类型"并上传相关附件，点击【下一步】。输入验证码，点击【提交】按钮，App 将数据存储并提交预申请表单数据至营销业务应用系统。

（3）根据实名认证信息，若无法自动判断除产权人，则默认为经办人，直接跳转至经办人信息未填写页面，选择【产权人身份证件类型】并上传相关附件，点击【发送验证码】按钮，输入验证码，点击【提交】按钮。

（4）营销系统客户申请确认环节会自动生成该业务工单，客户经理联系用户核实后，点击【下一步】即可受理该业务。

2. 低压非居增容（企业或非个人用户申请）

（1）点击开始办理，选择需要办理业务的户号。添加完户号，跳转至申请信息未填写页面，将"用电性质"选择为企业，并勾选"已阅读并确认《低压非居民增容业务办理须知》"。

（2）弹出企业主体证明类型选择页，点击选择【企业主题证明类型】，并选择【产权证明类型】，上传相关附件，点击【下一步】，如从智能档案系统可获取到有效期内企业主体证明资料，无需重复上传，不展示该数据项。

（3）根据实名认证信息，若自动判出是法人代表，直接跳转至法人代表信息未填写页面，带入已实名认证的法人代表信息，点击【发送验证码】按钮，输入验证码，点击【提交】按钮。

（4）根据实名认证信息，若无法自动判断出是法人代表，则跳转至申请人身份选择页，勾选【经办人】，可获取并上传相关附件，点击【发送验证码】按钮，输入验证码，点击【提交】按钮。

（5）营销系统客户申请确认环节会自动生成该业务工单，客户经理联系用户核实后，点击【下一步】即可受理该业务。

三、业务办理说明

（一）申请受理资料

（1）用电人有效身份证件；

（2）用电地址物权证件。

注：（1）对于申请时无法提供全部资料的，可提供"一证受理"服务，先行受理用电申请，启动后续工作。缺件资料若无法通过政务系统查询，需在后续办电过程中补充完善。

（2）对于实行"三零"服务的低压非居民用户取消供电方案答复环节；对于未实行"三零"服务的低压非居民用户在受理用电申请后，按照与客户约定的时间到现场查看供电条件，并在 3 个工作日内答复供电方案。

（二）装表接电

（1）对于实行"三零"服务的低压非居民用户，应签订《供用电合同》及相关协议，并在 2 个工作日内装表接电；对于未实行"三零"服务的低压非居民用户，应在客户施工结束后 2 个工作日装表接电。

（2）计量点（包括计量电能表、互感器、采集装置、电表箱）设施由供电公司负责出资建设，安装的电能表将尽可能靠近客户侧，安装位置由客户提供。

（三）其他事项

（1）160 千瓦及以下小微企业用电报装实行"零投资"。

（2）根据国家有关规定，产权分界点是双方运行维护管理以及安全责任范围的分界点。产权分界点应在《供用电合同》中约定。

（3）应按照国家有关规定，购置、安装合格的漏电保护装置，确保用电安全。

第三节　高压业务办理流程

一、业务办理流程

（1）申请受理；
（2）供电方案答复；
（3）外部工程施工；
（4）装表接电。

二、业务办理操作指导

（一）高压企业新装

（1）在"网上国网"App 首页点击【新装】，页面会跳转至新装业务选择页，点击【企业新装】，会给出准备材料提示页。

（2）点击【开始办理】按钮，进入企业新装业务办理页面。点击【是否安装变压器】，点击选择【安装】，随后进入用电设备填写页及用电设备选择页面，正常填写相关信息，点击【下一步】，对于已实现"一证办电"的省份可以通过统一社会信用代码实现证照信息的调取。调取不成功的情况下，支持手动上传企业主体证明、产权证明等报装资料。

（3）初始默认申请人身份为"法人代表"，带入已实名认证的姓名、注册手机号，选择发票性质并填写发票信息，并发送短信验证码，选填备注内容，提交申请信息，App 数据存储并提交预申请表单数据至营销业务应用系统，并点击【提交】。

（4）将"申请人身份"设定为"经办人"，填写信息并上传身份证附件，提交申请信息，App 数据存储并提交预申请表单数据至营销业务应用系统，并点击进入提交。

（5）营销系统客户申请确认环节会自动生成该业务工单，客户经理联系用户核实后，点击【下一步】即可受理该业务。

（二）高压企业增容

（1）点击开始办理，选择需要办理业务的户号。填写相关信息，并点击"已阅读并确认《高压增容业务办理须知》"。

（2）弹出企业主体证明类型选择页，点击选择【企业主体证明类型】，并选择【产权证明类型】，上传相关附件，点击【下一步】，如从智能档案系统可获取到有效期内企业主体证明资料，无需重复上传，不展示该数据项。

（3）根据实名认证信息，若自动判出是法人代表，直接跳转至法人代表信息未填写页面，带入已实名认证的法人代表信息，点击【发送验证码】按钮，输入验证码，点击【提交】按钮。

（4）若无法自动判断出是法人代表，则跳转至申请人身份选择页，勾选【经办人】，可获取并上传相关附件，点击【发送验证码】按钮，输入验证码，点击【提交】按钮。

（5）营销系统客户申请确认环节会自动生成该业务工单，客户经理联系用户核实后，点击【下一步】即可受理该业务。

三、业务办理说明

（一）申请受理资料

（1）用电人有效身份证件；

（2）用电地址物权证件；

（3）用电工程项目批准文件。

注：对于申请时无法提供全部资料的，可提供"一证受理"服务，先行受理用电申请，

启动后续工作。缺件资料若无法通过政务系统查询，需在后续办电过程中补充完善。

（二）供电方案答复

在受理用电申请后，供电企业安排客户经理按照与客户约定的时间到现场查看供电条件，并在 10 个工作日（双电源客户 20 个工作日）内答复供电方案。根据国家《供电营业规则》规定，产权分界点以下部分由客户负责施工，产权分界点以上工程由供电企业负责。

（三）外部工程施工

1. 工程设计

（1）由客户自主选择有相应资质的设计单位开展受电工程设计。

（2）对于重要或特殊负荷客户，设计完成后，由用户提交设计文件，供电企业需在 3 个工作日内完成审查；其他客户取消设计审查，仅在竣工验收时查验设计单位资质文件。

2. 工程施工

（1）由客户自主选择有相应资质的施工单位开展受电工程施工。

（2）对于重要或特殊负荷客户，在电缆管沟、接地网等隐蔽工程覆盖前，由供电企业客户经理组织相关人员联系用户进行中间检查，供电企业将于 2 个工作日内完成中间检查，其他客户取消中间检查，仅在竣工验收时查验施工、试验单位资质文件。

（3）工程竣工后，由用户申请报验，供电企业将于 3 个工作日内完成竣工检验。

（四）装表接电

在竣工检验合格，签订完成《供用电合同》及相关协议后，3 个工作日内装表接电。对于双（多）电源客户，送电之前应照政府物价部门批准的收费标准交纳高可靠性供电费用。

（五）其他事项

根据国家有关规定，产权分界点是供用电双方运行维护管理及安全责任范围的分界点。产权分界点以下部分（用户侧）由客户负责施工，产权分界点以上部分（电源侧）由供电企业负责施工，产权分界点应《供用电合同》中约定。

第四节　高可靠性供电费

本节主要对高可靠性供电费的收取标准、收取范围及相关规定进行了说明，旨在指导基层工作人员准确收取高可靠性供电费。

一、收费标准

高可靠性供电费收费标准见表10-1。

表10-1　　　　　　　　　　高可靠性供电费收费标准

用户受电电压等级（kV）	标准（元/kVA）	
	架空线路	电缆线路
10	120	180
35	100	150
110	60	90
330	40	60

二、实施对象及范围

为提高供电可靠性水平，对申请新装及增加用电容量的两路及以上多回路供电（含备用电源、保安电源），除供电容量最大的供电回路外，其余供电回路按照规定标准收取高可靠性供电费。

三、高可靠性供电费收取原则

（1）电网企业应严格按照规定标准收取高可靠性供电费，不得自行提高标准或减免费用。

（2）高可靠性供电费应以产权分界点电源侧线路类型确定收取方式。

（3）两路及以上供电回路可供容量相同时，且产权分界点电源侧分别存在架空线路、电缆线路的，按照架空线路规定标准收取；两路及以上供电回路可供容量不相同时，且产权分界点电源侧分别存在架空线路、电缆线路的，按照收取总费用较低的线路标准执行。

四、不收取高可靠性供电费的类型

（1）电网企业为保障安全运行要求用户建设的两路及以上多回路供电。

（2）因电网供电能力不足，需要两路及以上多回路同时供电才能满足用户正常用电负荷。

（3）各供电回路在高压或低压受电侧无电气连接的用户。

（4）两路及以上多回路供电从变电站同一段母线或同一条公用线路供电的。

（5）增量配电网企业及公用发电企业。

五、相关说明

（1）主供电源：指能够正常有效且连续为全部用电负荷提供电力的电源。

（2）备用电源：指根据客户在安全、业务和生产上对供电可靠性的实际需求，在主供电源发生故障或断电时，能够有效且连续为全部或部分负荷提供电力的电源。

（3）双回路：指为同一用户负荷供电的两回供电线路。

（4）多回路：指为同一用电负荷供电的多回供电线路。

（5）双电源：指分别来自两个不同方向变电站，或来自不同电源进线的同一变电站内两段母线，为同一用户负荷供电的两路供电电源。❶

---

❶《陕西省发展和改革委员会关于完善高可靠性供电费政策有关事项的通知》（陕发改价格〔2024〕992号）、《陕西省物价局转发国家发展改革委关于停止收取供配电贴费有关问题的通知》（陕价管发〔2004〕30号）、陕西省电力公司《业扩报装标准化作业指导书》。

第十一章　低压用电安全检查服务

本章以国家、行业及公司发布的法律法规、规章制度、技术标准等为依据，以贴近乡村振兴工作实际为目的，简述了常见用电检查工作。

第一节　对　象　范　围

低压用电管理客户侧检查服务范围主要是客户的受（送）电装置，但客户有下列情况之一者，检查服务的范围可延伸至相应目标所在处：

（1）有多类电价的；

（2）有自备电源设备（如分布式光伏、储能设备等）的；

（3）有违约用电和窃电行为或存在安全隐患要延伸检查的；

（4）有影响电能质量的用电设备的；

（5）有影响电力系统的事故的；

（6）法律规定的其他用电检查服务。

低压用电管理电网侧检查范围包含低压计量箱（柜）以及计量箱（柜）内的电能表、互感器、隔离开关、断路器、采集终端及其连接导线。

根据绕越窃电、计量缺相、台区线损治理等低压用电管理实际需求，低压用电检查服务工作视情况可延伸至公用变压器低压侧目标所在处。

第二节　周　期　计　划

低压用电管理现场作业主要分为周期巡视、专项检查服务和状态检查服务等三种方式按计划开展。

周期巡视方式主要结合计量设备主人制工作，按照周期巡视计划开展低压电能计量装置检查、低压用电安全检查服务、窃电及违约用电检查等相关工作，原则上每年开展一次。

专项检查服务方式主要结合季节时令用电特点、抗灾保电、政府要求等，针对高层住宅建筑、分布式光伏、煤改电、农排灌溉、临时用电等低压重点用电客户；针对城中村、城乡结合部、线损长期波动、窃电高发等低压重点地区客户；以及长期或经常超容量用电的客户、分布式光伏私自增容和具有地域性、季节性、行业性特点的低压违窃高发客户，制定计划开展专项检查服务工作。

状态检查服务方式作为周期巡视、专项检查服务的补充，结合突发事件、客户诉求及系统监测异常预警等工作实际，按照"最优路径、一次现场、一次解决"的原则开展。

第三节　工　作　内　容

低压客户档案核查工作内容包括：归集低压用电安全检查服务、窃电及违约用电检查结果等线索，结合低压台区拓扑自主识别、智能采录、核查工具，以现场校核为基础，开展低压客户系统与档案一致性排查，核查"户–变"关系、"箱–表–户"关系，核对客户表计资产号、互感器变比、用电容量等档案信息。

一、低压用电安全检查服务

低压用电安全检查服务工作内容包括：按照供用电合同约定，明确供用电双方责任界面；归集营业普查、电能计量装置周期检查、专项检查、95598投诉意见、线损治理、业务信息系统监测等过程中低压客户用电安全隐患线索，围绕设备隐患、触电及电气火灾等危及电网及人身安全风险，针对居民高层建筑、煤改电、农排灌溉、分布式光伏及其储能、电动汽车充换电设施、低压工商业客户等低压重点客户，按照"政府主导、客户主体、电网主动"的原则，配合政府、协助客户开展低压用电安全检查服务及技术指导。

（1）配合协助排查居民高层建筑存在二类及以上负荷的重要客户，重点核查其供电电源、自备应急电源配置等情况；

（2）配合协助排查"煤改电"客户供电保障情况、户内线路或空气开关是否合格等安全用电要求等；

（3）配合协助排查农排线路私拉乱接等用电安全隐患；协助排查农村居民表后线过长或裸露、农村家用漏电保护安装运维等用电安全隐患；

（4）配合协助排查分布式光伏及其配套储能装置并网安全状况；

（5）配合协助排查电动汽车充换电设施安全运行及防护情况；

（6）配合协助排查低压工商业客户电加热、鼓风机等大功率设备，核查其线路隐患、末端漏电保护安装运维等情况。

供用电合同中未约定但配合政府、协助客户开展的低压用电检查服务内容，依据地方政策法规要求补充供用电合同相应条款。

二、窃电及违约用电检查

窃电及违约用电检查工作内容包括：依据《供电营业规则》《供用电合同》相关规定，结合《国家电网有限公司反窃电管理办法》，归集营业普查、电能计量装置周期检查、专项检查、窃电举报、营销稽查监控、线损治理及业务信息系统预警等线索发现渠道，围绕电能计量装置以及可能造成电能计量失准或失效的电气设备、连接线缆、运行方式等，规范开展窃电及违约用电查处工作。

三、用电宣传

用电宣传工作内容包括：客户侧现场检查服务过程中应积极开展用电知识宣传和技术指导，针对家庭安全用电常识、低压漏保安装用途及定期试验方法、表后线规范安装及线路维护等，开展针对性的用电安全宣传及技术指导，引导客户加强自有产权供用电设施安全隐患排查整改，提升客户安全用电水平；宣传分布式光伏、电动汽车有序充电、V2G 相关政策和接入电网安全规范等相关知识，积极应对新型用电形势；宣传窃电及违约用电行为在引发电网事故、破坏市场秩序、扰乱社会治安等方面的严重危害，宣传引导广大群众举报窃电及违约线索，提升客户安全合规用电水平。

四、低压客户增值服务

低压客户增值服务工作内容包括：协同开展能效服务、电能替代、需求响应、有序充电等新业务的技术咨询、宣传引导等工作，引导低压客户关注自身用能设备、需求响应能力、节能潜力等情况，引导低压工商业客户错峰、避峰用电，鼓励低压居民客户在高峰时减少或避免使用大功率电器，提升客户科学用电水平；深挖客户资源和客户用能数据价值分析，引导客户选择带负荷监控及调节功能的智能家电，推广家庭电气化应用范围，提升客户智慧用电水平。

五、强化电网侧隐患缺陷消缺整改

（1）按照《国家电网有限公司计量设备主人制管理办法》等要求，对计量侧设备隐患缺陷实行分级管理。

（2）合理评估并确定改造时序和方案，现场可以整改的应立即整改完毕，现场无法完成整改的合理纳入整改计划，对需要移交其他专业的问题移交相关设备主人完成整改，推动隐患有序整改，按期实施、销号办结。

六、推动客户侧用电隐患缺陷治理

（1）对客户低压用电现场检查服务过程中发现隐患缺陷应做到通知、督导到位，以书面形式告知客户，并由客户签收，指导帮助并督促客户完成隐患缺陷整改。

（2）对再次发现、客户拒不整改的、危及电网安全运行等用电隐患应做到通知、报告、督导到位，促请地方政府部门督促客户及时治理隐患，实施隐患缺陷闭环管控。

（3）对于客户不实施安全隐患缺陷整改并严重危及电网或公共用电安全的，应立即报告当地政府电力主管部门、安全生产主管部门和相关部门，按照规定程序予以停电。

（4）用电检查服务是民事权利。客户对其设备的安全负责。

七、开展低压客户系统与档案一致性整治

建立客户系统与档案问题立查立改机制，及时更正户变关系、客户表计资产号、互感器变比、用电容量等信息，及时变更信息系统定比定量等相关信息，切实维护供用电双方的合法权益。

八、开展窃电及违约用电处理

依据《供电营业规则》及地方性法规规定，按照《供用电合同》《发用电合同》约定，及时、严格处理窃电及违约用电行为；对涉及违法行为的及时报有关部门处理，提升依法合规管理水平。

九、推动业扩报装源头治理

针对低压用电现场检查服务过程中发现的业扩验收标准过低等问题，通

知、督促业扩报装人员完善或提高业扩验收工作标准，竣工验收时对相关问题加强审核，避免事前、事后服务标准不一，有效防范设备"带隐患入网"，防止客户重复投资。

低压客户用电安全检查服务告知书见图 11-1。

低压客户用电安全检查服务告知书

No:

客户名称		客户编号	
表资产号		地　　址	
法人代表		联系电话	

安全隐患及整改意见	
	处理意见：鉴于你户存在安全隐患，请抓紧时间按照国家有关标准规范进行整改，并及时将整改情况反馈本公司。

计量装置故障	□电能表故障　　□（　　）互感器故障　　□其他（　　　）

违约用电及窃电	1. 高价低接	□
	2. 私自增容	□
	3. 擅自使用已在供电企业办理暂停手续的电力设备	□
	4. 私自迁移、更动和擅自操作供电企业的用电计量装置	□
	5. 未经供电企业同意，擅自引入（供出）电源或将备用电源和其他电源私自并网	□
	6. 在供电企业的供电设施上，擅自接线用电	□
	7. 绕越供电企业的用电计量装置用电	□
	8. 伪造或开启供电企业加封用电计量装置封印用电	□
	9. 故意损坏供电企业用电计量装置	□
	10. 故意使供电企业用电计量装置不准或失效	□
	11. 采用其他方法窃电	□

	处理意见：我公司于20　年　月　日对你户进行用电安全检查服务，发现你户确实存在违约用电行为。依据《电力法》《电力供应与使用条例》和《供电营业规则》，请你携带有关生产经营资料，于20　年　月　日至　月　日到本公司　　　　　　办理交付追补电费、违约使用电费事宜，逾期不来办理，本公司将依法对你户中止供电。

客户签名		日　　期	
用电检查服务经办人		联系电话	

24 小时供电服务热线：95598

图 11-1　低压客户用电安全检查服务告知书

第四篇　电力技术篇

　　本篇分为五章，包括用电安全、计量、常用仪表及使用方法、分布式光伏日常运维、充电设施运维。主要从企业帮扶人员、产业运维人员、供电所员工等岗位需求入手，详细阐述了乡村用电安全、计量故障处理、常用低压检测仪表及使用方法、设施运维等电力技术方法，方便相关人员在工作中参考。

第十二章 用电安全

本章收录了安全用电常识、农村配电网安全生产要求以及触电紧急救护法，旨在方便农村居民和基层供电所员工掌握生产生活用电安全知识。

第一节 安全用电常识及注意事项

（1）自觉遵守安全用电规章制度，用电要申请，安装、修理找电工，不准私拉乱接电设备。

（2）不能私设电网防盗、捕鱼、狩猎、捉鼠。

（3）不能使用挂钩线、破股线、地爬线和绝缘不合格的导线接电。

（4）电灯线不能过长，要将灯头固定，不要将灯头拉来拉去，当手电筒用。

（5）不能攀登、跨越电力设施的保护围墙、遮栏。

（6）不能往电力线、变压器上扔东西，不能在电力线附近放炮、采石、修房屋、立井架、砍伐树木。

（7）不能在电力线下盖房子、打机井、堆放柴草、栽种树木。

（8）不能在电线杆附近挖坑取土。

（9）不要在电杆上拴家畜，或用强力撞震电杆。

（10）晒衣服的铁丝要远离电线，更不能在电线上挂、晒衣物。所种藤蔓植物不能缠绕电线。

（11）教育孩子，不要攀登变压器，电杆，不晃拉线，不在电线下放风筝。

（12）不要在灯泡开关、闸刀盒附近放置物品。若发现异味时，应立即拉开家用闸刀，查清原因。火灾时，应立即断电，失火来不及断开电源的，不要泼水救火，要用盖土、盖沙的办法救火。

（13）不要将电话线、广播线与电力线混装在一起，同孔入室。

（14）架设电视天线时，要使天线杆与电力线的距离保持在 3m 以上。

（15）跨越房顶的电线，要与房顶保持 2.5m 以上的距离。

（16）选择高质量的剩余电流动作保护器。

（17）更换灯泡，要站在干燥木凳等绝缘物上，擦拭灯泡或其他电器时，应断开电源。

（18）家用电器异常时，要断开电源，再做修理。

（19）新购或长时间停用的用电设备，使用前要检查绝缘情况。

（20）临时用电要经供电所同意，由电工安装，禁止私拉乱接临时电线，用后要及时拆除。

（21）发现电线落地，人要离开 10m 以外，更不要用手去拾，并要看守现场，及时通知电工，立即处理。

（22）发现有人触电，不能用手去拉，应尽快切断电源，再进行抢救。

（23）雷雨时不要靠近电杆和铁塔、避雷针等高电压设备。

第二节　农村配电网安全生产基本要求

一、作业人员与带电体之间的安全距离

高压线路和设备不停电时的安全距离（交流）见表 12-1。

表 12-1　　　　高压线路和设备不停电时的安全距离（交流）

电压等级（kV）	安全距离（m）	电压等级（kV）	安全距离（m）
10 及以下[①]	0.7（0.35）[②]	220	3.0
20、35	1.0（0.6）[②]	330	4.0
66、110	1.5	500	5.0

[①]　表中未列电压应选用高一电压等级的安全距离，后表同。

[②]　括号内数值仅用于作业人员与带电设备之间采取了绝缘隔离或安全遮栏措施的情况。

临近或交叉其他高压电力线工作的安全距离（交流）见表 12-2。

表 12-2　　　　临近或交叉其他高压电力线工作的安全距离（交流）

电压等级（kV）	安全距离（m）	电压等级（kV）	安全距离（m）
10 及以下	1.0	220	4.0
20、35	2.5	330	5.0
66、110	3.0	500	6.0

低压架空线对地距离和交跨距离见表 12-3。

表 12-3　　　　　　　　　低压架空线对地距离和交跨距离

交跨对象	交跨方位	裸导线（m）	绝缘导线（m）
集镇、村庄	垂直	6	6
田间（非居住区）	垂直	5	5
交通困难地区	垂直	4	4
步行可达到的山坡	垂直	3	3
步行不能达到的山坡、峭壁	垂直	1	1
通航河流的常年高水位	垂直	6	6
通航河流最高航行水位最高船桅杆	垂直	1	1
不能通航的河湖水面	垂直	5	5
不能通航的河湖最高洪水位	垂直	3	3
建筑物	垂直	2.5	2
	水平	1	0.2
树木	垂直	1.25	0.2
	水平	1.25	0.5
弱点线路	垂直	1	1
	水平	1	1
1kV 以下	垂直	1	1
	水平	2.5	2.5
6~10kV 线路	垂直	2	2
	水平	2.5	2.5
35~110kV 线路	垂直	3	3
	水平	5	5
220kV 线路	垂直	4	4
	水平	7	7
330kV 线路	垂直	5	5
	水平	9	9

二、个人防护装备

（1）任何人员进入生产、施工现场必须正确佩戴安全帽。应将帽箍扣调整到合适的位置，锁紧下颚带，防止工作中前倾后仰或其他原因造成滑落。

（2）应正确选用安全带，其功能应符合现场作业要求。安全带穿戴好后应仔细检查连接扣或调节扣，确保各处绳扣连接牢固。

（3）安全绳应是整根，不应私自接长使用。安全绳的连接应通过连接扣连接，在使用过程中不应打结。

（4）个人保安线仅作为预防感应电使用，不得以此代替《电业安全工作规程》规定的工作接地线。只有在工作接地线挂好后，方可在工作相上挂个人保安线。在杆塔或横担接地通道良好的条件下，个人保安线接地端允许接在杆塔或横担上。

三、绝缘安全工器具

（1）携带型短路接地线的截面应满足装设地点短路电流的要求，长度应满足工作现场需要。禁止使用其他导线作接地线或短路线，禁止用缠绕的方法进行接地或短路。

（2）绝缘操作杆的规格必须符合被操作设备的电压等级，不可任意取用。

1）操作时，人体应与带电设备保持足够的安全距离，操作者的手握部位不得越过护环，以保持有效的绝缘长度，并注意防止绝缘操作杆被人体或设备短接。

2）雨天在户外操作电气设备时，绝缘操作杆的绝缘部分应有防雨罩，罩的上口应与绝缘部分紧密结合，无渗漏现象，以便阻断流下的雨水，使其不致形成连续的水流柱而降低湿闪电压。

3）雨天使用绝缘杆操作室外高压设备时，还应穿绝缘靴。

四、登高工器具

（1）脚扣登杆前，应在杆根处进行一次冲击试验，无异常方可继续使用；脚扣脚带应系牢，登杆过程中应根据杆径粗细随时调整脚扣尺寸；特殊天气使用脚扣时，应采取防滑措施。

（2）工作需要使用梯子登高时，需注意以下安全事项：

1）梯子应能承受作业人员及所携带的工具和材料的总重量。

2）梯子一般不得接长或垫高使用，确需接长时，应用铁卡子或绳索切实卡住或绑牢并加设支撑。

3）梯子应放置稳固，梯脚要有防滑装置。使用前，应先进行试登，确认可靠后方可使用。有人员在梯子上工作时，梯子应有人扶持和监护。

4）在通道上使用梯子时，应设监护人或设置临时围栏。梯子一般不准放在门前使用，确需使用时，应制定防止门突然开启的措施后方可使用。

5）在变电站高压设备区或高压室内应使用绝缘材料的梯子，禁止使用金属梯子，搬动梯子时，应放倒两人搬运，并与带电部分保持安全距离。

五、携带型仪器仪表

（1）非金属外壳的仪器，应与地绝缘；金属外壳的仪器，外壳应接地。

（2）使用钳形电流表时，应注意钳形电流表的电压等级，测量时戴绝缘手套，站在绝缘垫上，不得触及其他设备，以防短路或接地。

（3）使用绝缘电阻表在测量绝缘前后，必须将被试设备对地放电。

（4）在带电设备附近测量绝缘电阻时，测量人员和绝缘电阻表安放位置，必须选择适当，保持安全距离，以免绝缘电阻表引线或引线支持物触碰带电部分。移动引线时，必须注意监护，防止工作人员触电。

（5）现场作业使用的电动工具外壳必须可靠接地，其所接电源必须装有漏电保护器，并遵守操作规程。❶

第三节　触电紧急救护法

一、通则

（1）紧急救护的基本原则是在现场采取积极措施，保护伤员的生命，减轻伤情，减少痛苦，并根据伤情需要，迅速与医疗急救中心医疗部门联系救治。急救成功的关键是动作快，操作正确。任何拖延和操作错误都会导致伤员伤情加重或死亡。

（2）要认真观察伤员全身情况，防止伤情恶化。发现伤员意识不清、瞳孔扩大无反应、呼吸、心跳停止时，应立即在现场就地抢救，用心肺复苏法支持呼吸和循环，对脑、心重要脏器供氧。心脏停止跳动后，只有分秒必争地迅速抢救，救活的可能才较大。

（3）现场工作人员都应定期接受培训，学会紧急救护法，会正确解脱电源，会心肺复苏法，会止血、会包扎、会固定，会转移搬运伤员，会处理急救外伤

---

❶《国家电网公司电力安全工器具管理规定》《国家电网公司电力安全工作规程》。

或中毒等。

（4）生产现场和经常有人工作的场所应配备急救箱，存放急救用品，并应指定专人经常检查、补充或更换。

二、触电急救

触电急救应分秒必争，一经明确心跳、呼吸停止的，立即就地迅速用心肺复苏法进行抢救，并坚持不断地进行，同时及早与医疗急救中心医疗部门联系，争取医务人员接替救治。在医务人员未接替救治前，不应放弃现场抢救，更不能只根据没有呼吸或脉搏的表现，擅自判定伤员死亡，放弃抢救。只有医生有权做出伤员死亡的诊断。与医务人员接替时，应提醒医务人员在触电者转移到医院的过程中不准间断抢救。

三、迅速脱离电源

触电急救，首先要使触电者迅速脱离电源，越快越好。因为电流作用的时间越长，伤害越重。

脱离电源，就是要把触电者接触的那一部分带电设备的所有开关、刀闸或其他断路设备断开；或设法将触电者与带电设备脱离开。在脱离电源过程中，救护人员也要注意保护自身的安全。如触电者处于高处，应采取相应措施，防止该伤员脱离电源后自高处坠落形成复合伤。

低压触电可采用下列方法使触电者脱离电源：

（1）如果触电地点附近有电源开关或电源插座，可立即拉开开关或拔出插头，断开电源。但应注意到拉线开关或墙壁开关等只控制一根线的开关，有可能因安装问题只能切断零线而没有断开电源的火线。

（2）如果触电地点附近没有电源开关或电源插座插头，可用有绝缘柄的电工钳或有干燥木柄的斧头切断电线，断开电源。

（3）当电线搭落在触电者身上或压在身下时，可用干燥的衣服、手套、绳索、皮带、木板、木棒等绝缘物作为工具，拉开触电者或挑开电线，使触电者脱离电源。

（4）如果触电者的衣服是干燥的，又没有紧缠在身上，可以用一只手抓住他的衣服，拉离电源。但因触电者的身体是带电的，其鞋的绝缘也可能遭到破坏，救护人不准接触触电者的皮肤，也不能抓他的鞋。

（5）若触电发生在低压带电的架空线路上或配电台架、进户线上，对可立即切断电源的，则应迅速断开电源，救护者迅速登杆或登至可靠地方，并做好自身防触电、防坠落安全措施，用带有绝缘胶柄的钢丝钳、绝缘物体或干燥不导电物体等工具将触电者脱离电源。

高压触电可采用下列方法之一使触电者脱离电源：

（1）立即通知有关供电单位或用户停电。

（2）戴上绝缘手套，穿上绝缘靴，用相应电压等级的绝缘工具按顺序拉开电源开关或熔断器。

（3）抛掷裸金属线使线路短路接地，迫使保护装置动作，断开电源。注意抛掷金属线之前，应先将金属线的一端固定可靠接地，然后另一端系上重物抛掷，注意抛掷的一端不可触及触电者和其他人。另外，抛掷者抛出线后，要迅速离开接地的金属线 8m 以外或双腿并拢站立，防止跨步电压伤人。在抛掷短路线时，应注意防止电弧伤人或断线危及人员安全。

四、脱离电源后救护者应注意的事项

（1）救护人不可直接用手、其他金属及潮湿的物体作为救护工具，而应使用适当的绝缘工具。救护人最好用一只手操作，以防自己触电。

（2）防止触电者脱离电源后可能的摔伤，特别是当触电者在高处的情况下，应考虑防止坠落的措施。即使触电者在平地，也要注意触电者倒下的方向，注意防摔。救护者也应注意救护中自身的防坠落、摔伤措施。

（3）救护者在救护过程中特别是在杆上或高处抢救伤者时，要注意自身和被救者与附近带电体之间的安全距离，防止再次触及带电设备。电气设备、线路即使电源已断开，对未做安全措施挂上接地线的设备也应视作有电设备。救护人员登高时应随身携带必要的绝缘工具和牢固的绳索等。

（4）如事故发生在夜间，应设置临时照明灯，以便于抢救，避免意外事故，但不能因此延误切除电源和进行急救的时间。

现场就地急救触电者脱离电源以后，现场救护人员应迅速对触电者的伤情进行判断，对症抢救。同时设法联系医疗急救中心（医疗部门）的医生到现场接替救治。要根据触电伤员的不同情况，采用不同的急救方法。

1）触电者神志清醒、有意识，心脏跳动，但呼吸急促、面色苍白，或曾一度电休克、但未失去知觉。此时不能用心肺复苏法抢救，应将触电者抬到空气新鲜、通风良好地方躺下，安静休息 1～2h，让他慢慢恢复正常。天凉时要注意保温，并随时观察呼吸、脉搏变化。条件允许，送医院进一步检查。

2）触电者神志不清，判断意识无，有心跳，但呼吸停止或极微弱时，应立即用仰头抬颏法，使气道开放，并进行口对口人工呼吸。此时切记不能对触电者施行心脏按压。如此时不及时用人工呼吸法抢救，触电者将会因缺氧过久而引起心跳停止。

3）触电者神志丧失，判定意识无，心跳停止，但有极微弱的呼吸时，应立即施行心肺复苏法抢救。不能认为尚有微弱呼吸，只需做胸外按压，因为这种微弱呼吸已起不到人体需要的氧交换作用，如不及时人工呼吸即会发生死亡，若能立即施行口对口人工呼吸法和胸外按压，就能抢救成功。

4）触电者心跳、呼吸停止时，应立即进行心肺复苏法抢救，不准延误或中断。

5）触电者和雷击伤者心跳、呼吸停止，并伴有其他外伤时，应先迅速进行心肺复苏急救，然后再处理外伤。

6）发现杆塔上或高处有人触电，要争取时间及早在杆塔上或高处开始抢救。触电者脱离电源后，应迅速将伤员扶卧在救护人的安全带上或在适当地方躺平，然后根据伤者的意识、呼吸及颈动脉搏动情况来进行前 1）～5）项不同方式的急救。应提醒的是高处抢救触电者，迅速判断其意识和呼吸是否存在是十分重要的。若呼吸已停止，开放气道后立即口对口（鼻）吹气 2 次，再测试颈动脉，如有搏动，则每 5s 继续吹气 1 次；若颈动脉无搏动，可用空心拳头叩击心前区 2 次，促使心脏复跳。为使抢救更为有效，应立即设法将伤员营救至地面，并继续按心肺复苏法坚持抢救。❶

---

❶《国家电网公司电力安全工作规程》。

第十三章 计 量

本章主要介绍配电网涉及的各类计量装置的安装和故障处理方法,旨在帮助供电所员工和电网企业帮扶人员掌握居民相关计量装置问题的处理办法。

第一节 电能计量装置基础知识

电能计量装置是由各种类型的电能表或与计量用电压互感器、电流互感器(或专用二次绕组)及其二次回路相连接组成的用于计量电能的装置,包括电能计量柜(箱、屏)。

一、电能表

电能表是测量电能的专用仪表,是电能计量最基础的设备。

(一)电能表分类

电能表的类别可按不同的情况进行划分:

(1)按照测量的不同电流种类可将电能表分为直流式和交流式。

(2)按照准确度等级可以分为普通电能表和标准电能表。

(3)按照接线方式和所接相数的不同可以分为单相电能表(见图13-1)、三相电能表。

(4)按照用途可以分为有功电能表、无功电能表、最大需量表、标准电能表、预付费电能表。

(5)按照结构可以分为感应式、电子式、数字式电能表、智能电能表。

(二)国产电能表型号及铭牌含义

以图13-1中单相远程费控电能表外观为例,简要介绍型号及铭牌含义。

电能表型号由字母和数字排列表示,电能表标注位置见图13-1中①,具体内容如下:

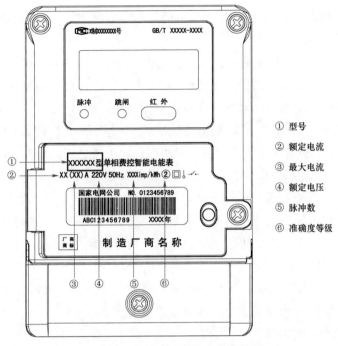

图 13-1 单相远程费控电能表外观

类别代号＋组别代号＋设计序号＋派生号。

（1）类别代号：D-电能表。

（2）组别代号：表示相线和用途。

表示相数：D-单相；S-三相三线；T-三相四线。

表示用途：Z-最大需量；D-多功能；S-全电子式；Y-预付费；F-复费率；M-脉冲计数；J-带接收器的脉冲电能表；I-载波抄表。

（3）设计序号（表示生产系列）：用阿拉伯数字表示，如 864、95 等。

（4）派生号（表示使用场合）：T-湿热、干燥两用；TH-湿热带用；TA-干热带用；G-高原用；H-船用；F-化工防腐用；K-开关板式；J-带接收器的脉冲电能表。

常见的电能表型号有：DD、DS、DT、DX、DB，如 DDY 表示单相预付费电能表，DSSD 表示三相三线全电子式多功能电能表。

（三）电能表相关术语

（1）基本电流：标明在电能表上作为计算负荷基数的电流。直通式单相电能表的常用基本电流数值有 1、2、5、10、20、50A，直通式三相电能表的常用基本电流数值有 5、10、20、50、80A，基本电流用符号 I_b 表示。电能表上标注位置见图 13-1 中②。

（2）额定电流：指电能表长期工作而误差和温升不超标，即不超过指导基数标准规定的允许误差的最大电流值，电能表的额定电流通常被称为额定最大电流。额定电流通常用括号标注在标定电流之后，如 5（10）A、6（12），现在大多数电流表都是 4 倍。额定电流用 I_n 符号表示，电能表上标注位置见图 13-1 中③。额定电流通常用括号标注在标定电流之后，如 5（10）A、6（12）A、1.5（6）A 等；现场新装电能表需要满足额定电流不小于用户预测最大负荷才能使电能表稳定运行。

对于三相电能表还应在前面乘上相数，如 3×3（6）A、3×5（20）A 等；对于经电流互感器接入式电能表则应标明互感器的额定变比，如 3×1000/5、3×500/5 等，如果额定电流小于基本电流的 150%时，那么只标明基本电流。

（3）额定电压：是指在确定电能表有关特性的电压值，又叫参比电压，表示电能表长期运行时所能承受的工作电压。

对于直通式电能表：

1）3×380V 表示三相三线直通式电能表额定线电压 380V；

2）3×220/380V 表示三相四线直通式电能表额定相电压 220V、额定线电压 380V；

3）220V 表示单相直通式电能表电压线路接线端电压 220V，见图 13-1 中④。

对于经电压互感器的接入式电能表，则应标明互感器的额定变比，如 3×10000/100V、3×6000/100V，如果电能表常数中未考虑变比，那么应标为 3×100V。

（4）额定功率：是指电能表在额定电压和额定电流工作下所消耗的有功功率（P_n 为额定功率，U_n 为额定电压，I_n 为额定电流）。

1）单相电能表：$P_n = U_n \times I_n$；

2）三相三线电能表 $P_n = \sqrt{3} U_n \times I_n$；

3）三相四线电能表 $P_n = 3U_n \times I_n$。

（5）电能表常数：是指电能表的转盘在每千瓦时（kWh）需要转的圈数或电子式电能表每记录千瓦小时的电能时电能表所发生的脉冲数。有功电能表的常数用 r/kWh 表示，无功电能表常数用 r/kvarh 表示。电能表上标注位置见

图 13-1 中⑤。

（6）启动电流：指在额定条件下，是感应式电能表转盘不停转动的最小负荷电流，加上智能表的定义。启动电流的大小反映了电能表灵敏度的高低。

（7）准确度等级（带 S 级的电能表）：表示在规定条件下的误差等级，一般以计入圆圈内的数字表示，图 13-1 中⑥表示电能表的准确度等级为 2 级，即该电能表的基本误差不大于±2%，没有标志的则视为 2.0 级。S 级电能表是指宽负载电能表，与不带 S 级的电能表的区别在于对轻负载计量的准确度要求不同。不带 S 级的电能表在 5%I_b 以下没有误差要求，而带 S 级的电能表在 1%I_b 即有误差要求，从而提高了电能表轻负载的计量特性。

二、互感器

（一）互感器分类

根据互感器的测量对象，互感器可以分为电流互感器和电压互感器两种，其中，电流互感器的英文名称简称为 CT，文字符号为 TA，电压互感器的英文名称简称为 PT，文字符号为 TV。

根据互感器的安装地点，互感器可分为户内式和户外式、户内外通用式三种。根据互感器的工作原理，互感器可以分为电磁式、电子式、光电式、数字式四种。

（二）互感器作用

（1）将人员或仪表和高电压、大电流相隔离，保证测量仪表和测试人员的安全。

（2）将大电流变成小电流、高电压变成小电压，与测量仪表配合，对线路的电流、电压、电能等进行测量。

（3）互感器采用统一的标准化输出量，如电压互感器为 100、100/$\sqrt{3}$ A，电流互感器为 5A、1A 等，能够使测量仪表实现标准化和小型化，便于仪表的批量生产，降低生产成本。

由电压互感器和电流互感器组合形成一体的互感器称为组合式互感器。

（三）国产互感器型号含义

用汉语拼音字母组成互感器的符号，不同的字母分别表示其主要结构形式、绝缘结构类别和用途。

第一个字母表示互感器的名称：L-电流互感器（HL-仪用电流互感器）；

第二个字母表示一次绕组的结构形式或安装形式；

第三个字母表示绝缘结构（绕组外绝缘介质形式）的类别：A-穿墙式、B-支柱式、C-瓷绝缘式、D-单匝贯穿式、F-复匝贯穿式、G-改进式、J-环氧树脂浇注、L-电缆型、M-母线式 Q-线圈式、R-装入式、W-户外式、Y-低压式、Z-支柱式或浇注绝缘；

第四个字母表示电流互感器的功能；

第五个字母表示辅助性能：B-过电流保护、C 或 D-差动保护用、J-接地保护或加大容量、X-配电箱适用。

三、计量装置接线方式

为了保证电能计量的准确可靠，避免引入接线附加误差，电能计量装置必须具有正确的接线方式。应用于中性点非绝缘系统的电能计量装置，应采用三相四线接线方式，不得采用三相三线接线方式；应用于中性点绝缘系统的电能计量装置，可采用三相四线接线方式，亦可采用三相三线接线方式。具体见表 13-1。

表 13-1　　　　　　　　各接线方式电能计量装置配置表

中性点接地方式	电压等级		
	低压电力系统		高压电力系统
	负荷电流 60A 及以下	负荷电流 60A 以上	—
非中性点绝缘系统	直接接入三相四线	经电流互感器接入三相四线	经电流、电压互感器接入三相四线
中性点绝缘系统	—	—	经电流、电压互感器接入三相三线
单相供电系统	直接接入单相		—

四、计量用互感器及电能表配置要求

按照《电能计量装置技术管理规程》（DL/T 448—2016）的规定，各类电能计量装置应配置的电能表、互感器的准确度等级不应低于表 13-2 所示值。

表 13-2 准 确 度 等 级

电能计量装置类别	准确度等级			
	有功电能表	无功电能表	电压互感器	电流互感器
Ⅳ	2.0	3.0	0.5	0.5S
Ⅴ	2.0	—	—	0.5S

注 电压互感器二次回路电压降不应大于其额定二次电压的 0.5%。0.2 级电流互感器仅指发电机出口电能计量装置中配用。

根据《国家电网公司输变电工程通用设计 计量装置分册》的要求，各电压等级计量用电压、电流互感器、电能表配置可见表 13-3。

表 13-3 各电压等级计量用电压互感器、电流互感器、电能表配置

电压等级	电压互感器配置要求	电流互感器配置要求	电能表配置要求
10kV	贸易结算用电能计量装置配置计量专用电压互感器或具有计量专用二次绕组的多绕组电压互感器；宜采用电磁式电压互感器，户内配电装置和户内电能计量柜，宜采用无油结构的电磁式电压互感器，户外配电装置必要时可采用无油结构的电压电流组合互感器	贸易结算用电能计量装置配置 S 级计量专用电流互感器或具有计量专用二次绕组的电流互感器，为提高小负荷计量性能，可选用多电流比、负荷电流比的电流互感器；户内配电装置和户内电能计量柜，宜采用无油结构的电流互感器，户外配电装置必要时可采用无油结构的电压电流组合互感器。应保证正常运行的实际负荷电流达到电流互感器一次额定电流的 60% 左右，至少不应小于 20%；电流互感器二次额定电流宜选 5A	宜配置电子式多功能电能表，为提高低负荷计量的准确性，应选用 1 块过载 4 倍及以上的电能表
400V	—	当负荷电流大于 60A 时，须经电流互感器接入，准确度等级不低于 0.5S 级，额定二次负荷应为实际二次负荷的 2 倍左右；正常运行实际负荷电流，应达到额定一次电流的 2/3 左右，至少不能小于 20%	根据功能需要采用电子式多功能电能表或预付费电能表，经电流互感器接入的电能表，基本电流不应超过电流互感器额定二次电流的 30%，最大电流为电流互感器额定二次电流 120%，直接接入式电能表的基本电流应为正常负荷电流的 30%左右
220V	—	—	宜配置单相智能电能表，电能表基本电流为 5、10、20A，最大电流为基本电流的 4 倍及以上

五、电能计量箱

根据《国家电网公司输变电工程通用设计 计量装置分册》的要求，各电

压等级电能计量箱配置可见表 13-4。

表 13-4   各电压等级电能计量箱配置

电压等级	配置要求
10kV	电能计量柜（箱）的防护等级，室内的不低于 IP20，室外的不低于 IP54，电能计量装置涉及的屏、柜、箱及回路接线端子等，应采取相应的封闭措施，防止非授权人员操作
400V	室外安装的计量箱，必须满足地区环境温度条件，防雨、防晒、防雷击和防电磁干扰；柜（箱）应防锈并牢固可靠，柜（箱）体分电能表室、互感器室与用电管理终端室，并分别封闭
220V	电能计量箱应通过国家强制性产品认证，计量箱户内防护等级不低于 IP30，室外防护等级不低于 IP54，具备防雨、防尘和防日照等功能，使用寿命不低于 20 年

六、计量二次回路

根据《电能计量装置技术管理规程》（DL/T 448）的规定，计量二次回路的配置应遵循以下原则：

（1）电流互感器二次回路导线截面的选择：电流互感器二次回路导线阻抗是二次负荷阻抗的一部分，当二次回路连接导线的长度一定时，其截面应按电流互感器的额定二次负荷计算确定，一般不应小于 $4mm^2$。

（2）电压互感器二次回路导线截面的选择：电压互感器的负荷电流通过二次导线时会产生电压降，那么加在电能表上的电压就不等于电压互感器二次绕组的端电压，这将造成电能表端电压对于二次绕组端电压的量值和相位上的变化，由此产生电能量的测量误差。一般用加大导线截面或缩短导线长度来减小 TV 二次回路电压降。当电压二次回路导线长度一定时，其截面应按允许的电压降计算确定。通常电压二次回路的导线截面不应小于 $2.5mm^2$。❶

第二节   电能计量装置安装规范

电能计量装置的安装应符合《电能计量装置安装接线规则》（DL/T 825）相关要求。

---

❶《电能计量装置技术管理规程》（DL/T 448）、《国家电网公司输变电工程通用设计 计量装置分册》、《国家电网公司关口电能计量装置管理办法》。

一、电能计量装置接线方式及接线图

常用电能表应依据 DL/T 448—2016 按照如下要求配置：

（1）低压供电且计算负荷电流为 60A 及以下时，宜采用直接接入电能表的接线方式，接入方式见图 13-2；计算负荷电流为 60A 以上时，宜采用经电流互感器接入电能表的接线方式，接入方式见图 13-3。

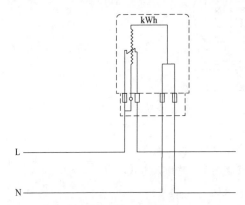

图 13-2 单相计量直接接入方式

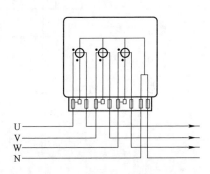

图 13-3 三相低压计量直接接入方式

（2）低压供电方式为单相二线者应安装单相有功电能表，接入方式见图 13-4。

（3）高压电力系统，其计量装置应采用经互感器接入电能表方式。

（4）根据三相电力系统中性点接地方式，其电能计量装置配置方式应符合表 13-1 要求；接入中性点绝缘系统的电能计量装置，应采用三相三线电能表，接入方式见图 13-5。接入非中性点绝缘系统的电能计量装置，应采用三相四线电能表，接入方式见图 13-6。

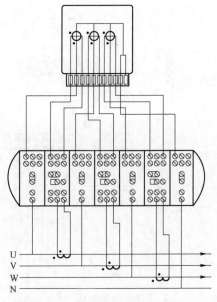

图 13-4 三相低压计量经电流
互感器接入方式

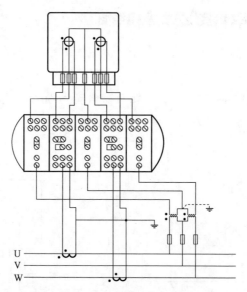

图 13-5 三相三线制高压计量接入方式

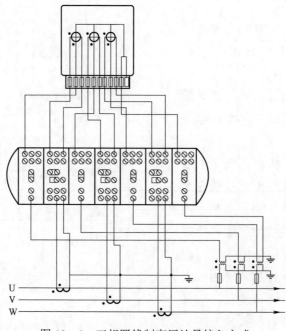

图 13-6 三相四线制高压计量接入方式

二、电能计量装置安装规范及工艺标准

（一）材料要求

（1）二次回路接线电缆的识别标志应符合要求，导线外皮颜色应采用：交流 A 相为黄色；交流 B 相为绿色；交流 C 相为红色；中性线为淡蓝色；接地线为黄和绿双色。

（2）电压、电流二次回路导线均应加装与图纸相符的端子编号。导线排列顺序应按正相序（即黄，绿，红色线为自左向右或自上向下）排列。

（3）导线宜采用铜质单芯绝缘线。电力用户工程中，仅用于电能计量的电压、电流互感器应从输出端子直接接至试验接线盒，中间不得有任何辅助接点、接头或其他连接端子导线留有足够长的裕度。

（4）经电流互感器接入的低压三相四线电能表，其电压引入线应单独接入，不得与电流线共用，电压引入线的另一端应接在电流互感器一次电源侧，并在电源侧母线上另行引出，禁止在母线连接螺栓处引出。电压引入线与电流互感器一次电源应同时切合。

（5）电压及电流互感器二次回路导线截面积应满足要求。

（6）电压互感器及高压电流互感器二次回路均应只有一处可靠接地。高压电流互感器应将互感器二次尾端与外壳直接接地，Yy 接线电压互感器应在中性点处接地，Vv 接线电压互感器应在 B 相接地。

（7）直接接入式电能表的导线截面应根据额定的正常负荷电流按表 13－5 选择，所选导线截面应小于接线孔截面。

表 13－5   负荷电流与导线截面选择

负荷电流有效值（A）	铜芯数×标称绝缘导线截面积（mm^2）
$I<20$	1×4.0
$20\leqslant I<40$	1×6.0
$40\leqslant I<60$	7×1.5 或不小于 10
$60\leqslant I<80$	7×2.5 或不小于 16
$80\leqslant I<100$	7×4.0 或不小于 25

（二）安装规范

（1）同一组的电流（电压）互感器应采用制造厂、型号、额定电流（电压）

变比、准确度等级、二次容量均相同的互感器。

（2）二只或三只电流（电压）互感器进线端极性符号应一致，以便确认该组电流（电压）互感器一次及二次回路电流（电压）的正方向。

（3）35kV 以上电压互感器一次侧安装隔离开关，二次侧安装快速熔断器或快速开关；35kV 及以下电压互感器一次侧应安装熔断器，二次侧不得加装熔断器。

（4）低压计量电压回路不得加装熔断器。

（5）电能计量专用电压、电流互感器或专用二次绕组及其二次回路应安装计量专用二次接线盒或试验接线盒。

（6）金属材质的计量柜（屏）、计量箱必须可靠接地。

（7）互感器二次端子排、电能表、计量箱（柜）、联合接线盒应实施封印。

（8）计量柜（屏）安装要求：

1）计量柜可设置在主受电柜后面。

2）计量柜（屏）上的设备与各构件间连接应牢固，允许偏差应满足要求。

3）电能表和电能信息采集终端宜平行排列，设备下端应加有回路名称的标签。

4）电能表、电能信息采集终端宜装在 0.8～1.8m 的高度（设备水平中心线距地面尺寸），至少不应低于 600mm。

5）电能表、电能信息采集终端应分别安装在固定夹具上，安装必须垂直牢固，设备中心线向各方向的倾斜不大于 1°。

6）电能表与电能表、电能信息采集终端之间的水平距离不应小于 80mm。

7）单相电能表之间的距离不应小于 30mm。

8）试验接线盒、电能表、电能信息采集终端与壳体之间的距离不应小于60mm。

9）电能表、电能信息采集终端与试验接线盒之间的垂直距离不应小于40mm。

10）计量柜（屏）柜体接地应牢固可靠，标识应明显。柜内二次回路接地应设接地铜排。电流互感器二次回路中性点应分别一点接地，接地截面不应小于 4mm²，且不得与其他回路接地压在同一接线鼻子内。

11）安装后的计量柜（屏）孔洞应封堵严密。

（9）计量箱安装应符合下列要求：

1）计量箱应紧靠近进线处，柜式应落地安装，箱式可采用悬挂或嵌墙安装。

2）柜式的进线和互感器一次采用硬母排，互感器一次排应为单排形式，排间距离保证不同外形尺寸互感器的安装。箱式的一次进、出应有固定和密封措施，按照进线、互感器、仪表、控制的顺序顺向排列布局计量箱结构分布。

3）宜预留互感器固定支架，互感器采用穿心式或母排式。

4）低压穿心式电流互感器应采用固定单一的变比，以防发生互感器倍率差错。

（三）工艺标准

（1）按图施工、接线应正确；电气连接应可靠、接触良好；配线应整齐美观；导线应无损伤、绝缘良好，接入端子处松紧应适度，接线处铜芯不应外露、不应有压皮。

（2）二次回路有且仅有一点接地，且接线应注意电压、电流互感器的极性端符号。

（3）二次回路接好后，应进行接线正确性检查。

（4）电流互感器二次回路每只接线螺钉最多允许接入两根导线。

（5）当导线接入的端子是接触螺钉，应根据螺钉的直径将导线的末端弯成一个环，其弯曲方向应与螺钉旋入方向相同，螺钉（或螺母）与导线间、导线与导线间应加垫圈。

（6）直接接入式电能表采用多股绝缘导线，应按表计容量选择。遇若选择的导线过粗时，应采用断股后再接入电能表端钮盒的方式。

（7）电能表和电能信息采集终端的端钮盒的接线端子应一孔一线，孔线对应。

（8）电能信息采集终端通信天线安装应满足通信信号要求，馈线与天线应可靠旋紧，安装在计量（柜）外的馈线应穿管保护。

（9）多表位表箱内预留表位的导线裸露部分应采取绝缘措施，并断开对应开关。❶

---

❶ 《直接接入式电能计量装置装拆标准化作业指导书》（Q/GDW/ZY 1017—2013）、《经互感器接入式低压电能计量装置装拆标准化作业指导书》（Q/GDW/ZY 1016—2013）、《高压电能计量装置装拆标准化作业指导书》（Q/GDW/ZY 1015—2013）、《电能计量装置安装接线规则》（DL/T 825—2021）、《低压计量箱技术规范》《电能计量装置技术管理规程》（DL/T 448—2000）。

第三节　电能计量装置常见问题答疑

（1）电子式电能表比机械式电能表快吗？

答：不是。电子式电能表与传统的机械电能表相比，在计量准确性和标准上是一致的，但是电子式电能表在轻负载、小电流的情况下（如手机充电器、电视机和空调使用遥控器关闭处于待机状态等）也能正常计量。通过精准计量，可以有效帮助广大电力用户养成良好的用电习惯。例如电热水器、饮水机不宜反复烧煮；勿长时间打开冰箱门，冰箱门随手检查是否关牢；不用的电器、充电器宜及时拔掉插头、关闭电源，减少电器待机状态电能损耗；空调温度设置夏天不低于 26℃、冬天不高于 22℃，既省电又舒适；随手关灯；选用高效能的电器产品，如使用节能灯在相同亮度下可节省 70%～80%电量。

（2）表计液晶屏常亮，是否会浪费用户的电？

答：不会。表计液晶屏常亮是表计报警模式，可能当前用户欠费，表计提示"请购电"，表计液晶屏消耗电表自身电量，其本身的供电部件安装在计量芯片之前，所以电能表自身消耗的电量不计入客户的用电量。

（3）客户询问电流升高，电表是否会加速计量，导致计量不准确？

答：不会。所有电能表在安装前，均需通过国网电力公司计量中心检定，检定合格的电能表还需通过国家质量监督局的抽检。合格的电能表均通过了电流变化对误差改变的影响试验，符合国家检定规程的要求，当电流升高时，表明用户使用的电器数量增加或电器的功率大，以家庭常用 5（60）A 的电能表为例，根据检定规程规定表计在 0.25～72A 之间都能够准确计量。

（4）电压发生变化时电能表计量是否准确，会导致计量电量比实际用电量多吗？

答：不会。所有电能表在安装前，均需通过国网公司及其下属的各计量中心检定，检定合格的电能表还需通过国家质量监督局抽检。合格的电能表均通过了电压变化对误差改变的影响试验，符合国家检定规程的要求。所以安装到用电客户现场的电能表在电压升高时，仍能准确计量客户的用电量，客户家的电压会随着用电负荷的变化而稍有变化，在用电高峰时段电压会稍微降低，用电低谷时电压会升高一点。我国国家标准规定，供电电压在额定值±10%范围内波动时，不应影响电能表计量准确度。

（5）表计上的脉冲灯闪烁一下就计一度电？

答：表计上有很多小灯，它们分别表示不同的含义，脉冲灯的闪烁确实和电量有关，不过家庭常用的单相表通常铭牌上会有 1200imp/kWh 的文字，它表示用户使用一度电，脉冲灯闪烁 1200 次。

（6）用户申请电能表校验或对现场校验结果不认可应怎么办？

答：用户认为供电企业装设的计费电能表不准时，有权向供电企业提出校验申请，供电企业受理申请后，应当在五个工作日内检验，并将检验结果通知用户。如计费电能表的误差超出允许范围时，供电企业应当按照《供电营业规则》规定退补电费。用户对检验结果有异议时，可以向有资质的计量检定机构申请检定。用户在申请验表期间，其电费仍应当按期交纳，验表结果确认后，再行退补电费。供电企业或用户自愿委托相关机构对电能计量装置进行校验的，按照"谁委托、谁付费"的原则，检定费由委托方支付，但计量装置经检定确有问题的，由供电企业承担检定费用，并免费为用户更换合格的计量装置。公司计量技术机构开展用户申校检定工作不收取检定费。

（7）计量装置误差超出允许范围时该如何进行电量追退？

由于计费计量互感器、电能表的误差及其连接线电压降超出允许范围或者其他非人为原因致使计量记录不准时，供电企业应当按照下列规定退补相应电量的电费：

1）互感器或者电能表误差超出允许范围时，以"0"误差为基准，按照验证后的误差值退补电量。退补时间以误差发生之日起至误差更正之日止计算；时间无法确定的，从上次校验或者换装后投入之日起至误差更正之日止的二分之一时间计算。

2）连接线的电压降超出允许范围时，以允许电压降为基准，按照验证后实际值与允许值之差退补电量。退补时间从连接线投入或负荷增加之日起至电压降更正之日止。

3）其他非人为原因致使计量记录不准时，以考核能耗用的计量装置或者其他电能量测量装置记录为基准计算。无上述装置的，以用户正常月份用电量为基准计算。退补时间按照电能计量装置运行数据确定。退补期间，用户先按照抄见电量如期交纳电费，误差确定后，再行退补。

（8）计量装置接线错误或铭牌与实际不符时该如何进行电量追退？

电能计量装置接线错误、互感器故障、倍率不符等原因，使电能计量或者计算出现差错时供电企业应当退补从差错发生之日起至差错更正之日止相应电量的电费，并按照下列规定执行：

1）计算电量的倍率或铭牌倍率与实际不符的，以实际倍率为基准，按照正确与错误倍率的差值退补电量；退补时间无法确定的，以抄表记录为准确定。

2）因计费电能计量装置接线错误、互感器故障的，以考核能耗用的电能计量装置或者其他电能量测量装置记录为基准计算。无上述装置的，可以按照以下方法计算：

计费电能计量装置接线错误的，以其实际记录的电量为基数，按照正确与错误接线的差额率退补电量；退补时间无法确定的，从上次校验或换装投入之日起至接线错误更正之日止；

互感器故障的，按照电工理论计算方法确定的差额率计算退补电量；无法计算的，以用户正常月份用电量为基准，按照正常月与故障月的差额计算退补电量。退补电量未正式确定前，用户先按照正常月用电量如期交纳电费。

第十四章　常用仪表及使用方法

本章主要介绍配电网涉及仪表的使用方法及注意事项,旨在帮助供电所员工和电网企业帮扶人员掌握低压检测仪表的使用,更好地服务农村居民安全用电。

第一节　数 字 万 用 表

一、基本原理

数字式万用表是数字电子技术应用在测量领域而出现的一种电子仪表,它与传统指针式万用表相比,具有测量准确度高、测量速度快等优点,在电子测量方面得到广泛的应用。

数字万用表是在数字直流电压表的基础上扩展而成,对电流、电阻的测量都是基于电压的测量。数字万用表的测量过程由转换电路将被测量转换成直流电压信号,再由模/数(A/D)转换器将电压模拟量转换成数字量,然后通过电子计数器计数,把测量结果用数字直接显示在显示屏上。

二、注意事项

(1)如果电压挡无法预先估计被测电压或电流的大小,则应先拨至最高量程挡测量一次,再逐渐把量程减小到合适的挡位。

(2)测量完毕,应将量程开关拨到最高电压挡,关闭电源。

(3)满量程时,仪表在最高位显示数字1,其他位均消失,这时应选择更高的量程。

(4)测量电压时,应将数字万用表与被测电路并联,测电流时应与被测电路串联,测直流量时不必考虑正、负极性。

(5)当误用交流电压挡去测量直流电压,或者误用直流电压挡去测量交流电压时，显示屏将显示 000，或者低位上的数字出现跳动。

（6）禁止在测量高电压或者大电流时换量程，以防止产生电弧，烧毁开关触点。

三、使用方法

（一）直流电压的测量步骤

（1）将红表笔插入 VΩHz 插孔，黑表笔插入 COM 插孔。

（2）测量前先估计被测电压的最大值，选取比估计电压高且接近的挡位。

（3）测量时，红表笔接被测电压的高电位处，黑表笔接被测电压的低电位处。

（4）直接从显示屏读出的数字就是被测电压值。

（二）直流电流的测量步骤

（1）将红表笔插入 mA 插孔，黑表笔插入 COM 插孔。

（2）测量前先估计被测电流的最大值，选取比估计电流高且接近的挡位。

（3）测量时，被测电路断开，将红表笔接被测电流的高电位处，黑表笔接被测电流的低电位处。

（4）直接从显示屏读出的数字就是被测电流值。

（三）交流电压的测量步骤

（1）将红表笔插入 VΩHz 插孔，黑表笔插入 COM 插孔。

（2）测量前先估计被测电压的最大值，选取比估计电压高且接近的挡位。

（3）红表笔、黑表笔接被测电压的两端。

（4）直接从显示屏读出的数字就是被测电压值。

（四）交流电流的测量步骤

（1）将红表笔插入 mA 插孔，黑表笔插入 COM 插孔。

（2）测量前先估计被测电流的最大值，选取比估计电流高且接近的挡位。

（3）测量时，被测电路断开，红表笔、黑表笔分别接断开位置的两端。

（4）直接从显示屏读出的数字就是被测电流值。

（五）电阻阻值的测量步骤

（1）将红表笔插入 VΩHz 插孔，黑表笔插入 COM 插孔。

（2）测量前先估计被测电阻阻值的大小，选取合适的挡位。

（3）测量时，将红表笔、黑表笔接被测电阻的两端。

（4）直接从显示屏读出的数字就是被测电阻阻值。

（六）二极管的测量步骤

（1）将红表笔插入 VΩHz 插孔，黑表笔插入 COM 插孔，将挡位选择开关置于二极管图形符号所指示的挡位上。

（2）红表笔接正极，黑表笔接负极，对硅二极管来说，应有 500～800mV 的数字显示，锗管应为 150～300mV；若把红表笔接负极，黑表笔接正极，表的读数应为"1"；若正反测量都不符合要求，则说明二极管已损坏。

第二节　试　电　笔

一、基本原理

试电笔内由金属笔尖、电阻、氖管、弹簧和金属笔尾构成导体通路，使用试电笔测量时，带电导体通过试电笔、人体与大地构成通路，当带电体与大地之间的电位差超过一定数值时，试电笔中的氖管就会发光，表示被测物体带电，且电压超过一定限值。

二、注意事项

（1）使用试电笔前应进行安全检查，首先应保证试电笔外观完好，其次应保证试电笔内有安全电阻，再次应保证试电笔未受潮或进水。

（2）使用试电笔时，不能用手触及金属笔尖，易造成人身触电事故。

（3）使用试电笔时，要用手触及试电笔尾端的金属部分。否则，试电笔与人体不导通，试电笔中氖管不会发光，易造成误判。

（4）试电笔测交流时，氖管发光较强，且氖管通身发光。试电笔测直流时，氖管发光较弱，氖管一端发光，靠近笔尖一端发光则所测导体为负极，靠近笔尾一端发光则所测导体为正极。

（5）禁止使用试电笔测量高于适用范围的电压。

（6）使用试电笔时应避免触碰其他金属物体。

三、使用方法

（1）进行安全检查。

（2）根据试电笔结构选择直握或侧握方式持握试电笔，保证手部与试电笔尾端金属部分接触良好。

（3）用笔尖接触被测物体，接触时尽量保证垂直接触。

（4）观察氖管是否发光，发光则被测物体带电。

第三节　绝缘电阻测试仪

一、基本原理

绝缘电阻测量是通过向目标绝缘电阻施加测试电压，测量流过目标电阻的电流，将电压除以电流，可以获得被测物体的绝缘电阻。

二、注意事项

（1）被测对象接有电源时，在测量之前应切断电源，禁止被测对象带电进行测试，测量前应对被测设备进行充分放电。

（2）测量地点应远离通过大电流的导体和永磁物体，以及具有高、中、低频信号电磁辐射的线路或装置附近，最大限度地避免各种电磁干扰对测量工作的影响。

（3）测量过程中，如发现示数为 0，表明被测对象存在短路现象，应立即停止测量，以防仪表损坏。

（4）对于有极性的被测对象，必须将仪器的正负极与被测对象的正负极对应连接，不得反接。

（5）在对被测对象充分放电之前，不能用手触及被测部分或与之相关的部分，也不能触及绝缘电阻表接线端钮金属部分，以免遭到电击。

（6）测量时应两人一组进行测量。

（7）测量前应按照设备说明书查看测试环境是否满足要求。

三、使用方法

（1）切断被测设备电源，并进行充分放电。

（2）检查绝缘电阻测试仪电源插头接插良好后，打开仪器面板的电源开关，预热 5～10min。

（3）对测试仪进行一次开路和短路试验，检查测试仪功能是否正常。开路时仪器示数应为无穷大，短路时应为 0。

（4）将测试仪正负极端子分别与被测对象两端连接，测试仪接地端子与设备外壳连接。

（5）选择测试电压挡位，一般测量额定电压在 50V 以下的用电设备的绝缘电阻时，可选用 250V 挡位；测量额定电压在 500V 以下的设备，可选用 500V 或 1000V 挡位；测量额定电压在 500V 以上的设备，可选用 1000～2500V 挡位。

（6）启动测试仪开始测量，一般应保持 1min 以上，等测量数据稳定时读取示数。

（7）测量结束，对被测对象进行充分放电。

第四节 钳 形 电 流 表

一、基本原理

钳形电流表是由电流互感器和电流表组合而成，与普通电流表不同，它可在不断开电路的情况下测量电路中的电流，常用手持式钳形电流表只限于在被测线路电压不超过 500V 的情况下使用，如果测量高压电流应使用高压钳形电流表。钳形电流表可分为数字式钳形电流表和指针式钳形电流表，其中指针式钳形电流表又可分为电磁式和互感器式。

二、注意事项

（1）测量前，检查钳形电流表铁芯的橡胶绝缘是否完好，钳口应清洁、无锈，闭合后无明显的缝隙。

（2）被测线路的电压要低于钳形电流表的额定电压。

（3）测高压线路电流时，应使用高压钳形电流表，要戴绝缘手套，穿绝缘鞋，站在绝缘垫上，使用绝缘杆，根据电压等级不同，绝缘杆长度也不同。

（4）转换量程挡位时，必须在不带电情况下或者在钳口张开情况下进行。

三、使用方法

（1）指针式钳形电流表测量前先机械调零，查看指针能否自由摆动，挡位变换是否灵活。

（2）测量时，应先估计被测电流大小，选用大于被测值但又与之接近的挡位。若无法估计，可先选择较大量程，然后逐挡减小，转换到合适的挡位。

（3）根据所选用的挡位，在相应的刻度上读取读数。测量 5A 以下电流时，为得到较为准确的读数，在条件许可时，可将导线多绕几圈，放进钳口测量，其实际电流值应为仪表读数除以放进钳口内的导线根数。

（4）测量完毕，要将转换开关放至最大量程处。

第五节　电能表现场校验仪

一、基本原理

三相电能表现场校验仪是专门为电力系统现场检验计量表计运行误差和故障检测而设计的。该仪器由于使用高精度的内部互感器和钳形互感器进行采样，使得操作人员可以迅速、安全可靠的测得计量表计误差和接线错误，为电力系统计量人员正确计量、追补电量提供了有效的依据。

二、注意事项

（1）设备通电使用前，应保证可靠接地。

（2）严禁在设备通电工作状态下用手去触摸面板上的各端子。

（3）正确连接测试导线，正确设置电流输入方式，输入相应量限内的电流和电压量。切记电流输入值不得超过所选端子额定值的 120%。

（4）接线时，必须先加电压，后加电流；拆线时，必须先去电流，再断电压。切记不要将电能表脉冲采样线接在火线或零线上，以免损坏设备。

（5）在夹钳形互感器时，一定要让电流线从钳形互感器的圆孔中穿过，钳口要合严，不要将线夹到钳口上，以免影响测量精度。

（6）设备按键采用轻触薄膜按键，应防止用锐器或指甲按压。

（7）应注意防水、防潮，存放于干燥处。严禁在潮湿及有腐蚀性气体的环境中使用。

三、使用方法

（一）接线方法

1. 检验三相三线电能表时的接线

首先端子 U_b 必须与公共端 U_0 连接，然后将 A、B、C 三相电压分别接入校验仪相应的电压端子 U_a、U_b、U_c，再把 A、C 相电流线串入相应的电流端子 I_a、I_c 和电流 I_0 端子（或用 A、C 相钳表，注意钳口清洁），连接采样装置（光电采样器或电子表脉冲采样线）。

2. 校验三相四线电能表的接线

将三相电压线接入校验仪与之对应的 U_a、U_b、U_c、U_0 端子。三相电流分别串入相应的电流端子 I_a、I_b、I_c 和电流 I_0 端（或用钳表），连接采样装置。注意：电流、电压输入时，应从端子高端流入，低端流出。电流串接输入端子与钳表输入端子不能同时使用。

（二）设置参数及方式

在"操作说明"提示状态下按［设置］键，进入"常数设置"状态。按数字键及上、下、左、右箭头键可输入"被校表常数""圈数""CT 变比"。按左、右箭头键选择校验方式和电流输入方式。

（三）电参数测量

利用现场校验仪的电参数测量功能，可采用比对法来校验其他电工仪表。按下相应的电参数测量功能键即可测得所需的电参数，测量时每秒刷新一次。其中"电量"键可全屏显示电流、电压、功率等所有电参数。单相电压或电流的测量，其输入可任选一相。功率、角度、功率因数的测量，可任选一组（用同一相电压、电流输入端）进行。

（四）CT 变比的测量

按下［变比］键。按照屏幕提示进行操作即可测出 CT 变比。此时 A 相钳必须用 500A 钳表，C 相钳必须用 5A 钳表，与电流输入方式无关。

（五）查线（判断错误接线）

校验仪能识别常见的三相三线 192 种接线错误。只要根据被校表所属线路的功率因数值来判断它所属的预置区间，键入相应的数字键，仪器即可汉字显示查线结果。此外，测试仪还可显示六角图，可供间接判断接线的正误。

按［查线］键进入查线状态显示。

注：查线功能只针对三相三线两元件电能表。

（六）电能表校验

电能表校验是电能表现场校验仪的主要功能，使用时和电参数测量一样，先接通校验仪电源，后接入电压、电流线和采样装置，再按以下步骤进行校验。

（1）设置常数：按［设置］键设置好常数。

（2）校验：按［校验］键进行校验。

在校验过程中，新的误差值将在右下角以递推的形式不断覆盖以前的误差值，屏幕上仅显示最新的6个误差值，以供观察分析。

第十五章　分布式光伏日常运维

本章主要介绍光伏电站维护和常见故障及处理办法，旨在帮助供电所员工及电网企业帮扶人员掌握分布式光伏接入和运维知识，更好服务光伏扶贫电站运行。

第一节　光伏电站维护

一、影响光伏发电系统稳定运行的主要因素

（1）故障处理不及时或不到位，造成因故障停机过多或停机时间过长，发电量减少。

（2）因受地理位置或环境的限制及分布式电站分散布局等造成现场管理难度加大，专业运行维护人员的缺乏，没有专业的运行维护管理系统等造成运行维护效率低下。

（3）维护检测方式落后，维修检测工具缺乏。

（4）无有效的预防火灾、偷盗、触电等事故的安全防范措施。

二、光伏发电系统运行维护的基本要求

（一）运维团队建设要求

运维管理单位或组织应由专业技术人员进行光伏发电系统的运行维护管理工作，运维人员要由具有维修电工证、高压上岗证、特种作业操作证、弱电工程师资格证等的各类专业技术人员组成，运维人员在上岗前，要进行上岗前安全培训和上岗前运维技能培训，并在年度内实时进行年度上岗实操评核和再培训、年度应急预案演习培训等。

（二）运维人员技能要求

运维人员技能的设定准则以实际工作过程中对安全作业的要求和对技能的实际需求为制定依据，一般要求是：电气运维人员应持有维修电工中级证书；弱电类运维人员应持有弱电上岗证；高压作业类运维人员应持有高压上岗证；其他运维人员应持有电工类的特种作业操作证。

（三）光伏发电系统运行维护技术要求

光伏发电系统运行维护主要有三个指标：① 保证安全运行，包括人员、设备及系统安全；② 通过各种手段随时关注系统发电量，发现问题及时处理；③ 合理控制运营成本，实施精细化管理。

（1）光伏电站的运行维护应保证系统本身安全，保证系统不会对人员造成危害，并保证系统能保持最大的发电量。

（2）系统的主要部件应始终运行在产品标准规定的范围之内，达不到要求的部件应及时维修或更换。

（3）光伏电站主要设备和部件周围不得堆积易燃易爆物品，设备本身及周围环境应通风散热良好，设备上的灰尘和污物应及时清理。

（4）整个系统的主要设备与部件上的各种警示标识应保持完整，各个接线端子应牢固可靠，设备的进线口处应采取有效措施防止昆虫、小动物进入设备内部。

（5）整个系统的主零设备与部件应运行良好，无异常的温度、声音和气味出现，指示和仪表应正常工作并保持清洁。

（6）系统中作为显示和计量的主要计量设备和器具，都要按规定进行定期校验。

（7）系统运行维护人员应具备相应的电气专业技能或经过专业技能培训，熟悉光伏发电原理及主要系统构成。工作中做到安全作业。运行维护前要做好安全准备，断开相应需要的开关，确保电容器、电感器完全放电，必要时要穿戴安全防护用品。

（8）系统运行维护和故障检修的全部过程都要进行详细记录，所有记录要妥善保管，对每次的故障记录进行分析，提出改进措施意见。

三、光伏发电系统的日常检查和定期维护内容

光伏电站的运行维护分为日常检查和定期维护，其运行维护和管理人员都

要有一定的专业知识和技能资质、高度的责任心和认真负责的态度,每天检查发电系统的整体运行情况。观察设备仪表、计量检测仪表以及监控检测系统的显示数据,定时巡回检查,做好检查记录。

(一)发电系统的日常检查

在光伏发电系统的正常运行期间,日常检查是必不可少的,一般对于容量超过 80kW 的系统应当配备专人巡检,容量在 80kW 以内的系统可由用户自行检查。日常检查一般每天或每班进行一次。

日常检查的主要内容如下:

(1)观察电池方阵表面是否清洁,及时清除灰尘和污垢,可用清水冲洗或用干净抹布擦拭,但不得使用化学试剂清洗。检查了解方阵有无接线脱落等情况。

(2)注意观察所有设备的外观锈蚀、损坏等情况,用手背触碰设备外壳检查有无温度异常,检查外露的导线有无绝缘老化、机械性损坏,箱体内有无进水等情况。检查有无昆虫小动物对设备形成侵扰等其他情况。设备运行有无异常声响,运行环境有无异味,如有应找出原因,并立即采取有效措施,予以解决。若发现严重异常情况,除了立即切断电源,并采取有效措施外,还要报告有关人员,同时做好记录。

(二)发电系统的定期维护

光伏发电系统除了日常巡检以外,还需要专业人员进行定期的检查和维护,定期维护一般每月或每半月进行一次,内容如下:

(1)检查、了解运行记录,分析光伏系统的运行情况,对于光伏发电系统的运行状态做出判断,如发现问题,立即进行专业的维护和指导。

(2)设备外观检查和内部的检查,主要涉及活动和连接部分导线,特别是大电流密度的导线、功率器件、容易锈蚀的地方等。

(3)对于逆变器应定期清洁冷却风扇并检查是否正常,定期清除机内的灰尘,检查各端螺丝是否紧固,检查有无过热后留下的痕迹及损坏的器件,检查电线是否老化。

(4)有条件时可采用红外探测的方法对光伏发电方阵、线路和电气设备进行检查,找出异常发热原因和故障点,并及时解决。

(5)每年应对光伏发电系统进行一次系统绝缘电阻以及接地电阻的检查测试,以及对逆变控制装置进行一次全项目的电能质量和保护功能的检查和试验。所有记录特别是专业巡检记录应存档妥善保管。

总之，光伏发电系统的检查、管理和维护是保证系统正常运行的关键，必须对光伏发电系统认真检查，妥善管理，精心维护，规范操作，发现问题及时解决，才能使得光伏发电系统处于长期稳定的正常运行状态。

四、光伏组件及光伏方阵的检查维护

（一）光伏组件的清洗

1. 光伏组件清洁的必要性

光伏发电系统在运行中，要经常保持光伏组件采光面的清洁。因为灰尘遮挡是影响光伏发电系统发电能力的第一大因素，其主要影响有：遮蔽太阳光线，影响发电量；影响组件散热，从而降低组件转换效率；带有酸碱性的灰尘长时间沉积在组件表面，侵蚀组件玻璃表面造成玻璃表面粗糙不平，使灰尘进一步积聚，同时增加了玻璃表面对阳光的漫反射，降低了组件接受阳光的能力；组件表面长期积聚的灰尘、树叶、鸟粪等，会造成组件电池片局部发热，造成电池片、背板烧焦炭化，甚至引起火灾。所以，组件需要不定期地进行擦拭清洁。

2. 光伏组件的清洁方式

光伏组件的清洁可分为普通清扫和水冲清洗两种方式。如组件积有灰尘，可用干净的线掸子或抹布将组件表面附着的干燥浮尘、树叶等进行清扫。对于紧附在玻璃表面的硬性异物如泥土、鸟粪、黏稠物体，则可用稍微硬些的塑料或木质刮板进行刮除处理，防止破坏玻璃表面。如有污垢清扫不掉时，可用清水进行冲洗。清洗的过程中可使用拖把或柔性毛刷来进行，如遇到油性污物等，可用洗洁精或肥皂水等对污染区域进行单独清洗。清洗完毕后可用干净的抹布将水迹擦干。切勿用有腐蚀性的溶剂清洗或用硬物擦拭。目前，组件清洁方式主要有人工清洁、洒水车和智能机械等方式。

3. 光伏组件清洗注意事项

（1）光伏组件的清洗一般选择在清晨、傍晚、夜间或阴雨天进行。主要考虑以下几个原因：为了避免在高温和强烈光照下擦拭清洗组件对人身的电击伤害以及可能对组件的破坏；防止清洗过程中因为人为阴影造成光伏方阵发电量的损失，甚至发生热斑效应；中午或光照较好时组件表面温度相当高，防止冷水激在玻璃表面引起玻璃炸裂或组件损坏。同时在早晚清洗时，也需要选择阳光暗弱的时间段进行。也可以考虑利用阴雨天进行清洗，因为有降水的帮助，

清洗过程会相对高效和彻底。

（2）光伏组件铝边框及光伏支架或许有锋利的尖角，在清洗过程中需注意清洗人员安全，应穿着佩戴工作服、帽子、绝缘手套等安全用品，防止漏电、碰伤等情况发生。在衣服或工具上不能出现钩子、带子、线头等容易引起牵绊的部件。

（3）在清洗过程中，禁止踩踏或其他方式借力于光伏组件、导轨支架、电缆桥架等光伏系统设备。

（4）严禁在大风、大雨、雷雨或大雪天气下清洗光伏组件。冬季清洁应避免冲洗，以防止气温过低而结冰，造成污垢堆积；同理也不要在组件面板很热时用冷水冲洗。

（5）严禁使用硬质和尖锐工具或腐蚀性溶剂及碱性有机溶剂擦拭光伏组件。禁止将清洗水喷射到组件接线盒、电缆桥架、汇流箱等设备。清洁时水洗设备对组件的水冲击压力必须控制在一定范围内，避免冲击力过大引起组件内电池片的隐裂。

（二）光伏组件和光伏方阵的检查维护

（1）使用中要定期（如 1～2 个月）检查光伏组件的边框、玻璃、电池片、组件表面背板、接线盒、线缆及连接器、产品铭牌、带电警告标识、边框和支撑结构及其他缺陷等，如发现有下列问题要立即进行检修或更换：光伏组件存在玻璃松动、开裂、破碎的情况；光伏组件存在封装开胶进水、电池片变色、背板有灼焦、起泡和明显的颜色变化；光伏组件中存在与组件边缘或任何电路之间形成连通的气泡；光伏组件接线盒脱落、变形、扭曲、开裂或烧毁，接线端子松动、脱线、腐蚀等无法良好连接；中空玻璃幕墙组件结露、进水、失效，影响光伏幕墙工程的视线和保温性能；光伏组件和支架是否结合良好，组件压块是否压接牢固，有无扭曲变形的情况。

（2）使用中要定期（如 1～2 个月）对光伏组件及方阵的光电参数、输出率、绝缘电阻等进行检测，以保证光伏组件和方阵的正常运行。

（3）要定期检查光伏方阵的金属支架和结构件的防腐涂层有无剥落、锈蚀现象，并定期对支架进行涂装防腐处理。方阵支架要保持接地良好，各点接地电阻不应大于 42Ω。

（4）检查光伏方阵的整体结构不应有变形、错位、松动，主要受力构件、连接构件和连接螺栓不应松动、损坏，焊缝不应开裂。

（5）用于固定光伏方阵的植筋或后置螺栓不应松动，采取预制配重块基座安装的光伏方阵，预制配重块基座应放置平稳、整齐，位置不得移动。

（6）对带有极轴自动跟踪系统的光伏方阵支架，要定期检查跟踪系统的机械和电气性能是否正常。

（7）定期检查方阵周边植物的生长情况，查看是否对光伏方阵造成遮挡，并及时清理。

五、逆变器的检查维护

光伏逆变器的操作使用要严格按照使用说明书的要求和规定进行，机器上的警示标识应完整清晰。开机前要检查输入电压是否正常；操作时要注意开关机的顺序是否正确，各表头和指示灯的指示是否正常。

逆变器在发生断路、过电流、过电压、过热等故障时，一般都会进入自动保护状态而停止工作。这些设备一旦停机，不要马上开机，要查明原因并修复后再开机。

逆变器机箱或机柜内有高压，操作人员一般不得打开机箱或机柜，柜门平时要锁死。

经常检查机内温度、声音和气味等是否异常。逆变器中模块、电抗器、变压器的散热风扇根据温度自行启动和停止的功能应正常，散热风扇运行时不应有较大振动和异常噪声，如有异常情况应断电检修。

逆变器的维护检修：严格定期查看控制器和逆变器各部分的接线和接线端子有无松动和锈蚀现象（如熔断器、风扇、功率模块、输入和输出端子以及接地等），发现接线有松动时要立即修复。

六、直流汇流箱、配电及输电线路的检查维护

（一）直流汇流箱的检查维护

（1）直流汇流箱不得存在变形、锈蚀、漏水、积灰现象，箱体外表面的安全警示标识完整无破损，箱体上的防水锁启闭应灵活。

（2）要定期检查直流汇流箱内的断路器等各个电气元件的接线端子有无接头松动、脱线、锈蚀、变色等现象。箱体内应无异常噪声、无异味。

（3）直流输出母线端配备的直流断路器，其分断功能应灵活、可靠。

（4）在雷雨季节，还要特别注意汇流箱内的防雷器模块是否失效，如已失

效，应及时更换。

（二）直流配电柜的检查维护

（1）维护配电柜时应停电后验电，确保在配电柜不带电的情况下维护。

（2）直流配电柜不得存在变形、锈蚀、漏水、积灰现象，箱体外表面的安全警示标识应完整无破损，箱体上的防水锁开启灵活。

（3）检查直流配电柜的仪表、开关和熔断器有无损坏，各部件接线端子有无松动、发热和烧损变色现象，漏电保护器动作是否灵敏可靠，接触开关的触点是否有损伤，防雷器是否在有效状态。

（4）直流配电柜的直流输入接口与汇流箱的连接、直流输出接口与逆变器的连接都应稳定可靠。

（5）直流配电柜的维护检修内容主要有定期清扫配电柜、修理更换损坏的部件和仪表更换和紧固各部件接线端子；箱体锈蚀部位要及时清理并涂刷防锈漆。

（三）交流配电柜的检查维护

（1）交流配电柜维护前应提前通知停电起止时间，并提前准备好维护工具。停电后应检查验电，确保在配电柜不带电的情况下进行维护作业。

（2）在分段维护保养配电柜时，要在已停电与未停电的配电柜分界处装设明显的隔离装置。

（3）在操作交流侧真空断路器时，应穿绝缘鞋、戴绝缘手套，并有专人监护。

（4）配电柜的金属支架与基础应连接良好、固定可靠。柜内灰尘要清洁，各接线螺钉要紧固。

（5）交流母线接头应连接紧密，不应变形，无放电变黑痕迹，绝缘无松动或损坏，紧固连接螺丝无锈蚀。

（6）配电柜中的开关、主触点不应有烧熔痕迹，灭弧罩不应烧黑或损坏。

（7）柜内的电流互感器、电流电压表、电能表、各种信号灯、按钮等部件都应显示正常，操作灵活可靠。

（8）配电柜维护完毕，再次检查是否有遗留工具，拆除安全装置，断开高压侧接地开关，合上真空断路器，观察变压器投入运行没有问题后，才可以向低压配电柜逐级送电。

（四）输电线路的检查维护

（1）定期检查输电线路的干线和支线，不得有掉线、搭线、垂线、搭墙等现象。

（2）线缆在进出设备处的部位应封堵完好，不应存在直径大于10mm的孔洞，如发现孔洞要立即用防火堵泥封堵。

（3）要及时清理线缆沟或井里面的垃圾、堆积物，如发现线缆外皮损坏，要及时进行处理。

（4）电缆沟或电缆井的盖板应完好无缺，沟道中不应有积水或杂物，沟内支架应牢固无锈蚀、松动现象。

（5）金属电缆桥架及其支架和引入或引出的金属电缆导管必须接地可靠。桥架与桥架连接处的连接线应牢固可靠。

（6）桥架与穿墙处防火封堵应严密无脱落，桥架与支架间的固定螺栓及桥架连接板螺栓都要固定完好。

（7）定期检查进户线和用户电能表，不得有私拉窃电现象。

七、防雷接地系统的检查维护

（1）每年雷雨季节前应对接地系统进行检查和维护。主要检查连接处是否紧固、接触是否良好、接地体附近地面有无异常，必要时挖开地面抽查地下隐蔽部分锈蚀情况，如果发现问题应及时处理。

（2）光伏组件、支架、线缆金属铠甲与接地系统应可靠连接。

（3）接地网的接地电阻应每年进行一次测量。

（4）每年雷雨季节前应利用防雷器元件老化测试仪对运行中的防雷器进行一次检测，雷雨季节中要加强外观巡视，发现防雷器模块显示窗口出现红色应及时更换处理。

八、支架的维护

（1）所有螺栓、支架连接应牢固可靠。

（2）支架表面的防腐涂层，不应出现开裂和脱落现象，否则应及时补刷。

（3）支架要保持接地良好，每年雷雨季节到来之前应对接地系统进行检查。主要检查连接是否坚固、接触是否良好。

（4）在台风、暴雨等恶劣的自然天气过后应检查光伏方阵整体是否有变形、错位、松动。用于固定光伏支架的植筋或膨胀螺栓不应松动。采取预制基座安装的光伏支架，预制应放置平稳、整齐，位置不得移动。

（5）支架下端如在屋面固定，应定期查看屋面防水是否完整可靠。

九、电缆及接头的维护

（1）电缆不应在过负荷的状态下运行，如电缆外皮损坏，应及时进行处理；电缆在进出设备处的部位应封堵完好，不应存在直径大于 10mm 的孔洞，否则火泥封堵。

（2）电缆在连接线路中不应受力过紧，电缆要可靠绑扎，不应悬垂在空中。

（3）电缆保护管内壁应光滑；金属电缆管不应有严重锈蚀，不应有毛刺、硬物、垃圾，如有毛刺，锉光后用电缆外套包裹并扎紧。

（4）电缆接头应压接牢固，确保接触良好。

（5）出现接头故障应及时停运逆变器，同时断开与此逆变器相连的其他组件接头，才能重新进行接头压接。

（6）电缆的检查建议每月一次。

第二节 光伏电站常见故障及处理办法

一、分布式光伏电站常见故障

（一）光伏组件与方阵常见故障

光伏组件和方阵的常见故障有组件外电极开路、内部焊带脱焊或断裂、旁路二极管短路、旁路二极管反接、接线盒脱落、背板起泡或开裂、EVA 老化黄变、EVA 与玻璃分层进水、铝边框开裂、组件玻璃破碎、电池片或电极发黄、电池栅线断裂、组件效率衰减、组件热斑效应、导线老化、导线短路、组件被遮挡、组件安装角度和方位偏离、组件固定松动等。可根据具体情况检查修理、调整或更换。在这些故障中，大部分故障与组件本身质量有关。

1. 典型故障

故障现象：系统发电量偏小，达不到正常的发电功率。

原因分析：影响光伏发电系统发电量的因素很多，包括太阳辐射量、电池组件安装方位和倾斜角度、灰尘和阴影遮挡、组件的温度特性等，这里主要针对因光伏组件配置安装不当造成系统发电量偏小的故障。

2. 解决办法

（1）安装前，要逐块检查或抽查光伏组件的标称功率是否足够；

（2）检查或者调整组件或方阵的安装角度和朝向；

（3）检查组件或方阵是否有灰尘或阴影遮挡；

（4）检测组件串的串联电压是否在正常电压范围内；

（5）多路组串安装前，先检查各路组串的开路电压是否一致，要求电压差不超过5V，如果发现电压不对，要检查线路和接头有没有接触不良现象；

（6）安装时，可以分批接入，每一组接入时，记录每一组的功率，组串之间功率相差不要超过2%；

（7）安装地点通风不良，逆变器的热量没有及时散发出去，或者逆变器直接在阳光下曝晒，使逆变器温度过高，效率降低；

（8）系统线缆接头有接触不良，线缆线径选择过细，线缆敷设太长，有电压损耗，造成输出功率损耗；

（9）并网交流开关容量过小，达不到逆变器输出要求。

（二）逆变器常见故障

逆变器的常见故障有因运输不当造成损坏、因极性反接造成损坏、因内部电源失效损坏、因遭受雷击而损坏、因散热不良造成功率开关模块或主板损坏、因输入电压不正常造成损坏、输出熔断器损坏、散热风扇损坏、烟感器损坏、断路器跳闸、接地故障等，可根据具体情况检修或更换逆变器系统。另外有一些故障，虽然不是逆变器本身故障，但是能通过逆变器的工作不正常或报警显示反映出来，在此将这类故障也归到逆变器故障类来解决处理。

1. 检修注意事项

（1）检修前，首先要断开逆变器与电网的电气连接，然后断开直流侧电气连接。要等待至少5min，让逆变器内部大容量电容器等元件充分放电后，才能进行维修工作。

（2）在维修操作时，先初步目视检查设备有无损坏或其他危险状况，具体操作时要注意防静电，最好佩戴防静电手环。要注意设备上的警告标示，注意逆变器表面是否冷却下来同时要避免身体与电路板间不必要的接触。

（3）维修完成后，要确保任何影响逆变器安全性能的故障已经解决，才能再次开启逆变器。

2. 典型故障及解决办法

（1）逆变器屏幕没有显示。

1）原因分析：逆变器直流电压输入不正常或逆变器损坏。常见原因有：组件或组串的输出电压低于逆变器的最低工作电压；组串输入极性接反；直流输入开关没有合上；组串中某一接头没有接好；某一组件短路，造成其他组串也不能正常工作。

2）解决办法：用万用表直流电压档测量逆变器直流输入电压，电压正常时，总电压是各串中组件电压之和。如果没有电压，依次检测直流断路器、接线端子、线缆连接器、组件接线盒等是否正常。如果有多路组串，要分别断开单独接入测试。如果外部组件或线路没有故障，说明逆变器内部硬件电路发生故障，可联系生产厂家检修或更换。

（2）逆变器不能并网发电，显示故障信息"Nogrid"或"NoUtility"。

1）原因分析：逆变器和电网没有连接。常见原因有：逆变器输出交流断路器没有合上；逆变器交流输出端子没有接好；接线时，把逆变器输出端子上排松动了。

2）解决办法：用万用表交流电压档测量逆变器交流输出电压，正常情况下，输出端子应该有 AC 220V 或 AC 380V 电压，如果没有，依次检测接线端子是否有松动，交流断路器是否闭合，漏电保护开关是否断开等。

（3）逆变器显示电网错误，显示故障信息为电压错误"GridVoltFault"或频率错误"GridFregFault GridFault"。

1）原因分析：交流电网电压和频率超出正常范围。

2）解决办法：用万用表相关档位测量交流电网的电压和频率，如果确实不正常，等待电网恢复正常。如果电网电压和频率正常，说明逆变器检测电路发生故障。检查时先把逆变器的直流输入端和交流输出端全部断开，让逆变器断电 30min 以上，看电路能否自行恢复，如能自行恢复可继续使用；若不能恢复，则联系生产厂家检修或更换。逆变器的其他电路如逆变器主板电路、检测电路、通信电路、逆变电路等发生的一些软故障，都可以先用上述方法试试能否自行恢复，不能自行恢复的再进行检修或更换。

（4）交流侧输出电压过高，造成逆变器保护关机或降额运行。

1）原因分析：主要是因为电网阻抗过大，当光伏发电用户侧用电量太小，输送出去时又因阻抗过高，造成逆变器交流侧输出电压过高。

2）解决办法：加大输出线缆的线径，线缆越粗，阻抗越低；逆变器尽量靠近并网点，线缆越短，阻抗越低。例如，以 5kW 并网逆变器为例，交流输出线缆长度在 50m 之内时可以选用截面积为 2.5mm² 的线缆；长度在 50~100m 时，要选用截面为 4mm² 的线缆；长度大于 100m 时，要选用截面积为 6mm² 的线缆。

（5）直流侧输入电压过高报警，显示故障信息"Vin over voltage"或者"PV over voltage"。

1）原因分析：组件串联数量过多，造成直流侧输入电压超过逆变器最大工作电压。

2）解决办法：根据光伏组件的温度特性，环境温度越低，输出电压越高。一般单相组串式逆变器输入电压范围在 80~500V，建议设计组串电压在 350~400V。三相组串式逆变器的输入电压范围在 200~800V，建议设计组串电压范围在 600~650V。在这个电压区间，逆变器效率较高，早晚辐照度低时逆变器还可以保持启动发电状态，又不至于使直流侧电压超出逆变器电压上限，引起报警停机。

（6）光伏系统绝缘性能下降，对地绝缘电阻小于 2MΩ，显示故障信息"Isolationer.ror"和"IsolationFault"。

1）原因分析：一般都是光伏组件、接线盒、直流线缆、逆变器、交流电缆、接线端子等部位有线路对地短路或者绝缘层破坏，组串连接器松动进水等。

2）解决办法：断开电网、逆变器，依次检查各部件线缆对地的绝缘电阻，找出问题点，更换相应线缆或接插件。

（7）逆变器本身硬件故障。

1）原因分析：这类故障一般是逆变器内部的逆变电路、检测电路、功率回路、通信电路等电路或零部件发生故障。

2）解决办法：逆变器出现上述故障，要先把逆变器直流侧和交流侧电路全部断开，让逆变器停电 30min 以上，然后通电试机，如果机器恢复正常就继续观察使用，如果不能恢复，就需要进行现场或返厂检修。

（三）直流汇流箱、配电柜及交流配电柜常见故障

直流汇流箱、直流配电柜常见故障有：熔断器频繁烧毁故障（主要是熔断器质量问题或熔断器额定电流选型是否偏小）、断路器故障（主要是断路器发热、跳闸）、通信异常故障（信息采集器、包括汇流箱通信采集模块损坏、RS485 通信线缆接触不良等）、接线端子发热（故障端子松动、接触电阻过大）、某一

组串支路故障（接地绝缘不良、过电流）、直流拉弧故障等。

交流配电柜常见故障有：断路器端子因接触不良发热烧坏、防雷器因雷击击穿保护、过/欠电压保护器失效损坏、漏电保护器频繁跳闸等。可针对不同情况进行检修或更换。对于漏电保护器频繁跳闸，要区分是漏电保护器本身损坏还是光伏系统有漏电流过大的情况，若是光伏发电系统漏电流过大，要重点检查交流侧接地线是否有漏接现象，交流零线是否接触良好，接地系统线路是否规范，交流用电设备是否有漏电现象等。另外要考虑漏电保护器的漏电流检测阈值是否太小，可以更换阈值电流更高的漏电保护器（不可调节型），或者适当调高漏电保护器的阈值电流（可调节型）。

第十六章　充电设施运维

本章对充电桩基础知识、充电桩基本操作、常规维护、常见故障及处理办法进行介绍，关于电动汽车用电价格请参见第三篇第九章第七节，本章为支持乡村供电基础设施建设服务电动汽车下乡提供参考。

第一节　充电桩基础知识

充电桩是指用于给纯电动、混合动力等电动汽车提供电能充电的设备。

一、充电桩的类型

（1）根据供电方式的不同，可以分为交流充电桩（见图 16–1）和直流充电桩两种类型。

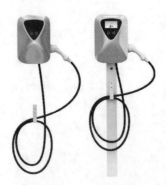

图 16–1　交流充电桩

1）交流充电桩一般是小电流、桩体较小、安装灵活，国家标准规定了交流充电桩的功率范围为 3.5kW、7kW、22kW 和 43kW，目前国网公司主要建设标准为 7kW 有序交流充电桩，同时可以覆盖 3.5kW 交流充电需求。❶

---

❶《电动汽车传导充电用连接装置　第 2 部分：交流充电接口》（GB/T 20234.2—2015）。

2）直流充电桩一般是大电流、短时间内充电量更大、桩体较大、占用面积大，国家标准的额定值见表 16-1。

表 16-1　　　　　　　　　直流充电桩国家标准额定值

额定电压（V）	额定电流（A）
750/1000	80
	125
	200
	250

市场为满足直流充电接口的需求，推出以下直流充电设备类型：

a. 直流一体式充电桩：直流 20、40、60、80、160kW 一体式充电桩（见图 16-2）。

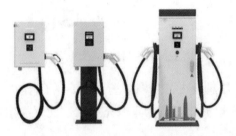

图 16-2　直流一体式充电桩

b. 群控式直流充电单元：160kV 群控单元（一拖四桩）、240kW 群控单元（一拖四桩）、300kW 群控单元（一拖五桩）、360kW 群控单元（一拖六桩）、480kW 群控单元（一拖八桩）、600kW 群控单元（一拖十桩）（见图 16-3）。❶

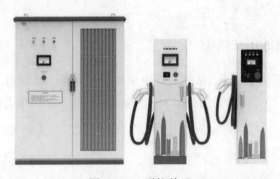

图 16-3　群控单元

❶《电动汽车传导充电用连接装置　第 3 部分：直流充电接口》（GB/T 20234.3—2015）。

（2）根据安装方式不同，主要分为立式充电桩和壁挂式充电桩。立式充电桩无须靠墙，适用于户外停车位和小区停车位；而壁挂式充电桩必须依靠墙体固定，适用于室内和地下停车位（见图 16-4）。

（3）根据安装场景不同，主要分为公共充电桩、专用充电桩和自用充电桩。

图 16-4　壁挂和立式充电桩

1）公共充电桩是建设在公共停车场（库）结合停车泊位，为社会车辆提供公共充电服务的充电桩，多数为直流充电桩，使用类型直流一体式充电桩、群控式直流充电单元。

2）专用充电桩是建设单位（企业）自有停车场（库），为企业（单位）内部人员使用的充电桩，多数使用 7kW 交流充电桩与直流一体式充电桩搭配使用（直流功率小于等于 80kW）。

3）自用充电桩是建设在个人自有车位（库），为私人用户提供充电的充电桩，多数使用 7kW 交流充电桩。

二、充电桩的组成结构

充电桩的主体结构包括桩体、充电模块、显示屏、连接线缆、账务管理模块、安全保护装置等部分，这些部分的结构设计和质量直接影响充电桩的使用寿命和安全性。

（一）桩体

充电桩的桩体结构通常由钢材、铝合金等材料制成，具有较强的耐用性和稳定性。

（二）充电模块

充电模块是充电桩的核心部分，包括充电机、控制器、电源等组件。充电机是充电桩的主要部件，负责将电能转化为电动汽车所需的电能；控制器则负责控制充电机的工作状态和充电过程中的各种参数，确保充电过程的安全和稳定；电源则为充电模块提供电能。

（三）显示屏

充电桩的显示屏通常用于显示充电桩的状态、充电进度、充电费用等信息。显示屏的种类和尺寸不同，有些充电桩还配备了触摸屏，方便用户使用，实现人机交互，满足不同类型用户个性化的需求。

（四）账务管理模块

账务管理模块根据当前实时电价和已消耗电量等数据计算本次消费金额并收取费用、打印账单。完成账务管理任务需要控制器和嵌入式打印机共同配合。充电桩采取梯形电价政策，控制器计算本次的消费金额并完成收费，打印机与控制器进行通信，控制器将消费信息发送至打印机，打印本次充电的账单详情。

（五）连接线缆

连接线缆是充电桩和电动汽车之间的桥梁，负责传输电能和数据。连接线缆的质量和长度直接影响充电效率和安全性。一些高端充电桩还配备了自动卷线器，方便用户使用。

（六）安全保护装置

充电桩的安全保护装置包括漏电保护、过流保护、过压保护等，这些装置能够有效地保护充电桩和电动汽车的安全。

以上六大部分的设计和制造质量直接影响了充电桩的使用寿命和安全性，因此在选购充电桩时，需要注意这些方面的问题。

三、充电桩的充电方式

充电桩的充电方式主要有两种，分别是快速充电、慢速充电的充电方式。

（一）慢充

慢充指慢充充电。慢充充电是交流输入、交流输出，利用车载充电机转化成电量输入电池内，但充电时间长，小车充满一般为 6～8h。

（二）快充

快充指快速充电。快充充电桩主要指功率大于 60kW 的充电桩，快充充电是交流输入、直流输出，直接为车辆电池充电。具体充电速度及时长由车端决定，不同车型车端需求功率不同，充电速度也有所不同，一般 30～40min 可以充满电池 80%容量。

第二节 充电桩基本操作指南

一、操作流程

（1）将充电枪插在车上，确保枪与车可靠连接（黄色充电灯闪烁证明连接可靠）。

（2）点击充电界面的"输入密码"按钮，输入密码：×××××或刷充电卡进入充电界面。

（3）点击开机按钮，屏幕下方提示绝缘检测等信息。

（4）当屏幕显示"正在充电，请确保充电枪可靠连接"文字时，表明充电成功。

（5）结束充电：

1）未充满电：需要重新输入密码，点击关机按钮，拔下充电枪放回原处。

2）充满电：直接退出界面，拔下充电枪放回原处。

【提示】本操作指南适用于多数充电桩，不同品牌、种类充电桩操作略有不同，以实际为准。

二、注意事项

（1）潮湿天气时应确认充电枪头与电动车插座干燥，否则禁止充电。

（2）严禁在充电枪或充电线缆存在缺陷、出现裂痕、磨损、破裂、充电线缆裸露等情况下使用充电桩，如有发现，请及时联系工作人员。

（3）充电过程中禁止直接拔枪。

（4）充电结束时，建议充电界面完全跳转之后再拔插充电枪（电压电流升降需要一个过程，保证安全）。

（5）在充电过程中，车辆禁止行驶，只有在静止时才能进行充电，充电前确保车辆已经熄火方可充电。

（6）充电桩附近应配备专用消防设备预防紧急情况发生。

（7）充电桩站需要设有经过使用培训以及安全教育的人员，作为充电桩站点专项负责人，进行充电桩站点的日常维护、充电管理、安全充电指导。

第三节　充电桩常规维护

一、日常维护

（一）充电枪

（1）不使用时，尽量避免枪头直接暴露在外面，应插回插座，防止损坏。检查充电线缆或充电枪头，如有外壳破损、线缆裸露等问题存在，请不要继续使用。

（2）拔枪时，注意枪柄卡扣位置，避免野蛮拖拽。

（3）保持枪头干燥，禁止积水存在。

（二）桩体检测

（1）桩体外壳：是否生锈，漏水。

（2）显示屏：显示信息是否完整，是否会花屏。

（3）指示灯：是否能正常指示。

（4）设备门锁：是否有损坏，是否上锁。

（5）急停开关：是否有损坏。

（6）接地检查：设备外壳接地是否可靠连接。

（三）功能检测

（1）充电功能：与充电员或司机沟通，是否存在充电不正常的现象。

（2）后台连接：联网的桩体是否连接上服务器。

（四）数据记录

（1）电量记录：一个月下载一次数据，作为后续运营数据分析。

（2）故障记录：针对发现的故障进行记录跟进。

二、巡检维护

（一）内部组件检查

（1）内部线缆：是否有损坏、是否有脱落的线缆。

（2）螺丝检查：检查螺丝孔位是否有松动的现象，特别是强电侧。

（3）检查空气开关的漏电保护按钮：是否检测正常。

（4）交流输入空气开关：是否能正常开关闭合。

（5）电源模块：是否正常工作，输出能力是否正常，电流输出能力是否正常；是否闪红灯，红灯即不正常，需要联系充电桩厂家进行协调解决。

（二）功能检查

（1）充电功能：电压电流输出是否正常。

（2）刷卡功能：刷卡是否反应正常。

（3）急停功能：急停是否能正常动作。

（4）后台数据：整理后台数据与总电量数进行对比，是否有差别。

（三）接地检查

定期巡检：一般情况下，接地装置应每半年定期检查一次，对防雷接地装置在每年雷雨季节前应检查一次，通过巡视与检查发现的问题和缺陷应及时处理，以确保运行中的安全。巡视和检查的内容有：

（1）连接螺栓是否齐全，牢固，接地线有无损伤，碰断和腐蚀现象。

（2）接地线同接地网的连接是否接触良好，有无松动脱落现象，跨接部件是否完好有效。

（3）在定期检查时，接地线处于地面下 50cm 以上部分，应挖开地面进行检查，观察其腐蚀程度。

（4）对含有重酸、碱、盐或金属矿岩等化学成分土壤地带的接地装置，一般每五年应挖开局地面进行检查，观察接地体受腐蚀程度，并定期测量接地装置的接地电阻值，判定接地电阻是否达到要求，否则应进行降阻处理。

（四）除尘

（1）对充电桩内部的灰尘进行清理，主要针对电源模块、主控 PCB 电路、散热出风口处的灰尘进行处理。

（2）巡检维护视各充电站点的地理位置、使用频繁程度自行制定周期，以周为单位。

第四节　常见故障及处理办法

一、插枪无显示

插枪后，界面未显示"已连接"或"开始充电"按钮，检查步骤如下：

（1）检查充电枪是否连接可靠，充电枪的卡扣是否卡紧。

（2）检查充电枪连接后，车辆仪表是否有电（桩会给车辆提供电源）。如已连接可靠，可联系桩厂家查看是否硬件或软件通信问题。

二、充电异常

刷卡进入充电，稍后充电停止，检查步骤如下：

（1）此处一般为电池 BMS 与桩的通信问题，故刷卡结束后，重新拔插测试充电。

（2）自行记录，如出现反复，即应上报与充电桩厂家联系解决。

三、锁卡

（1）充电结束/停止后一定要记得刷卡。除非出现故障无法刷卡之后，都要进行刷卡结算，否则会锁卡。

（2）在充电中，不可直接断电，或停止充电后不可直接拔枪走人。锁卡后需要到指定办公点进行解锁操作。

四、急停按钮

（1）如果机器发生漏电，请立即按下急停开关。

（2）如果发生起火、触电等异常状况，请立即按下急停开关。

（3）桩体发生故障，如无法停止充电，内部线路短路等异常状况，请立即按下急停开关。

（4）桩体按下急停按钮，直接切断输入交流电，桩体断电。

【提示】使用充电桩时请按照正常流程充电，如有紧急情况，请按急停按钮。当以上危急状况解除时，请旋转急停开关，专业人士打开桩体侧门，然后手动合上交流输入漏电保护开关（闭合漏电保护开关时需用力往下打到底部再往上闭合）重新上电。充电桩站点配电闸距充电桩不能太远，需要有专门的消防通道、消防设施（电力消防），并定期对消防设施检查，确保设施正常，做好安全演练以及应急预案。

第五篇 指标考核篇

本篇分为三章，包括定点帮扶考评要点、驻村帮扶考评要点、示范创建考评要点。主要针对电力行业助力乡村振兴工作开展过程中涉及的主要指标的定义、算法、统计周期和重点工作的评价标准进行了梳理，目的是促进乡村振兴管理人员、帮扶人员以及基层员工在服务"三农"工作中正确理解指标、关注指标、提升指标，高质量完成各项重点工作和目标任务，更好地服务"三农"，不断提高电力行业助力乡村振兴工作质效。

本篇梳理的指标体系、考评标准均以 2023 年 11 月最新版相关文件为依据，后续执行过程中若存在差异，以最新考核评价文件为准。

第十七章 定点帮扶考评要点

本章收录定点帮扶类重点工作 4 项。其中，组织领导包含 4 项评价内容，选派管理包含 3 项评价内容，帮扶成效包含 6 项评价内容，工作创新包含 4 项评价内容，见表 17-1。

表 17-1　　　　　　　　定点帮扶类重点工作评价一览表

序号	重点工作	评价内容	评价依据	评价周期
1	组织领导	调研督导	省级督帮提升重点内容和政策标准	半年、年度
		机构组建		
		计划制定		
		安排部署		
2	选派管理	人员选派	省级督帮提升重点内容和政策标准	年度
		跟踪管理		
		关心关爱		
3	帮扶成效	资金投入	省级督帮提升重点内容和政策标准	年度
		巩固成果		
		产业发展		
		就业及其他		
		文明新风		
		乡村建设和治理		
4	工作创新	提质增效	省级督帮提升重点内容和政策标准	年度
		创新做法		
		长效机制		
		消费帮扶		

一、组织领导

（一）工作内容

组织领导主要包括调研督导、机构组建、计划制定、安排部署四个方面评价标准。主要包括省级单位履行帮扶责任，制定年度计划，落实分管领导、责任处（室），部署推动定点帮扶工作情况；单位主要领导和分管领导实地调研，帮助发现解决政策执行过程中的困难问题，提出有针对性的建议，督促指导帮扶村贯彻落实中央、陕西省重大决策部署、运行好防止返贫动态监测和帮扶机制、落实过渡期各项帮扶政策措施等情况。

（二）评价标准

（1）调研督导：主要领导和分管领导是否每半年到村调研指导 1 次工作，督促指导帮扶村贯彻落实中央、陕西省重大决策部署，帮助发现政策执行过程中发现的新情况新问题，提出有针对性的建议。

（2）机构组建：是否成立相应机构，明确分管领导和责任处室。

（3）计划制定：是否签订本单位定点帮扶工作计划书并督导落实。

（4）安排部署：是否召开专题会议研究部署相关工作。

（三）评价周期

按半年、年度进行统计。

二、选派管理

（一）工作内容

选派管理主要包括人员选派、跟踪管理、关心关爱三个方面的评价标准。主要包括省级单位按要求继续选派挂职帮扶副县长、驻村第一书记和工作队员，加强对选派人员的日常管理和激励关爱等情况。

（二）评价标准

（1）人员选派：是否选派驻村工作人员，人员身份及选派数量是否符合要求。

（2）跟踪管理：是否定期对第一书记和工作队员进行跟踪管理，每半年听取 1 次第一书记和工作队员汇报。

（3）关心关爱：是否关心派出人员工作生活条件，是否按相关要求足额发放生活补助；是否安排通信、交通补贴；是否按差旅费标准对相关费用进行报销；是否安排年休假，定期体检，办理人身意外保险，按规定报销医疗费等；是否每年组织 2 次以上（含 2 次）的走访慰问。

（三）评价周期

按年进行统计。

三、帮扶成效

（一）工作内容

帮扶成效包括资金投入、巩固成果、产业发展、就业及其他、文明新风、乡村建设和治理六个方面的评价标准。主要包括投入和引进帮扶资金，帮助运行好防止返贫和动态监测帮扶机制，落实过渡期各项帮扶政策措施等情况；帮助引进项目，壮大乡村特色产业，促进一、二、三产业融合发展，培育新型农业经营主体，发展村集体经济等情况；帮助组织各类技能培训，助力脱贫人口稳岗就业情况；结合实际开展助医助学、资助参保等帮扶活动，帮助群众解决"急、难、愁、盼"情况；帮助加强农村思想道德建设和公共文化建设，推进农村移风易俗，革除陈规陋习，推进文明乡风、良好家风、淳朴民风建设等情况；帮助指导抓党建促乡村振兴，深入开展结对共建，助力基层党组织和党员队伍建设等情况；帮助改造农村人居环境、完善农村生活措施，打造美丽乡村等情况。

（二）评价标准

（1）资金投入：投入帮扶资金和引进帮扶资金情况（结合单位实际，酌情加减分）。

（2）巩固成果：帮助运行防止返贫和动态监测帮扶机制，落实过渡期各项帮扶政策措施等情况。

（3）产业发展：帮助引进项目，壮大乡村特色产业，促进一、二、三产业融合发展，培育新型农业经营主体，发展村集体经济等情况。

（4）就业及其他：帮助组织各类技能培训，助力脱贫人口稳岗就业情况；结合实际开展助医助学、资助参保等帮扶活动，帮助群众解决"急、难、愁、盼"情况。

（5）文明新风：帮助加强农村思想道德建设和公共文化建设，推进农村移风易俗，革除陈规陋习，推进文明乡风、良好家风、淳朴民风建设等情况。

（6）乡村建设和治理：帮助指导抓党建促乡村振兴，深入开展结对共建，助力基层党组织和党员队伍建设等情况；帮助改造农村人居环境、完善农村生活措施，打造美丽乡村等情况。

（三）评价周期

按年进行统计。

四、工作创新

（一）工作内容

工作创新包括提质增效、创新做法、长效机制、消费帮扶四个方面评价标准。主要包括发挥单位自身优势，创新工作举措，助力改善基础设施条件，提升公共服务水平等情况；总结宣传典型经验，动员社会力量参与等情况；购买帮销消费帮扶重点产品情况。

（二）评价标准

（1）提质增效：坚持巩固"两不愁三保障"成果，助力改善基础设施条件，提升公共服务水平等方面情况。

（2）创新做法：发挥单位自身优势，创新工作举措情况。

（3）长效机制：总结宣传典型经验，动员社会力量参与，巩固提升帮扶成效等情况。

（4）消费帮扶：购买和帮助销售消费帮扶重点产品情况。

（三）评价周期

按年进行统计。❶

---

❶ 《陕西省 2022 年度巩固拓展脱贫攻坚成果同乡村振兴有效衔接考核评估工作方案》（陕巩衔组发〔2022〕8 号）、《2023 年省级部门巩固拓展脱贫攻坚成果同乡村振兴有效衔接常态化督帮提升重点内容和政策标准清单》。

第十八章　驻村帮扶考评要点

本章收录定点帮扶类重点工作 11 项。其中，责任落实指标包含 4 项评价内容；"三保障"和饮水管理指标包含 4 项评价内容；防止返贫动态监测和帮扶工作落实指标包含 3 项评价内容；脱贫地区特色产业 5 项评价内容；脱贫人口稳岗就业包含 1 项评价内容；资金项目和扶贫资产管理包含 2 项评价内容；易地搬迁后续扶持包含 1 项评价内容；挂牌督办县和重点帮扶县包含 2 项评价内容；乡村建设包含 2 项评价内容；乡村治理包含 4 项评价内容；工作成效包含 4 项评价内容（见表 18-1）。

表 18-1　　　　　　　　　　驻村帮扶类重点工作评价一览表

序号	重点工作	评价内容	评价依据	评价周期
1	责任落实	学习贯彻上级决策部署	巩固拓展脱贫攻坚成果同乡村振兴有效衔接考核评估综合核查方案	半年、年度
		研究部署推进工作		
		调研指导情况		
		加强队伍建设		
2	"三保障"和饮水安全	义务教育保障	巩固拓展脱贫攻坚成果同乡村振兴有效衔接考核评估综合核查方案	半年、年度
		基本医疗保障		
		住房安全保障		
		饮水安全保障		
3	防止返贫动态监测和帮扶工作落实	动态监测	巩固拓展脱贫攻坚成果同乡村振兴有效衔接考核评估综合核查方案	月、年度
		精准帮扶		
		风险消除		
4	脱贫地区特色产业	脱贫地区特色产业	巩固拓展脱贫攻坚成果同乡村振兴有效衔接考核评估综合核查方案	半年、年度
		脱贫人口就业		
		产业帮扶		
		金融帮扶		
		消费帮扶		

续表

序号	重点工作	评价内容	评价依据	评价周期
5	脱贫人口稳岗就业		巩固拓展脱贫攻坚成果同乡村振兴有效衔接考核评估综合核查方案	半年、年度
6	资金项目和扶贫资产管理	资金管理	巩固拓展脱贫攻坚成果同乡村振兴有效衔接考核评估综合核查方案	半年、年度
		项目建设及资产后续管理		
7	易地搬迁后续扶持		巩固拓展脱贫攻坚成果同乡村振兴有效衔接考核评估综合核查方案	半年、年度
8	挂牌督办县和重点帮扶县	重点帮扶县	巩固拓展脱贫攻坚成果同乡村振兴有效衔接考核评估综合核查方案	半年、年度
		挂牌督办县		
9	乡村建设	乡村基础设施建设及管护	巩固拓展脱贫攻坚成果同乡村振兴有效衔接考核评估综合核查方案	半年、年度
		农村人居环境		
10	乡村治理	农村基本公共服务	巩固拓展脱贫攻坚成果同乡村振兴有效衔接考核评估综合核查方案	半年、年度
		乡村治理体系建设情况		
		平安乡村建设情况		
		精神文明建设情况		
11	工作成效	认可度和满意度	巩固拓展脱贫攻坚成果同乡村振兴有效衔接考核评估综合核查方案	半年、年度
		干部作风情况		
		脱贫地区农村居民和脱贫人口收入支出变化情况		
		脱贫户和防止返贫监测对象"三保障"和饮水安全状况		

一、责任落实

（一）工作内容

责任落实包括学习贯彻上级决策部署、研究部署推进工作、调研指导情况、加强队伍建设四个方面的评价标准。主要内容为党委政府主体责任、领导小组统筹协调责任、行业部门责任和驻村帮扶责任落实等情况。

（二）评价标准

1. 学习贯彻上级决策部署

学习贯彻习近平总书记关于巩固拓展脱贫攻坚成果同乡村振兴有效衔接的重要讲话重要指示情况和中央决策部署，落实工作安排，将巩固拓展脱贫攻坚成果同乡村振兴有效衔接放在突出位置。

2. 研究部署推进工作

召开会议,研究部署、组织推动工作;建立健全巩固拓展脱贫攻坚成果同乡村振兴有效衔接督查、考核工作机制。

3. 调研指导情况

党政主要领导同志、分管负责同志赴脱贫地区调研指导巩固拓展脱贫攻坚成果、全面推进乡村振兴情况。

4. 加强队伍建设

持续加强巩固拓展脱贫攻坚成果同乡村振兴有效衔接工作力量,进一步强化机构和干部队伍建设。加强干部培训,年内实现县、乡镇、村三级党组织书记、驻村干部、重要行业部门干部巩固拓展脱贫攻坚成果和乡村振兴轮训全覆盖。

(三)评价周期

按半年、年度进行考核。

二、"三保障"和饮水安全

(一)工作内容

"三保障"和饮水安全包括义务教育保障、基本医疗保障、住房安全保障、饮水安全保障四大方面的评价标准。主要内容为本年度脱贫家庭和监测对象义务教育阶段控辍保学、家庭经济困难学生资助政策落实等情况;健康和医保帮扶政策落实,脱贫人口和监测对象参保率、大病集中救治和慢性病签约服务以及乡村医疗卫生服务有效覆盖等情况;农村人口住房安全保障、危房改造等情况;开展饮水安全常态化敲门入户排查、推进农村供水工程建设、健全工程运行管护责任体系等情况。

(二)评价标准

1. 义务教育保障

(1)义务教育保障政策:依据巩固脱贫攻坚成果同乡村振兴有效衔接过渡期(简称过渡期)出台的相关文件,结合当地实际,完善义务教育保障方面配套政策。

(2)资助家庭经济困难学生:落实国家学生资助政策,精准资助农村家庭经济困难学生，每学年按学期对符合国家资助政策和陕西省相关文件规定的范围和条件，学籍在所辖行政区域内教育部门所属学校就读、学籍与就读学校一致的脱贫户（2016年及以后年度脱贫）、监测对象家庭学生（包括：学前阶段，义务教育阶段、高中、中职）予以资助。相关情况以"教育精准资助管理信息系统"或资助档案、发放清单、实地入户为准。

2. 基本医疗保障

（1）基本医疗保障政策：依据过渡期出台的相关文件，结合当地实际，完善基本医疗保障方面配套政策。

（2）落实健康和医保帮扶政策：按年、半年进行考核：按规定落实"先诊疗后付费"、一站式结算、30种大病集中救治和4种主要慢性病签约服务，以及参保资助等健康和医保帮扶政策。

（3）乡村医疗卫生服务有效覆盖：乡村医疗卫生服务有效覆盖，有标准化村卫生室，用房建筑面积不少于 $60m^2$；设有诊断室、治疗室、公共卫生室、药房，且"四室分离"；有常用设备和药品；各配1名或1名以上有资质的村医，群众看病方便（不具备村医配备条件的行政村，由乡镇卫生院选派医师或指定相邻乡村医生通过巡诊、派驻等方式提供服务；人口较少或面积较小的行政村可与相邻行政村联合设置村卫生室；乡镇卫生院所在地的行政村可不设村卫生室，由乡镇卫生院代为服务）。

3. 住房安全保障

（1）住房安全保障政策：依据过渡期出台的相关文件，结合当地实际，完善住房安全保障方面配套政策。

（2）落实危房改造政策：对今年以来实施危房改造的农户，检查《住房安全排查鉴定表》和《竣工验收表》，确保按期竣工，且质量符合要求，补助资金及时足额兑付。

4. 饮水安全保障

（1）饮水安全保障政策：依据过渡期出台的相关文件，结合当地实际，完善饮水安全保障方面配套政策。

（2）健全农村供水管理责任体系：村级饮水设施建立长效管护机制，有专门管护人员，设施能够正常使用。

（三）评价周期

按半年、年度进行考核。

三、防止返贫动态监测和帮扶工作落实

（一）工作内容

防止返贫动态监测和帮扶工作落实包括动态监测、精准帮扶、风险消除三方面的评价标准，主要内容包括防止返贫动态监测和帮扶工作机制建设等情况，监测环节及时发现、应纳尽纳，帮扶环节精准施策、应扶尽扶，消除风险环节程序规范、稳定消除等情况。

（二）评价标准

1. 动态监测

（1）建立机制：市县健全防止返贫动态监测和帮扶机制，建立工作专班，具体负责防止返贫动态监测和帮扶工作；建立部门筛查预警机制，明确各部门职责分工，强化部门之间数据共享；行业部门定期向乡村振兴部门推送数据，乡村振兴部门定期向下推送数据。

（2）宣传政策：广泛宣传防止返贫动态监测和帮扶政策，所有农户应知尽知。

（3）纳入监测：落实动态监测机制，对符合条件的农户100%纳入监测帮扶范围。"四支队伍"每月对脱贫户、监测户进行遍访，基层网格员对农户进行常态化排查，防止应纳未纳、体外循环现象发生。每月至少研判1次，对存在返贫致贫风险的农户及早纳入帮扶。从农户申报、干部排查、部门预警发现风险线索之日起，到完成监测对象识别认定，不超过15天，其中村内公示不少于5天。

（4）监测台账：县、镇、村三级建立监测对象台账（含电子台账），及时更新台账内容。

2. 精准帮扶

明确监测对象帮扶责任人，监测户"一户一策"针对性帮扶措施全部落实到位；对上年度人均纯收入下降、收入水平较低和因疫因灾收入骤减的脱贫户，落实促进增收措施。在监测对象识别认定后，根据返贫致贫风险，原则上在10天内完成帮扶计划制定和帮扶措施申报；识别认定（除风险自然消除外）30天内落实针对性帮扶措施。

3. 风险消除

对监测对象收入持续稳定（除风险自然消除外，收入持续稳定原则上不少于半年）、"两不愁三保障"及饮水安全保障持续巩固、返贫致贫风险已经稳定

消除的，按照民主评议、村级公示、乡镇核查、县级（乡村振兴局）审定、信息标注的程序消除风险。风险自然消除指监测户整户人员自然死亡、或长期生活地迁至省外、或转为城镇户籍并享受了城镇居民相关保障政策等。不得消除风险情况：① 整户无劳动能力（整户无劳动能力指家庭所有成员劳动能力状态均为无劳动能力或丧失劳动能力，无法承接就业和产业帮扶措施）的监测对象暂不标注消除风险〔无劳动能力是指年龄在 16 岁（不含）以下和 60 岁（不含）以上人员；丧失劳动能力是指年龄在 16 岁至 60 岁（含），由于疾病、残疾等丧失劳动能力人员〕。② 识别认定在半年之内的监测户暂不标注消除风险。弱劳动力、半劳动力按有一定劳动力认定。

（三）评价周期

按月、年度进行考核。

四、脱贫地区特色产业

（一）工作内容

脱贫地区特色产业及脱贫人口就业包括脱贫地区特色产业、脱贫人口就业、产业帮扶、金融帮扶、消费帮扶五个方面的评价标准。主要内容包括产业项目质量提升、特色产业链建设、联农带农机制完善、金融帮扶、产业风险防范处置、典型宣传示范引领等情况。

（二）评价标准

1. 脱贫地区特色产业

（1）产业帮扶政策：依据过渡期出台的相关文件，结合当地实际，完善产业帮扶方面配套政策。

（2）项目推动：推进各产业链年度工作任务，按时高质量完成年度项目建设任务。加快产业帮扶项目实施。

（3）资金投入：年度中央、陕西省财政衔接资金用于产业发展的比例不低于 55%，且比例不低于上年度。

2. 脱贫人口就业

（1）就业帮扶政策：依据过渡期出台的相关文件，结合当地实际，完善就业帮扶方面配套政策。

（2）落实各项就业：对跨省就业脱贫人口和监测对象，每人每年享受一次交通补助,补贴标准不超过 500 元;返乡回流脱贫人口和监测对象劳动力帮扶措施全部落实到位。实施"雨露计划+"就业促进行动,组织开展脱贫家庭和监测对象中未就业本年度高校毕业生帮扶行动。

3. 产业帮扶

(1)联农带农:完善龙头企业、农民专业合作社、家庭农场、社会化服务组织等经营主体联农带农机制,采用分红、参与管理、务工、帮销等多种方式,带动农户特别是脱贫户、监测对象达到一定规模。农产品加工业与农业总产值之比逐年提升。

(2)产业风险防范处置:及时监测预警自然灾害、市场波动、产品滞销及项目失败等带来的产业发展风险和带贫主体经营风险及其引发的舆情信访等风险,采取针对性举措处置化解风险影响。

(3)村集体经济:落实发展壮大新型农村集体经济的若干措施,深化集体经济"清零消薄"行动,实现年内"空壳村"基本清零、"薄弱村"全面升级、经济强村每县增加 1~2 个,村集体经济组织运行良好,收益分配合理。

(4)产业到村到户帮扶情况:每村都有一个主导产业,且发展良好,有劳动能力、有产业发展意愿的脱贫户和监测对象家庭,均有特色增收产业和产业帮扶措施,耕地地力保护补贴、公益林生态效益补偿、农业生产购置农机具补贴等各项产业发展补助,及时发放比例达到 100%。扶贫资产收益等落实到村到户;脱贫人口和监测对象入股分红落实到位。

(5)脱贫人口经营性收入:脱贫人口经营性净收入不低于上年水平(系统提取)。

(6)光伏项目运行管理及收益使用:光伏项目运行管理及收益使用有完善档案和运维监测机制,光伏帮扶项目收益用于公益岗位工资和村级小型公益事业劳务费支出不低于 80%。

(7)致富带头人培育:完成年度致富带头人培育计划,每个脱贫村有不少于 3 名致富带头人,年内全部参加培训,带动人数不低于上年度。

4. 金融帮扶

(1)脱贫户和监测户应贷尽贷:有产业(创业)发展意愿,希望通过脱贫人口小额信贷政策获得发展支持,且满足贷款资质的脱贫户、监测对象实现应贷尽贷。

(2)小额信贷贷款用途:贷款主要用于个人产业发展或创业,用途合规,无"户贷企用"问题。

（3）小额信贷新增获贷率：新增获贷率（从全国防返贫监测信息系统统一提取计算）。

（4）小额信贷贷款余额户数占脱贫户数比重：贷款余额户数占脱贫户数比重（从全国防返贫监测信息系统统一提取计算）。

（5）小额信贷逾期率：小额信贷逾期率低于1%（从全国防返贫监测信息系统统一提取计算）。

（6）风险补偿金启用情况：脱贫人口小额信贷符合条件的逾期贷款风险补偿金及时启用。

（7）贷款规模：小额信贷新增贷款规模不低于上年；农业经营主体贷款规模逐年稳步增加。

（8）防贫综合保险：探索开展防返贫综合保险。

（9）农业保险：按照自主、自愿原则，对有投保意愿的脱贫户、监测对象实行愿保尽保，在年度计划内予以优先保障。

5. 消费帮扶

（1）扶贫产品销售额：市县财政预算单位采购脱贫地区农副产品资金预留比例不低于10%。

（2）消费帮扶工作体系运行情况：健全消费帮扶工作体系，依托苏陕协作、定点帮扶、"832平台"等机制，组织帮销扶贫产品。

（三）评价周期

按半年、年度进行考核。

五、脱贫人口稳岗就业

（一）工作内容

脱贫人口稳岗就业包括就业帮扶一个方面的考核标准。

（二）评价标准

1. 脱贫人口和监测对象就业务工规模

完成年度脱贫人口和监测对象就业务工目标任务，有劳动力、有就业意愿的脱贫户和监测对象至少有1人实现就业，有劳动能力且有就业意愿的易地扶贫搬迁家庭实现每户至少1人就业。

2. 建立和更新实名制务工台账

依托全国防返贫监测信息系统，对脱贫户和监测对象中的就业务工对象，建立实名制务工台账，及时更新。

3. 就业帮扶车间和乡村公益性岗位情况

就业帮扶车间和乡村公益性岗位数量不低于上年度。公益岗位和帮扶车间等吸纳脱贫人口和监测对象就业规模不低于上年度。生态护林员选（续）聘人数不低上年度。

4. 就业培训情况

对有培训意愿的脱贫劳动力和监测对象进行职业技能培训，组织参加培训人数不少于上年度，对参加培训人员按规定享受各项补贴。

（三）评价周期

按半年、年度进行考核。

六、资金项目和扶贫资产管理

（一）工作内容

资金项目和扶贫资产管理包括资金管理和项目建设及资产后续管理两个方面的评价指标。主要内容包括财政衔接推进乡村振兴补助资金和涉农整合资金安排使用、项目库建设与项目实施管理、扶贫资产后续管理及效益发挥等情况。

（二）评价标准

1. 资金管理

（1）资金投入规模：市县财政衔接资金投入规模不低于上年度。

（2）资金预算下达：市级收到中央和省级财政衔接资金之日起，分解下达到县级时长不超过 30 日。市级人大批复市级财政预算后，市级衔接资金全部切块下达到县级不超过 60 日。县区收到中、省、市衔接资金之日起，分解下达到衔接资金使用管理部门时长不超过 60 日。

（3）资金支出进度：各级到县财政衔接资金支出进度 9 月底达到 75%，12 月底预算执行率达到 100%。涉农整合资金支出进度年底前达到已整合资金规模的 80%（含）。

（4）资金使用情况：财政衔接资金要优先满足巩固拓展脱贫攻坚成果需

求，对财政衔接资金，以及脱贫攻坚期形成的扶贫项目收益，做到高效使用，带动农户作用明显。无贪占、挪用、浪费、违规处置补助资金或项目收益等违纪违法行为。

2. 项目建设及资产后续管理

（1）项目完成进度：利用财政衔接资金实施的项目开工率达到100%的目标。

（2）扶贫（衔接）资产后续管理：已完工3个月以上的项目完成确权移交；建立完善并及时更新资产台账；落实后续管护责任。

（三）评价周期

按半年、年度进行考核。

七、易地搬迁后续扶持

（一）工作内容

易地搬迁后续扶持包括易地搬迁后续扶持一个方面的评价标准。主要包括帮扶车间（社区工厂）吸纳就业、安置点配套设施完善、社区管理服务和安置群众融入等易地搬迁后续扶持情况。

（二）评价标准

1. 安置点帮扶产业园区建设

易地扶贫搬迁安置社区产业就业规模与搬迁规模相适应，能够满足群众产业就业需求。

2. 搬迁群众就业帮扶

有劳动能力、有就业意愿的搬迁家庭至少实现1人就业。

3. 安置点配套设施建设

易地搬迁社区周围有依托的幼儿园、小学、卫生室（附近有医院的可不建卫生室），易地搬迁户能实现就近入园入学就医，交通出行方便。社区的水、电等供应正常，有必要的公共服务设施和活动场所，易地扶贫搬迁对象800人以上的大中型易地搬迁安置社区，配套建设有产业园区或就业帮扶车间、社区工厂等相关产业就业园区。产业就业规模与搬迁规模相适应，能够满足群众产业就业需求。

4. 搬迁群众社会治理和社区融入情况

大中型易地搬迁安置点（800人以上）设立政府服务场所，提供户籍管理、就业、就学、就医和社保、法律咨询等"一站式"服务，小型安置点安排专人负责搬迁群众户籍、就业、就学、就医、法律咨询等各类协调服务，并配齐相关公共服务岗位。积极破解搬迁安置点大修基金、消防设施、市场化物业管理及新增人口住房需求等难题。

（三）评价周期

按半年、年度进行考核。

八、挂牌督办县和重点帮扶县

（一）工作内容

重点帮扶县和挂牌督办县主要内容包括挂牌督办县督办事项、整改措施及倾斜支持政策落实情况。重点帮扶县"两不愁三保障"和饮水安全巩固提升及财政、金融、土地、人才等各方面倾斜支持政策落实情况。

（二）评价标准

1. 重点帮扶县

（1）责任落实情况：市级建立党政领导包抓乡村振兴重点帮扶县（简称重点帮扶县）制度，党政主要领导牵头联系包抓，定期听取工作汇报，调研走访包抓重点帮扶县，帮助推动工作。

（2）资金倾斜情况：市级财政衔接资金、行业帮扶资金对重点帮扶县的倾斜支持。

（3）项目推进情况：在年度项目安排中，要统筹安排"三保障"及安全饮水、产业、就业等巩固提升补短板项目，并按年度计划全部开工建设。

（4）土地保障情况：国家乡村振兴重点帮扶县完成今年建设用地增减挂钩结余指标跨省调剂使用及新增建设用地指标（600 亩）计划任务（国家乡村振兴重点帮扶县落实城乡建设用地增减挂钩节余指标跨省域调剂政策。获得的调剂资金全额下达产生节余指标的地区比例达到 100%。调剂资金用于巩固拓展脱贫攻坚成果同乡村振兴有效衔接比例达到 100%）。

2. 挂牌督办县

（1）责任落实情况：市级建立挂牌督办县制度，党政主要领导牵头联系包抓，定期听取工作汇报，调研走访包抓，帮助推动工作。

（2）督办目标：县级成立工作专班，制定挂牌督办整改方案，落实整改措施，全面整改到位，确保挂牌督办县按期达标摘牌。

（3）倾斜支持政策：市级财政衔接资金、行业帮扶资金对挂牌督办县倾斜支持；县级全面落实省、市倾斜支持政策。

（三）评价周期

按半年、年度进行考核。

九、乡村建设

（一）工作内容

乡村建设包括乡村基础设施建设及管护、农村人居环境两个方面的评价标准。主要内容包括农村厕所革命、生活污水治理、生活垃圾治理、村庄清洁行动为主要内容的农村人居环境整治提升，乡村规划编制、乡村基础设施建设与提升、农村基本公共服务供给等情况。

（二）评价标准

1. 乡村基础设施建设及管护

（1）规划编制：坚持规划先行，加强乡村规划建设管理，积极有序推进村庄规划编制试点，完善村庄分类，保持村庄风貌，防止出现大拆大建。

（2）农村公路：行政村通村道路全部硬化，有专人负责道路养护，有条件的行政村全部实现通车。

（3）乡村清洁能源：稳妥有序推进农村地区清洁取暖，煤改电效果良好。

（4）居住条件：统筹推进农村低收入群体等重点对象地震高烈度设防地区农房抗震改造工作。历史文化名镇、名村、传统村落、传统民居得到保护与利用。

（5）快递物流：行政村快递服务覆盖率达到90%以上。农村电商正常运行。

（6）网络通信：行政村光纤网络和移动通信网络实现全覆盖，能够正常通信、上网。

2. 农村人居环境

（1）农村厕所革命：扎实推进农村改厕，确保完成当年以来利用各级财政支持改造的问题厕所整改和年度新改厕所任务。

（2）农村生活污水治理：加快推进农村污水治理，通过农村环境整治的行政村，污水无乱排乱放现象，黑臭水体得到整治，健全农村生活污水处理设施，相关设施正常运行。

（3）农村生活垃圾治理：加快推进农村生活垃圾收运处理，行政村有垃圾清扫收运设施设备，保洁员配备到位。

（4）村庄清洁行动：村容村貌干净、整洁、有序，无污水乱泼乱倒现象，粪污无明显暴露，杂物堆放整齐。

（三）评价周期

按半年、年度进行考核。

十、乡村治理

（一）工作内容

乡村治理包括农村基本公共服务、乡村治理体系建设情况、平安乡村建设、精神文明建设四个方面的评价标准。主要内容包括农村基层党组织建设、自治法治德治建设、"平安乡村"建设、农村精神文明建设、农村文化建设和清单制、积分制、数字化、网格化治理方式推广运用等情况。

（二）评价标准

1. 农村基本公共服务

（1）养老托幼建设情况：有条件的村建立村级幸福院、日间照料中心、老年食堂等养老服务设施，农村普惠性养老和托幼服务发展良好。

（2）公共文化建设情况：行政村建有图书室、村民活动中心等公共文化场所，定期开展免费放电影、文艺演出等送文化下乡活动。

2. 乡村治理体系建设情况

（1）农村基层组织建设：村"两委"班子特别是带头人队伍结构合理、有效履职，村党组织书记、村委会主任每年至少参加1次集中培训，每村至少储备2名后备力量。

（2）自治法治德治建设：落实"四议两公开""村务监督"制度。定期召开村民代表大会或村民议事会，让广大村民或村民代表积极参与村庄发展等重要事项，发挥村民自治的主人翁作用；开展法治县、民主法治教育示范村创建活动，加快培养乡村"法律明白人"，每年至少开展1次普法宣传活动，引导农民尊法学法守法用法；推进新时代文明实践中心建设，提升农民群众思想觉悟、道德水准和文明素养；总结推广积分制、清单制、数字化、网格化等乡村治理有效经验。

3. 平安乡村建设情况

落实"平安乡村"建设各项任务，每年至少开展1次普法宣传活动。成立村级矛盾纠纷调解机构，并有效发挥作用。

4. 精神文明建设情况

（1）农村精神文明建设情况：每年至少开展1次"道德模范""星级文明户""五好家庭""好媳妇、好婆婆"等先进典型评选活动；行政村有"一约四会"（村规民约、红白理事会、村民议事会、道德评议会、禁毒禁赌会），运行正常，作用发挥良好。有效治理高价彩礼、人情攀比、厚葬薄养、封建迷信等问题，深化"美丽乡村文明家园"建设，推进农村精神文明建设；严防侵害鳏寡孤独、妇女儿童、精神障碍患者、残疾人权益等冲击社会道德底线事件发生。

（2）乡村文化建设：利用传统节日、民间节庆、农民丰收节等活动，弘扬乡村传统文化。

（三）评价周期

按半年、年度进行考核。

十一、工作成效

（一）工作内容

工作成效包括巩固脱贫成果群众认可度、干部作风情况、脱贫地区农村居民和脱贫人口收入支出变化情况、脱贫户和防止返贫监测对象"三保障"和饮水安全状况四个方面的评价标准。主要内容为化解各类风险、防止规模性返贫致贫、脱贫成果有效巩固、乡村振兴全面推进、群众满意度持续提升等情况。

（二）评价标准

1. 认可度

着力提升群众对巩固脱贫成果的满意度，受访群众对今年巩固脱贫成果工作的总体满意度达到90%以上。

2. 干部作风情况

严查松劲懈怠思想、群众意识淡化问题，形式主义、官僚主义现象，工作失真失实、弄虚作假问题等。

3. 脱贫地区农村居民和脱贫人口收入支出变化情况

（1）脱贫地区农民收入增速：脱贫县本年度农村居民人均可支配收入增速不低于全省农村人均可支配收入增速。

（2）脱贫群众收入持续稳定增长：当地脱贫人口收入增速不低于农民收入增速。

（3）重点帮扶县农民收入增速：乡村振兴重点帮扶县农民收入增速不低于全省脱贫县农民收入平均增速（非重点帮扶县不评估此项内容）。

4. 脱贫户和防止返贫监测对象"三保障"和饮水安全状况

（1）义务教育有保障状况（脱贫家庭义务教育阶段辍学学生动态清零）：落实脱贫家庭义务教育阶段辍学学生动态清零，农村义务教育阶段适龄儿童少年（年满 6 周岁至 15 周岁）无失学辍学。

其中，以下情况不视为失学辍学：一是年龄满 6 周岁但仍在幼儿园就读或因身体等原因由家长申请延缓入学的适龄儿童；二是在特殊教育学校、儿童福利院机构特教班就读的适龄儿童少年；三是年龄不满 16 周岁但已初中毕业的学生；四是请假和休学的学生；五是因智障或多重残疾不能随班就读，安排送教上门的适龄儿童少年（需有送教上门方案、送教上门工作档案）；六是因身体原因不具备学习条件的适龄儿童少年（需县级残疾人教育专家委员会的评估认定意见或医学诊断证明、就诊记录等资料）；七是失踪失联的适龄儿童少年（需公安部门或镇村提供的失踪失联界定资料）；八是有本地户籍但在异地就读的适龄儿童少年；九是失学辍学后经劝返后恢复就读的；十是经多次劝返仍拒绝就学的，需县级教育部门、镇、村或学校提供两次以上劝返的相关资料。

（2）基本医疗有保障状况（脱贫人口和监测人口参保）：全面完成年度城乡居民基本医疗保险参保缴费工作，落实参保资助和医保帮扶政策，脱贫人口、监测对象参加本年度城乡居民基本医疗保险和大病保险达到 100%。

下列情况视同参保：一是参加城乡职工基本医疗保险；二是参军；三是在异地参加城乡居民基本医疗保险；四是入学（大学等）；五是服刑；六是户籍迁出；七是死亡；八是失联或其他视同参保情况。

（3）住房安全有保障状况（住房安全保障情况）：农户住房安全有保障，有固定住房，经排查判定为安全住房或鉴定为 A 级或 B 级安全住房。加快因灾倒损房屋修缮和恢复重建。

以下情况疑似危房，需进一步核实住房鉴定和有关情况：一是因洪涝、地震等自然灾害倒塌、损坏严重；二是无主梁或主梁断裂；三是无承重柱或承重柱断裂、倾斜；四是承重墙体严重开裂；五是屋顶局部坍陷；六是地基局部大幅度沉降，房屋倾斜；七是临时简易房。

以下情况视为住房安全：一是附属用房（厨房、仓库等）疑似危房，但主体房屋（卧室等）安全；二是农村房屋不安全，但另有安全住房且未在危房中居住的；三是农村房屋不安全但未住人，整户因务工等原因长期（六个月以上）在外租住安全房屋的；四是居住集体公租房、幸福大院，或租赁闲置农房、投亲靠友等方式解决安全住房，且居住超过半年以上的；五是因灾房屋受损，列入恢复重建计划且正在实施的，政府临时安置的过渡房，可视为安全住房有保障。

（4）饮水安全有保障状况（供水保障情况）：农户日常饮用水水量、水质和取水便捷程度达到国家标准。一是农户饮用水水质达标（查看水源地水质检测报告；无报告的，现场观测无杂质、异色、异味，农户长期饮用无不良反应）；二是水量达到 20 升/人/日；三是取水方便（水平距离不超过 800m，垂直距离不超过 80m，取水往返时间不超过 20min）；四是供水保障率超过 95%（每年连续断水时间不超过 18 天）。

以下情况视为安全饮水达标：一是供水保证率未达到 95%，存在季节性缺水现象，但有应急预案，且在断水期有落实临时性过渡措施的（如到安全的集中取水点、备用水源取水，或由镇村送水等）；二是农户家中已通自来水且水质达标，但农户因不愿交水费或生活习惯问题，自己不愿使用自来水，平时在外拉水吃；三是个别地方受管护能力限制，采取一天内某一固定时段供水的形式（如中午 12 点至 1 点），只要在该时段供水量能满足 20 升/人/日即视为达标，个别农户因故未在固定时段接水不视为问题。

（三）评价周期

按半年、年度进行考核。❶

---

❶ 《陕西省 2022 年度巩固拓展脱贫攻坚成果同乡村振兴有效衔接考核评估工作方案》（陕巩衔组发〔2022〕8 号）、《2023 年省级部门巩固拓展脱贫攻坚成果同乡村振兴有效衔接常态化督帮提升重点内容和政策标准清单》。

第十九章 示范创建考评要点

本章收录国网公司帮扶村助力乡村振兴示范创建验收评价标准指标七大项 44 条，联合创建村助力乡村振兴示范创建验收评价标准指标三大项 13 条，助力乡村振兴示范创建验收评价标准必备项 3 条，加分项 5 条（见表 19–1～表 19–4）。❶

表 19–1　　　　公司帮扶村助力乡村振兴示范创建验收评价标准

序号	评价内容	评价指标	考评标准	备注
1	一、总体要求	示范创建有方案	按照"一村一案"原则编制示范创建方案，方案应有较强针对性，能较好促进和指导帮扶村发展	（1）方案编制契合实际、可操作性强，问题导向明显，得 2 分； （2）方案编制契合实际、可操作性较强，问题导向较明显，得 1 分； （3）方案编制结合实际不紧密，创建重点任务不突出，得 0.5 分； （4）未编制方案，不得分	查阅帮扶村"一村一案"创建方案
2		政企协作有协同	示范创建工作应与地方政府"美丽乡村""百县千乡万村"等示范创建工作紧密结合，坚持政企联动，加强沟通汇报，动员社会力量参与，积极争取地方与社会政策资金支持	（1）近三年争取地方与社会资金支持 100 万以上，得 3 分； （2）近三年争取地方与社会资金支持 60 万～100 万（含 100 万），得 2 分； （3）近三年争取地方与社会资金支持 20 万～60 万（含 60 万），得 1 分； （4）近三年争取地方与社会资金支持 20 万元及以下，得 0.5 分； （5）近三年未争取地方与社会资金支持，不得分	（1）查阅相关政策、资金争取情况书面资料； （2）查看地方与社会政策资金落地情况
3		驻村工作有章程	驻村工作人员严格遵守相关工作制度，相关待遇得到落实	（1）驻村工作人员严格遵守相关工作制度，积极开展工作，未被属地党委政府通报过，得 1 分； （2）关心关爱驻村工作人员，相关待遇得到落实，得 1 分	实地查看，查阅相关资料

❶《助力乡村振兴示范创建验收评价标准》（国网乡振办〔2022〕9 号）。

续表

序号	评价内容	评价指标	考评标准	备注
4	一、总体要求	资金使用有程序时	对各类捐赠资金（实物）使用规范，严格执行资金管理等制度，严格按照时间节点要求，有序推进捐赠项目实施，严把工程质量和安全	（1）配合协助所在镇街，做好各类帮扶捐赠项目（实物）的招标、实施与验收，对各类捐赠资金（实物）使用规范，按照时间节点有效落地，得1.5分； （2）做好帮扶捐赠项目（实物）的审计和后评估工作，及时协调督促解决发现问题，确保能够持续产生效益得1.5分	查阅相关招标验收资料
5	二、产业振兴方面		结合帮扶村实际，制定明确的产业发展思路或规划	（1）产业发展有思路、规划明确，可行性较强得2分； （2）产业发展有思路、规划明确，可行性一般得1分； （3）未制定产业发展思路或规划，不得分	查阅相关资料
6		产业培育有特色	帮助村庄培育发展特色产业，拓宽村庄增收渠道，村集体经济稳定增长，收入可持续	（1）村集体年收入20万元及以上，得4分； （2）村集体年收入10万~20万元（含10万），得2.5分； （3）村集体年收入5万~10万元（含5万），得1分； （4）村集体年收入5万元及以下，不得分	（1）查看镇（街）经管站或其他政府主管部门近两到三年盖章台账，实地了解产业经营状况； （2）现场走访2~3户村民，了解特色产业收益情况
7			村庄特色产业健康可持续	（1）帮扶村发展的特色产业符合村庄发展实际，得1.5分；否则不得分； （2）帮扶村发展的特色产业市场前景较好，具有可持续性，得1.5分；否则不得分； （3）帮扶村发展的特色产业联农带农成效显著，带动本村20名以上（含20名）村民实现就近就业，得1分；否则不得分； （4）帮扶村无特色产业，不得分	实地查看
8		消费帮扶有开拓	深化开展消费帮扶，线上线下做好农产品销售，助推村庄产业发展和群众稳定增收	（1）近两年帮助销售农产品50万元及以上，得4分； （2）近两年帮助销售农产品30万~50万元（含30万），得3分； （3）近两年帮助销售农产品10万~30万元（含10万），得2分； （4）近两年帮助销售农产品3万~10万元（含3万），得1分； （5）近两年开展线上线下农产品推销活动，得1分	（1）销售订单等资料； （2）入驻慧农帮、所在省公司级同类商城等资料； （3）开展线上线下农产品推销活动记录等

续表

序号	评价内容		评价指标	考评标准	备注
9	二、产业振兴方面	帮扶捐赠有力度	所在省公司对帮扶村帮扶捐赠有力度，精准实施各类帮扶项目，确保帮扶捐赠项目发挥应有效益	（1）近三年省公司捐赠资金额度累计60万元及以上，或本年度捐赠资金20万元及以上，且捐赠项目运行正常，能够持续发挥应有效益，得5分； （2）近三年省公司捐赠资金额度累计40万~60万元（含40万元），或本年度捐赠资金15万~20万元（含15万元），且捐赠项目运行正常，能够持续发挥应有效益，得4分； （3）近三年省公司捐赠资金额度累计20万~40万元（含20万元），或本年度捐赠资金10万~15万元（含10万元），且捐赠项目运行正常，能够持续发挥应有效益，得3分； （4）近三年省公司捐赠帮扶村资金额度累计20万元以下，且捐赠项目运行正常，能够持续发挥应有效益，得1分； （5）近三年省公司未捐赠帮扶村资金，不得分	查阅相关资料，实地查看
10			加强村民素质教育和技能培训，积极开展教育培训工作，鼓励农民参加政府部门各类实用技术培训	（1）引导帮扶村村民参加教育培训，就业情况较好，得3分； （2）引导帮扶村村民参加教育培训，就业情况一般，得1.5分； （3）帮扶村无村民参加教育培训，不得分	查阅相关资料，走访村两委和村民
11	三、人才振兴方面	人才队伍有活力	采取有效措施，扶持有技能和经营能力的农民创办家庭农场与合作社，创立农产品加工、营销企业或各类农业社会化服务组织	（1）帮扶村成立合作社或家庭农场等，且运营较好的，得4分； （2）帮扶村成立合作社或家庭农场等，但运营不好的，得1.5分； （3）帮扶村未成立合作社或家庭农场的，不得分	查阅相关资料，实地查看
12			村干部、致富带头人能够积极发挥模范带头作用，有效推动美丽乡村建设、乡村产业发展	（1）村干部、致富带头人发挥作用明显，得3分； （2）村干部、致富带头人发挥作用较好，得1.5分； （3）村干部、致富带头人发挥作用一般，不得分	查阅相关资料，走访村两委和村民
13	四、文化振兴方面	文化活动有组织	定期组织开展丰富多彩、积极向上的群众文化生活，引导村民积极参与	组织开展各项文化活动的1分；未开展不得分	查阅相关活动记录
14		文明创建有品牌	移风易俗成效明显，红白事有明确具体规定和要求并得到落实，破除陈规陋习，倡导文明节俭	相关规定与要求得到落实，得1分；否则不得分	比如大操大办、铺张浪费等，可现场询问

序号	评价内容	评价指标	考评标准	备注
15	四、文化振兴方面	建设运营电力爱心超市，开展积分、公示、兑换活动，引导群众参与乡村自治，发挥电力爱心超市品牌效应	（1）帮扶村电力爱心超市积分细则符合实际且可操作性强，得1分，否则不得分； （2）帮扶村电力爱心超市定期公示积分得1分，否则不得分； （3）帮扶村电力爱心超市定期补货并开展积分兑换得1分，否则不得分	查阅相关活动记录
16	文明创建有品牌	开展形式多样的活动，引导群众自主参与乡村治理，倡导文明乡风	（1）引导群众参与乡村治理活动开展较好，得1分； （2）引导群众参与乡村治理活动开展一般，得0.5分； （3）未开展促进乡村治理活动的，得0分	查阅相关活动记录
17		积极配合帮扶村新时代文明实践中心建设，依托电力驿站等阵地，开展理论宣讲、文化传播、道德讲堂等文明实践活动，丰富乡村文化生活，乡村文明活动达到县级及以上或同等级别认可的文明村镇标准	达到县级及以上或同等级别认可的文明村镇标准，得2分；否则不得分	奖牌或证明文件
18	弱势群体有照顾	定期开展对留守儿童、孤寡老人等弱势群体送温暖走访慰问活动	开展走访慰问活动，得1分；未开展不得分	查阅走访慰问记录
19		积极为弱势群体排忧解难，为家庭发生重大变故的群众组织开展多种形式的救助捐赠活动	积极关心帮扶弱势群体，得1分；未开展不得分	实地查看
20	五、生态振兴方面	村内主要干道符合"四好农村路"标准，村内道路实现"户户通"	主干道硬化质量好，并实现道路硬化户户通，得2分；未实现户户通的，不得分	实地查看
21	基础设施建设有标准	有符合要求的给水设施，自来水实现"户户通"。水质达到国家有关标准，安全饮水覆盖率达到100%	供水符合要求，得2分；未实现户户通或水质不达标的，不得分	管道到户，水质感官判断
22		教育、医疗、超市、快递、网络等公共便民配套设施齐全	（1）帮扶村建有符合标准的幼儿园或村内儿童能在附近村镇幼儿园入学的，得0.5分；否则不得分； （2）帮扶村建有标准化卫生室（或可在附近村镇就近就医），得0.5分；否则不得分； （3）帮扶村便民服务配套齐全，得1分；否则不得分	实地查看

续表

序号	评价内容		评价指标	考评标准	备注
23	五、生态振兴方面	"四化"工作有成效	村庄亮化。村庄主干道、胡同路、公共场所安装路灯并正常运行	(1) 路灯安装全覆盖, 得 1 分; (2) 路灯安装未全覆盖, 得 0.5 分; (3) 未安装路灯, 不得分	实地查看
24			村庄绿化。村庄实行见缝插绿, 按照平原、丘陵和山区等不同特色, 主要道路和河道两边宜绿化地段实现绿化。农宅之间有绿化带, 村庄绿化树种丰富、乔灌合理搭配、有特色	(1) 村庄绿化较好, 得 1 分; (2) 村庄绿化一般, 得 0.5 分; (3) 村庄绿化较差, 不得分; (4) 高寒高海拔等特殊地区此项默认为满分	实地查看
25			村庄净化。道路(包含主次干道)两侧干净整洁, 生产生活用品集中有序存放, 无安全隐患。无土堆、粪堆、柴草堆"三大堆"。河道、沟渠、水塘净化整洁, 水体清澈, 无淤积, 无白色污染、无垃圾等杂物	(1) 村庄净化较好, 得 1 分; (2) 村庄净化一般, 得 0.5 分; (3) 村庄净化较差, 不得分	实地查看
26			村庄美化。扎实开展村庄清洁行动, 群众知晓度、参与度高。对农村积存垃圾进行治理, 坑塘河道实现"水清、岸绿、景美"。对影响村庄空间外观视觉的外墙和屋顶进行适度美化, 宣传栏、广告牌等整洁有序, 村庄外观达到整齐、协调的效果	(1) 村庄美化较好, 得 1 分; (2) 村庄美化一般, 得 0.5 分; (3) 村庄美化较差, 不得分	实地查看
27	六、组织振兴方面	基层党组织有力量	村党组织有战斗力, 群众对村党组织工作满意度高	(1) 群众对村党组织满意度高, 得1分; (2) 群众对村党组织满意度较高, 得 0.5 分; (3) 群众对村党组织满意度低, 不得分	现场询问群众
28		村务管理有制度	村民自治章程、村规民约等民主管理制度完善, 村民自治得到全面落实	(1) 制度健全且得到有效落实, 得1分; (2) 制度健全但未有效落实, 得 0.5 分; (3) 制度不健全, 不得分	查阅相关资料, 现场询问群众
29			村级经济发展、社会事业发展和村内重大事务等实行民主决策, 严格落实"四议两公开"等民主决策制度, 程序完善	(1) 严格执行"四议两公开"等民主决策制度, 得1分; (2) 未严格执行"四议两公开"等民主决策制度, 不得分	查阅相关资料, 现场询问群众

右上：续表

序号	评价内容	评价指标	考评标准	备注
30	六、组织振兴方面	村党组织"三会一课"执行规范,村党组织建成县级及以上过硬支部	(1)"三会一课"执行规范、记录完整,得 0.5 分; (2)村党组织建成县级及以上过硬支部,得 0.5 分	查阅相关资料
31		支部建设有抓手 基层党组织先锋模范作用发挥充分,党员在乡村振兴等工作中的先锋模范作用发挥明显	(1)组织开展激发党员先进性相关活动,党组织战斗堡垒作用得到有效发挥的,得 1 分; (2)党组织和党员发挥先锋模范作用一般,得 0.5 分; (3)党组织"软弱涣散",党员模范作用不明显的,不得分	查阅相关资料,现场询问群众
32		公司党支部(含市、县公司或供电所党支部)与帮扶村党支部加强对接交流,通过支部共建,助力村党支部提升	(1)村党支部与公司党支部开展支部共建,常态开展共建活动,得 1 分; (2)村党支部与公司党支部开展支部共建,但活动开展较少,得 0.5 分; (3)未开展支部共建的,不得分	查阅相关活动记录
33		组织力量有补充 培育后备力量,发展年轻党员	(1)发展党员,得 2 分; (2)发展入党积极分子、后备人才,得 1 分; (3)未发展入党积极分子、后备人才,不得分	查阅相关资料
34		阵地作用有发挥 村级党群服务中心具备开展党员活动、村民议事、便民服务、教育培训、文化娱乐活动等功能,常态开展相关活动	(1)党群服务中心功能完善,常态开展各项活动,得 2 分; (2)党群服务中心功能完善,未常态开展各项活动,得 1 分; (3)党群服务中心功能不足,未常态开展各项活动,不得分	实地查看
35	七、行业帮扶方面	供电服务有支撑 落实优化营商环境有关要求,推进"零上门、零审批、零投资""省力、省时、省钱"服务,推动实现减环节、压时限、提效率目标	(1)实现"业务线上申请、信息线上流转、进度线上查询、服务线上评价",得 1 分;否则不得分; (2)低压居民客户全过程办电时间压减至 5 个工作日内,得 1 分;否则不得分; (3)全面落实 160kW 及以下小微企业"三零"服务,全过程办电时间压减至 15 个工作日内,得 1 分;否则不得分	查阅资料,现场走访询问 2~3 户村民

续表

序号	评价内容		评价指标	考评标准	备注
36	七、行业帮扶方面	供电服务有支撑	深入推进乡村电气化,因地制宜推广电烤烟、电炒茶、粮食电烘干、电蓄冷、电气化大棚种植、智慧农灌、电采暖、电炊具、农机电气化等成熟乡村电气化技术,提升农村生活、农业生产、乡村产业电气化水平,引领乡村绿色用能新风尚	(1)近三年帮扶村实施过电气化项目(包含农田电排灌、电气化大棚、粮食及农产品电烘干、电气化仓储物流、畜牧水产电气化养殖及种植、电炒茶、电烤烟、全电景区、电气化特色村镇、全电民宿、现代农业产业园、绿色交通出行、清洁电供暖、电气化厨房、农村新能源发展及利用)的,得1.5分;否则不得分 (2)统筹电网供电能力,科学有序推广乡村电气化,创建村实施的电气化项目符合当地实际,具有一定的引领性、经济型和示范性,得1.5分;否则不得分	实地查看
37			积极营造和谐稳定的供用电环境,通过开展形式多样的安全用电常识及电力设施保护宣传活动,增强社会公众对安全用电和电力设施安全保护的认识	(1)定期开展安全用电常识及电力设施保护宣传,得1分; (2)年度内定期开展末级漏保检查,得1分; (3)年度内无电力设施被盗或破坏事件,得1分	(1)现场检查有关活动、工作记录; (2)走访村两委和村民
38			围绕农时节气变化,做好农业生产供电服务,全面保障机井灌溉、机电提灌、防汛排涝等农机正常运转	(1)对于机井灌溉、机电提灌、防汛排涝等服务农业生产的供电线路和设备运维检修到位,能够正常供电,得1.5分;否则不得分; (2)定期对机井灌溉、机电提灌、防汛排涝等服务农业生产的供电线路和设备开展用电检查和服务,得1.5分;否则不得分	(1)现场检查农机运行条件; (2)查阅有关台账记录
39			将电力服务融入乡村治理体系,推广村级组织与电网企业融合的"村网共建"电力便民服务模式,公示服务信息,定期安排工作人员驻点服务,丰富电力服务和基层治理内容,提升基层治理效能和群众服务获得感	(1)积极推进"村网共建",电力便民服务点具备固定的办公场地,现场张贴"村网共建"二维码,有关服务内容、要求等规范上墙,得1分; (2)按要求配置了村镇电力联络员和电力网格员,联络员及网格员对"村网共建"有关制度及具体要求较为熟悉,得1分; (3)电力网格员每月不少于2个工作日入驻电力便民服务点开展工作,得1分	(1)现场检查有关活动、工作记录; (2)走访村两委和村民
40		供电设施有保障	认真落实国家电网有限公司农网改造升级工程有关建设规范标准,严格抓好设备选型、工程质量、施工工艺等关键环节,努力打造农网改造升级优质工程	(1)近三年内设备选型满足相关技术标准,得1.5分;3处以内不满足相关技术标准,得0.5分;超过3处不满足相关技术标准不得分; (2)近三年内变压器台、JP柜、跌落式熔断器、避雷器等安装规范,得1.5分;出现3处以内安装不规范,得0.5分;超过3处安装不规范不得分	现场检查配变台区

续表

序号	评价内容	评价指标	考评标准	备注
41	七、行业帮扶方面	帮扶村内线路安装整洁有序，完成电力线、通信线、广播电视线搭挂清理。动态对辖区内的高、低压线路杆号和临近跨越鱼塘线路等进行集中排查，对缺失杆号牌、安全警示牌全面予以更换、补装，做到号牌标牌全覆盖，推动现代化的电力设施与生态宜居的乡村环境相融合	（1）"三线搭挂"治理成效显著得1分；否则不得分； （2）电杆、变压器、断路器等设备标识齐全，得1分；否则不得分； （3）线路临近跨越鱼塘、电杆等易发生碰撞伤害的位置，悬挂或张贴安全警示标识标牌且对地距离符合安全要求，得1分；否则不得分	实地查看
42		供电设施有保障	常态化做好农村电网运维，动态开展农网电压监测，针对梳理出的异常台区，及时采取技术手段改善线路运行环境，有效保障群众生产生活用电	（1）查询帮扶村台区运行记录，无台区低电压的，得1分；否则不得分； （2）现场随机抽查帮扶村5户用户电能质量，无低电压的，得1分；否则不得分； （3）帮扶村台区年停电次数小于3次，得1分；否则不得分	查阅有关台账记录
43			帮扶村供电能力有保障，全面满足居民生活和产业发展需求，乡村生产生活用电量稳定增长	东部地区农村户均容量不低于3.5kVA，中西部和东北地区农村户均容量不低于2.3kVA，得3分；否则不得分	查阅有关台账记录
44			落实国家关于更好支持新能源汽车下乡和乡村振兴的工作部署，积极推进充电桩设施建设和配套电网改造，持续优化充电设施报装服务，为加速新能源汽车下乡进程创造有利条件	（1）配网坚强，能够满足各类充电基础设施接入需要，得1分；否则不得分； （2）简化个人充电桩办电手续，对新增个人充电桩实行"单独装表、单独计费"，公司承担电表至公共电网连接点工程费用；简化办电收资，在宅基地房前屋后建设充电桩，不再收取车位使用权证明，得1分；否则不得分； （3）杜绝"飞线充电"等违规充电行为，在充电基础设施进线侧安装剩余电流动作保护器并规范化运行，充电基础设施可靠接地，得1分；否则不得分	实地查看

表19-2　　　联合创建村助力乡村振兴示范创建验收评价标准

序号	评价内容	评价指标	考评标准	备注
1	一、助力乡村治理	示范创建有方案	按照"一村一案"原则编制示范创建方案，方案应有较强针对性，能较好促进和指导示范创建村发展	（1）创建方案编制契合实际、可操作性强、问题导向明显，视方案整体质量，得1~5分； （2）创建方案经地市公司党委会或办公会审议，得3分； （3）未按照"一村一案"要求编制示范创建方案，不得分	（1）查阅示范创建村"一村一案"创建方案； （2）现场检查方案落实情况

序号	评价内容		评价指标	考评标准	备注
2	一、助力乡村治理	政企协作有协同	示范创建工作应与地方政府"美丽乡村""百县千乡万村"等示范创建工作紧密结合,坚持政企联动,加强沟通汇报,动员社会力量参与	(1) 积极与示范创建村所在地政府协同推进乡村振兴示范创建工作,市(或县)公司与县(或乡镇)党委政府共同签订推进乡村振兴合作协议(包含双方签订有关协议涵盖共同推进乡村振兴有关内容),得3分; (2) 县公司(或供电所)与乡镇(或村社)共同制订推进示范创建村建设工作方案,得3分; (3) 建立工作机制,县公司(或供电所)与乡镇(或村社)定期就示范创建工作开展会商,年度内会商次数为1次的,得1分;次数为2次及以上的,得2分	(1) 查阅协议或建设方案; (2) 查看会议或活动纪录
3		支部建设有抓手	公司党支部(含市、县公司或供电所党支部)与示范创建村党支部加强对接交流,签订结对共建协议,通过支部共建,助力村党支部提升	(1) 村党支部与公司党支部开展支部共建,常态开展共建活动,原则上每季度开展1次共建活动,全年每开展1次得2分,开展次数4次及以上的得8分; (2) 未开展支部共建的,不得分	现场检查支部共建协议、活动记录
4		良好用电有秩序	积极营造和谐稳定的供用电环境,通过开展形式多样的安全用电常识及电力设施保护宣传活动,增强社会公众对安全用电和电力设施安全保护的认识	(1) 定期开展安全用电常识及电力设施保护宣传,得3分; (2) 年度内定期开展末级漏保检查,得3分; (3) 年度内无电力设施被盗或破坏事件,得2分	(1) 现场检查有关活动、工作记录; (2) 走访村两委和村民
5		融入基层助治理	积极推进"村网共建",延伸服务触角,推动供电服务融入村级党群服务中心,公示服务信息,定期安排工作人员驻点服务,丰富电力服务和基层治理内容,提升基层治理效能和群众服务获得感	(1) 积极推进"村网共建",电力便民服务点具备固定的办公场地,得2分; (2) 电力便民服务点现场张贴"村网共建"二维码,有关服务内容、要求等规范上墙,得2分; (3) 按要求配置了村镇电力联络员和电力网格员,联络员及网格员对"村网共建"有关制度及具体要求较为熟悉,得2分; (4) 电力网格员每月不少于2个工作日入驻电力便民服务点开展工作,得2分	(1) 现场检查有关活动、工作记录; (2) 走访村两委和村民
6	二、助力乡村建设	供电设施有保障	认真落实国家电网有限公司农网改造升级工程有关建设规范标准,严格抓好设备选型、工程质量、施工工艺等关键环节,努力打造农网改造升级优质工程	(1) 近三年内设备选型满足相关技术标准,得4分;3处以内不满足相关技术标准,得2分;超过3处不满足相关技术标准不得分; (2) 近三年内变压器台、JP柜、跌落式熔断器、避雷器等安装规范,得4分;出现3处以内安装不规范,得2分;超过3处安装不规范不得分	现场检查配变台区

续表

序号	评价内容	评价指标	考评标准	备注
7	二、助力乡村建设	供电设施有保障	常态化做好农村电网运维，动态开展农网电压监测，针对梳理出的异常台区，及时采取技术手段改善线路运行环境，有效保障群众生产生活用电	（1）查询示范创建村台区运行记录，无台区低电压的，得3分； （2）现场随机抽查示范创建村5户用户电能质量，无低电压的，得3分； （3）示范创建村台区年停电次数小于3次，得2分	（1）查阅有关台账记录； （2）走访村民
8		电网村容融合促发展	示范创建村内线路安装整洁有序，完成电力线、通信线、广播电视线搭挂清理。动态对辖区内的高、低压线路杆号和临近跨越鱼塘线路等进行集中排查，对缺失杆号牌、安全警示牌全面予以更换、补装，做到号牌标牌全覆盖，推动现代化的电力设施与生态宜居的乡村环境相融合	（1）现场检查"三线搭挂"治理成效显著，得2分； （2）电杆、变压器、断路器等设备标识齐全，得2分； （3）线路临近跨越鱼塘、电杆等易发生碰撞伤害的位置，悬挂或张贴安全警示标识牌且对地距离符合安全要求，得2分	现场检查
9			落实优化营商环境有关要求，推进"零上门、零审批、零投资""省力、省时、省钱"服务，推动实现减环节、压时限、提效率目标	（1）实现"业务线上申请、信息线上流转、进度线上查询、服务线上评价"，得2分； （2）低压居民客户全过程办电时间压减至5个工作日内，得3分； （3）小微企业"三零"服务，全过程办电时间压减至15个工作日内，得3分	查阅资料，现场走访询问2～3户村民
10	三、助力乡村发展	供电服务有支撑	深入推进乡村电气化，因地制宜推广电烤烟、电炒茶、粮食电烘干、电蓄冷、电气化大棚种植、智慧农灌、电采暖、电炊具、农机电气化等成熟乡村电气化技术，提升农村生活、农业生产、乡村产业电气化水平，引领乡村绿色用能新风尚	（1）近三年示范创建村实施过电气化项目(包含农田电排灌、电气化大棚、粮食及农产品电烘干、电气化仓储物流、畜牧水产电气化养殖及种植、电炒茶、电烤烟、全电景区、电气化特色村镇、全电民宿、现代农业产业园、绿色交通出行、清洁电供暖、电气厨房、农村新能源发展及利用)的，得3分； （2）统筹电网供电能力，科学有序推广乡村电气化，示范创建村实施的电气化项目符合当地实际，具有一定的引领性、经济型和示范性，得3分	查阅有关台账记录
11			围绕农时节气变化，做好农业生产供电服务，全面保障机井灌溉、机电提灌、防汛排涝等农机正常运转	（1）对于机井灌溉、机电提灌、防汛排涝等服务农业生产的供电线路和设备运维检修到位，能够正常供电，得4分； （2）定期对机井灌溉、机电提灌、防汛排涝等服务农业生产的供电线路和设备开展用电检查和服务，得4分	（1）现场检查农机运行条件； （2）查阅有关台账记录

续表

序号	评价内容		评价指标	考评标准	备注
12	三、助力乡村发展	美好生活有保障	示范创建村供电能力有保障，全面满足居民生活和产业发展需求，乡村生产生活用电量稳定增长	（1）东部地区农村户均容量不低于3.5kVA 得 8 分，介于 2.5～3.5kVA 得 4 分，低于 2.5kVA 不得分； （2）中西部和东北地区农村户均容量不低于 2.3kVA 得 8 分，介于 2～2.3kVA 得 4 分，低于 2kVA 不得分	查阅有关台账记录
13			落实国家关于更好支持新能源汽车下乡和乡村振兴的工作部署，积极推进充电桩设施建设和配套电网改造，持续优化充电设施报装服务，为加速新能源汽车下乡进程创造有利条件	（1）配网坚强，能够满足各类充电基础设施接入需要，得 3 分； （2）简化个人充电桩办电手续，对新增个人充电桩实行"单独装表、单独计费"，公司承担电表至公共电网连接点工程费用；简化办电收资，在宅基地房前屋后建设充电桩，不再收取车位使用权证明，得 3 分； （3）杜绝"飞线充电"等违规充电行为，在充电基础设施进线侧安装剩余电流动作保护器并规范化运行，充电基础设施可靠接地，得 2 分	现场检查

表 19 - 3 　助力乡村振兴示范创建验收评价标准（必备项）

序号	必备条件	评价方式
1	本年度内未发生农村触电伤亡事故、无窃电或违约用电现象、无陈欠电费	查询所在公司安全事故统计报表和考核记录等，走访村两委和村民
2	本年度内未发生属实的供电服务投诉或被国网公司通报的供电服务事件	查询公司相关专业报告、舆情通报、95598 业务支持系统相关报表
3	本年度内未发生人员违纪违法违规事件	走访村两委和村民

表 19 - 4 　助力乡村振兴示范创建验收评价标准（加分项）

序号	加分项	评价标准	评价方式
1	政府主导	（1）按照政府主导、企业助力的原则，创建村在农业生产、乡村产业、旅游开发等方面具有一定特色，被县级及以上政府列入乡村振兴重点打造村或示范村，加 1 分	查验相关资料
		（2）推动政府出台乡村振兴、电网建设类等政策性支持文件的，省部级加 2 分、地市级加 1 分	查看文件
2	新型电力系统	（1）创建村积极推进新型电力系统建设，建设有水力、风力、太阳能、生物能、地热能、海潮能等清洁能源项目，加 1 分	实地查看
		（2）创建村依托建设的清洁能源项目，有效展示新型电力系统、源网荷储互动等前沿技术成果，良好传播国家电网企业形象和服务理念，加 1 分	

序号	加分项	评价标准	评价方式
3	表彰奖励	（1）创建村乡村振兴工作获 2022～2023 年政府表彰，省部级及以上加 2.5 分/次	查看有关获奖及批示材料
		（2）创建村乡村振兴工作获 2022～2023 年政府表彰，地市级加 1.25 分/次	
		（3）创建村乡村振兴工作获 2022～2023 年政府表彰，区县级加 0.5 分/次	
4	媒体宣传	（1）示范创建典型经验在国家主流媒体报道的，加 1.5 分	查阅有关宣传记录
		（2）示范创建典型经验在国网公司级媒体报道的，加 0.75 分	
		（3）示范创建在本省省级主流媒体、现场会议、工作动态等进行宣传报道的，加 0.75 分	
5	典型经验	（1）总结提炼建设经验，形成可复制、可推广具有先进性的典型经验，典型经验获得省部级（国网公司级）及以上认可的，加 2 分	查阅相关资料
		（2）总结提炼建设经验，形成可复制、可推广具有先进性的典型经验，典型经验获得地市级（网省公司级）认可的，加 1 分	查阅相关资料

第六篇　数据分析篇

本篇分为两章，包括帮扶类数据、乡村电气化数据两个方面内容。本篇整理了驻村日常工作需要关注与统计的重要数据类型，主要涉及电网运维服务和驻村帮扶工作，为乡村振兴分析提供数据来源。

第二十章 帮扶类数据

本章梳理了与乡村振兴有关的帮扶村基本数据、驻村人员数据、捐赠项目数据、消费帮扶数据,帮助了解帮扶村村情户情、捐赠项目工作进度及运行情况、消费帮扶任务完成情况。

第一节 村情户情数据

一、村级数据

帮扶村基本数据包括村域面积、主要产业、户籍人口、常住人口、监测户(三类人群)、脱贫户数量、村集体经济合作社年收入等。

二、户级数据

村民档案资料包括户(人)均年收入、务工人员、残障人员、享受政策人员信息、"两不愁三保障"情况、返贫风险隐患等。

村情户情一览表如图 20-1 所示。

序号	村组	姓名	农户性质	性别	电话	与户主关系	享受政策	…
1								…
…								…

图 20-1 ××村村情户情一览表

【提示】该组数据可从村民基本信息台账中获取,建议以表格形式收集汇总,以便快速查询农户家庭情况及需求。与户主关系包含:户主、父母、子女、配偶等,享受政策包含:低保、大病保险、残疾人补助、雨露计划、小额信贷等,农户性质包含:一般农户、监测户(三类人群)、脱贫户。

第二节 驻村人员数据

一、人员基本信息

数据包括帮扶单位、各级包抓领导、镇级领导及村两委干部、结对帮扶干部、第一书记、驻村工作队员（年龄、学历、政治面貌、专业、帮扶年限）等。

村驻村人员信息一览表如图20-2所示。

序号	包抓领导	姓名	所在单位	性别	年龄	学历	帮扶年限	…
1								…
…								…

图20-2 ××村驻村人员信息一览表

【提示】该组数据从镇村干部信息资料库和驻村工作队台账中获取，方便快速了解帮扶村干部人员信息。

二、人员管理数据

（一）考核评价信息

驻村工作队员需了解月度考勤签到情况、总结汇报频次、入户走访率、群众满意度等。

【提示】该组数据可结合驻村签到表、驻村工作日志、遍访台账等获取，帮助评估帮扶干部驻村在岗和履职尽责情况。

（二）驻村人员保障情况

保障信息包括生活补助、通信补贴、差旅费用、流动积分、人身意外保险等后勤保障落实情况等。

【提示】该组信息对照《国网陕西省电力有限公司关于落实派驻扶贫人员激励保障措施的意见》（陕电人〔2018〕100号）相关标准获取，帮助驻村人员了解自身权益，减少后顾之忧，提高工作积极性。

第三节 捐 赠 项 目 数 据

一、电力爱心超市数据

电力爱心超市关键信息包括建成投运时间、参与活动人数、超市公益岗位设置、物资采购数据、积分发放信息、积分兑换频次、活动开展情况、村民需求信息、超市历年运营资金数额等。

【提示】该组数据从爱心超市台账、慧农帮 App 获取，可实时反映爱心超市运营情况，辅助超市管理人员摸清村民兑换喜好，合理编制商品采购计划，避免货物积压。

二、其他捐赠项目数据

（1）已建成项目数据包括项目数量、项目内容、投资金额、项目地址、运维单位、投资回报率、提供就业岗位数量、人均收入增长幅度、项目成效、历年捐赠项目收益等。

（2）建设中项目数据包括计划捐赠金额、相关单位联系人员信息、捐赠进度、承建单位、存在问题等。

【提示】该组数据结合年度帮扶计划，项目申报表及项目实际开展情况综合统计。可通过项目前期投资成本、正式运行后月收益，绘制投资收益历史曲线，预测项目未来运行趋势。

第四节 消 费 帮 扶 数 据

消费帮扶数据包括公司年度消费帮扶指导性计划、公司各部门（单位）消费帮扶金额、消费帮扶供应商及商品采购渠道、采购物品种类数量、产品类型、采购时段、各地域消费偏好、用户评价、本村消费帮扶收益等。

【提示】该组数据依据本单位实际消费帮扶发票和脱贫地区农副产品网络销售平台（832 平台）、慧农帮、爱如电平台采购情况统计获取，指导帮扶村精准投资、择优重点发展。

第二十一章 乡村电气化数据

本章梳理了光伏电站数据、电气化设备数据、充电基础设施数据，为促进乡村清洁能源发展、农业绿色转型提供数据依据。

第一节 光伏电站数据

一、光伏基础信息

光伏电站数据包括帮扶村域内光伏电站发电客户名称、发电客户分类方式（第一类、第二类）、项目地址、装机容量、并网电压等级、建档日期、发电客户状态、首次并网日期、管理单位名称、发电量的消纳方式（自发自用余电上网、全额上网）、中央财政补助模式（度电补助、光电建筑一体化、金太阳）、客户类别（自然人用户、同一法人、不同法人）、投资模式（自投资、合同能源类型）、纳税人类型（一般纳税人、非一般纳税人）、接入方式（公共电网、接入侧）、互感器位置（地面、屋顶）、电源类别（分布式电源）、光伏扶贫标志（国家级、省级、市级、非光伏扶贫电站）、电站类型（村级、户用、集中制）等信息。光伏电站基础数据表如图21-1所示。

序号	客户名称	电站类型	项目地址	装机容量	并网电压	并网日期	管理单位	消纳方式	客户类别	光伏扶贫标志	...
1		村级									...
2		户用									...
3		集中									...
...											...

图21-1 ××光伏电站基础数据表

二、光伏发电量及收益信息

数据包括光伏电站发电量消纳方式（全额上网、自发自用余电上网）、上网电量、发电量、发电量同比（％）、应付金额、应付购电款金额、应付补助款金额、实付购电款金额、实付补助款金额等信息对光伏电站发电效率、投资回报率等。光伏电站发电量、收益数据表如图 21-2 所示。

发电方式	电量消纳方式	上网电量	发电量	发电效率	发电量同比增加（％）	应付购电款金额	实付购电款金额	…
1								…
…								…

图 21-2　××光伏电站发电量、收益数据表

其中相关评价指标计算过程如下：

发电效率＝（实际发电量/理论发电量）×100；

理论发电量＝装机容量×当地光照时间

三、光伏电站运行评价数据

光伏电站运行数据包括故障光伏板数量占比、光伏设备故障率、发电量上网率、结算度均电价等。

其中相关评价指标计算过程如下：

光伏设备故障率＝故障小时数/总运行小时数×100%

光伏电站发电量上网率＝光伏电站结算电量/光伏电站发电量×100%

【提示】光伏电站基础数据、发电量及收益、运行数据等从光伏电站现场逆变器、营销系统、用电信息采集系统、调度系统等获取，可为光伏电站运营管理、后期新建光伏电站选材、停电后村组孤网运行可行性评估提供数据支撑。

第二节　电气化设备数据

一、电气化设备基础数据

主要包括设备容量、用电设备数量（台套）、设备状态（正常运行/检修维护/淘汰报废）、设备检查频率、设备故障次数、设备修复次数、设备检修时长等。

二、电气化设备环境数据

主要包括设备运行位置（露天运行/室内运行）、空气温度、空气湿度、土壤温度、土壤湿度、光照强度、二氧化碳浓度，土壤 pH 值、光照强度、风速风向、雨量等。

三、电气化设备成效数据

主要包括政府配套投资金额、电网投资金额、客户投资金额、客户经济效益、电网企业效益等。村电气化设备信息数据表如图21-3所示。

设备名称	项目名称	项目类别	设备地点	设备容量	建成（开工）时间	政府投资（万元）	客户投资建设内容	配套电网投资	预计每年增加电量	预计每年可替代电量	…
1											…
…											…

图 21-3　××村电气化设备信息数据表

【提示】电气化设备数据为乡村节能降本、提高电气化水平提供支撑。

第三节　充电基础设施数据

一、充电基础设施建设数据

充电基础设施建设数据如下：

（1）充电桩（站）信息：充电桩 ID、投运日期、类型（交流、直流）、设备额定功率、设备厂商、所属充电站名称、充电站地址、充电站所属行政区域、充电桩（站）场地属性（公用、专用、自用）；

（2）辖区电动汽车信息：存有数量、车辆充电时段、车辆充电频次\车主充电需求。村充电基础设施建设数据表如图21-4所示。

序号	充电桩ID	类型（交流、直流）	充电设备额定功率	设备厂商名称	所属充电站名称	充电桩（站）场地属性	…
1							…
…							…

图 21-4　××村充电基础设施建设数据表

【提示】该组数据可在车联网平台查询统计，帮助工作人员熟知辖区充电设施基本情况，辖区电动汽车信息需工作人员线下统计，用于了解客户需求，为后续充电设施布局提供数据基础。

二、充电基础设施交易管理数据

主要包括单桩充电交易量（万千瓦时）、电费（元）、服务费（元）、交易金额（元）、交易次数（次）、交易时长（小时）、96点负荷。村充电基础设施交易管理数据表如图21-5所示。

序号	单桩充电交易量（万千瓦时）	电费（元）	服务费（元）	交易金额（元）	交易次数（次）	交易时长（小时）	…
1							…
…							…

图21-5 ××村充电基础设施交易管理数据表

【提示】该组数据可在车联网平台查询统计，可用于工作人员分析充电桩利用率和运行效益，为下一步建设情况提供数据支撑。

三、充电设施故障数据

主要包括设备投运日期、故障时间、故障类型、故障时长、故障维修时长、交接班记录及客户投诉处理记录等。村充电基础设施故障数据表如图21-6所示。

序号	充电桩ID	设备投运日期	故障时间	故障类型	故障时长	客户投诉内容	…
1							…
…							…

图21-6 ××村充电基础设施故障数据表

【提示】该组数据在车联网平台查询获取，可用于工作人员掌握充电设施故障及维修情况，分析高频故障厂商及高频故障类型，以便为客户提供优质服务，提高充电桩利用效率。

参考政策：

《国网陕西省电力公司关于落实派驻扶贫人员激励保障措施的意见》(陕电

人〔2018〕100号）

《国务院办公厅关于进一步构建高质量充电基础设施体系的指导意见》（国办发〔2023〕19号）

《国家发展改革委国家能源局关于加快推进充电基础设施建设更好支持新能源汽车下乡和乡村振兴的实施意见》（发改综合〔2023〕545号）

《2023年能源工作指导意见》（国能发规划〔2023〕30号）

附　录　相关法律法规、标准规范及文件

一、法律法规

1.《中华人民共和国乡村振兴促进法》

2.《中共中央办公厅国务院办公厅印发〈乡村振兴责任制实施办法〉》

3.《陕西省人口与计划生育条例》2022 年 5 月 25 日第三次修订

4.《功率因数调整电费办法》

5.《供电营业规则》

二、中央政府文件

1.《关于实施乡村振兴战略的意见》（2018 年中央一号文件）

2.《国家发展改革委关于印发革命老区振兴发展 2023 年工作要点的通知》（发改振兴〔2023〕282 号）

3.《关于实施农村电网巩固提升工程的指导意见》（发改能源规〔2023〕920 号）

4.《关于深入开展消费扶贫助力打赢脱贫攻坚战的指导意见》（国办发〔2018〕129 号）

5.《关于调整部分优抚对象等人员抚恤和生活补助标准的通知》（退役军人部发〔2023〕39 号）

6.《关于加强雨露计划支持农村贫困家庭新成长劳动力接受职业教育的意见》（国开办发〔2015〕19 号）

7.《关于建立健全职工基本医疗保险门诊共济保障机制的指导意见》（国办发〔2021〕14 号）

8.《关于建立统一的城乡居民基本养老保险制度的意见》（国发〔2014〕8 号）

9.《关于健全重特大疾病医疗保险和救助制度的意见》（国办发〔2021〕42 号）

10.《关于推进家庭医生签约服务高质量发展的指导意见》（国卫基层发〔2022〕10 号）

11.《关于下达 2023 年中央财政农村危房改造补助资金预算的通知》（财社〔2023〕64 号）

12.《关于印发建档立卡贫困人口慢病家庭医生签约服务工作方案的通知》（国卫办基层函〔2018〕562 号）

13.《关于做好 2019 年家庭医生签约服务工作的通知》（国卫办基层函〔2019〕388 号）

14.《关于做好 2022 年脱贫人口稳岗就业工作的通知》（人社部发〔2022〕13 号）

15. 2020 年 12 月 16 日中共中央国务院《关于实现巩固拓展脱贫攻坚成果同乡村振兴有效衔接的意见》

16. 2023 年 2 月 19 日中共中央办公厅、国务院办公厅印发《关于进一步深化改革促进乡村医疗卫生体系健康发展的意见》

17.《2022 年防止返贫监测帮扶集中排查工作方案》（国乡振司发〔2022〕5 号）

18.《关于深入扎实做好过渡期脱贫人口小额信贷工作的通知》（银保监发〔2021〕6 号）

19.《关于运用政府采购政策支持乡村产业振兴的通知》（财库〔2021〕19 号）

20.《关于实现巩固拓展脱贫攻坚成果同乡村振兴有效衔接的意见》（中发〔2020〕30 号）

21.《国家发展改革委关于进一步深化燃煤发电上网电价市场化改革的通知》（发改价格〔2021〕1439 号）

22.《国家发展改革委关于第三监管周期省级电网输配电价及有关事项的通知》（发改价格〔2023〕526 号）

23.《国家发展改革委办公厅关于完善两部制电价用户基本电价执行方式的通知》（发改办价格〔2016〕1583 号）

24.《国家发展改革委关于降低一般工商业电价有关事项的通知》（发改价格〔2018〕500 号）

25.《关于 2020 年光伏发电上网电价政策有关事项的通知》（发改价格〔2020〕511 号）

26.《国家发展改革委关于 2021 年新能源上网电价政策有关事项的通知》

（发改价格〔2021〕833 号）

27.《关于落实好 2021 年新能源上网电价政策有关事项的函》

28.《国务院办公厅关于进一步构建高质量充电基础设施体系的指导意见》（国办发〔2023〕19 号）

29.《国家发展改革委国家能源局关于加快推进充电基础设施建设更好支持新能源汽车下乡和乡村振兴的实施意见》（发改综合〔2023〕545 号）

30.《2023 年能源工作指导意见》（国能发规划〔2023〕30 号）

31.《关于全面提升"获得电力"服务水平持续优化用电营商环境的意见》（发改能源规〔2020〕1479 号）

三、陕西省政府文件

1.《关于支持乡村振兴重点帮扶镇和重点帮扶村加快发展的若干措施的通知》（陕办发〔2023〕3 号）

2. 陕西省乡村振兴责任制实施细则《关于印发陕西省乡村振兴责任制实施细则的通知》（陕办发〔2023〕7 号）

3.《关于开展"村网共建"电力便民服务试点工作的通知》（陕乡振函〔2023〕42 号）

4. 陕西省乡村振兴局《关于印发陕西省定点帮扶和驻村帮扶提升督帮工作方案的通知》（陕乡振函〔2022〕150 号）

5.《关于向重点乡村持续选派驻村第一书记和工作队的实施办法》的通知（陕农组发〔2021〕5 号）

6.《陕西省驻村帮扶工作队管理办法》的通知（陕扶办发〔2017〕39 号）

7.《中共陕西省委组织部等 4 部门关于做好驻村第一书记和工作队员到期轮换和持续选派工作》的通知（陕乡振发〔2023〕30 号）

8.《关于实现巩固拓展教育脱贫攻坚成果同乡村振兴有效衔接的实施方案》的通知（陕教〔2021〕129 号）

9.《关于实现巩固拓展教育脱贫攻坚成果同乡村振兴有效衔接的意见》（陕教发〔2021〕4 号）

10.《关于印发健全重特大疾病医疗保险和救助制度若干措施的通知》（陕政办发〔2022〕24 号）

11.《关于做好 2023 年城乡居民基本医疗保险参保缴费工作的通知》（陕医保发〔2023〕24 号）

12.《关于做好困难残疾人生活补贴和重度残疾人护理补贴管理发放工作的通知》（陕民发〔2016〕10 号）

13. 2016 年 7 月 21 日，陕西省民政厅、财政厅、中国保监会陕西监管局联合发文《陕西省农村住房保险实施方案（试行）》

14. 2022 年 10 月 18 日，陕西省民政厅办公室印发《陕西省临时救助工作规程》的通知

15. 关于印发《陕西省农村低收入群体等重点对象住房安全保障工作指南》的通知（陕建村发〔2023〕9 号）

16.《关于印发建立健全职工基本医疗保险门诊共济保障机制实施方案的通知》（陕政办发〔2022〕2 号）

17.《陕西省 2022 年防止返贫监测帮扶集中排查工作方案》（陕乡振发〔2022〕13 号）

18.《陕西省就业补助资金管理办法》（陕财办社〔2020〕190 号）

19.《关于促进脱贫人口稳岗就业十二条政策措施》（陕乡振发〔2022〕4 号）

20.《关于做好创业担保贷款信用乡村建设工作有关问题的通知》（陕人社发〔2016〕17 号）

21.《关于开展防返贫致贫综合保险工作的指导意见》（陕乡振发〔2022〕20 号）

22.《陕西省 2022 年度"万企兴万村"行动倾斜支持乡村振兴重点帮扶县专项计划》（陕乡振发〔2022〕14 号）

23.《陕西省"十四五"巩固拓展脱贫攻坚成果同乡村振兴有效衔接规划》（陕乡振发〔2021〕40 号）

24.《关于实现巩固拓展脱贫攻坚成果同乡村振兴有效衔接的实施意见》（陕发〔2021〕5 号）

25.《关于深化"美丽乡村文明家园"建设全面推进农村精神文明建设的实施方案》

26.《陕西省物价局关于规范销售电价分类适用范围有关事项的通知》（陕价商发〔2018〕65 号）

27.《陕西省发展和改革委员会关于第三监管周期陕西电网输配电价有关事项的通知》（陕发改价格〔2023〕876 号）

28.《陕西省发展和改革委员会关于第三监管周期陕西电网（榆林地区）输配电价有关事项的通知》（陕发改价格〔2023〕881 号）

29.《陕西省物价局关于调整陕西省电网电力价格的通知》（陕价价发〔2009〕133号）

30.《关于贯彻国家计委调整陕西电网电力价格有关问题的通知》（陕价电发〔1999〕79号）

31.《陕西省物价局关于调整陕西电网电力价格的通知》（陕价商发〔2018〕75号）

32.《陕西省物价局关于调整陕西电网电力价格的通知》（陕价商发〔2018〕43号）

33.《陕西省发展和改革委员会关于进一步完善分时电价机制有关事项的通知》（陕发改价格〔2021〕1757号）

34.《陕西省物价局》（陕价价函〔2011〕199号）

35.《陕西省发展和改革委员会关于农村饮水安全工程供水用电价格有关问题的通知》（陕发改价格〔2019〕933号）

36.《陕西省水利厅关于明确农村饮水安全工程供水用电价格政策执行范围的通知》（陕水农发〔2019〕41号）

37.《关于调整陕西电网发电企业上网电价有关事项的通知》（陕价商发〔2013〕100号）

38.《陕西省2022年度巩固拓展脱贫攻坚成果同乡村振兴有效衔接考核评估工作方案》（陕巩衔组发〔2022〕8号）

39.《2023年省级部门巩固拓展脱贫攻坚成果同乡村振兴有效衔接常态化督帮提升重点内容和政策标准清单》

40.《陕西省发展和改革委员会关于完善高可靠性供电费政策有关事项的通知》（陕发改价格〔2024〕992号）

四、电力行业相关标准规范

1. 供电服务规范（GB/T 28583—2012）

2.《跟我学礼仪》供电营业窗口服务礼仪培训系列片

3.《电动汽车传导充电用连接装置　第2部分：交流充电接口》（GB/T 20234.2—2015）

4.《电动汽车传导充电用连接装置　第3部分：直流充电接口》（GB/T 20234.3—2015）

5.《专变采集终端（230M）装拆及验收标准化作业指导书》（Q/GDW/ZY 1018—2013）

6.《专变采集终端（非 230M）装拆及验收标准化作业指导书》（Q/GDW/ZY 1019—2013）

7.《集中抄表终端（集中器、采集器）装拆及验收标准化作业指导书》（Q/GDW/ZY 1020—2013）

8.《专变采集终端（230M）故障处理标准化作业指导书》（Q/GDW/ZY 1024—2013）

9.《专变采集终端（非 230M）故障处理标准化作业指导书》（Q/GDW/ZY 1025—2013）

10.《集中抄表终端（集中器、采集器）故障处理标准化作业指导书》（Q/GDW/ZY 1026—2013）

11.《智能电能表功能规范》（Q/GDW 1354—2013）

12.《单相智能电能表型式规范》（Q/GDW 10355—2020）

13.《三相智能电能表型式规范》（Q/GDW 10356—2020）

14.《单相智能物联电能表技术规范》（Q/GDW 12175—2021）

15.《三相智能物联电能表技术规范》（Q/GDW 12178—2021）

16.《直接接入式电能计量装置装拆标准化作业指导书》（Q/GDW/ZY 1017—2013）

17.《经互感器接入式低压电能计量装置装拆标准化作业指导书》（Q/GDW/ZY 1016—2013）

18.《高压电能计量装置装拆标准化作业指导书》（Q/GDW/ZY 1015—2013）

19.《电能计量装置安装接线规则》（DL/T 825—2002）

20.《低压计量箱技术规范》

21.《电能计量装置技术管理规程》（DL/T 448—2016）

22.《中华人民共和国电力工业部令第 7 号居民家用电器损坏处理办法》

五、国网公司文件

1.《关于印发大力支持充电基础设施建设服务新能源汽车下乡和乡村振兴实施方案的通知》（国家电网办〔2023〕408 号）

2.《关于深化推进"电力爱心超市"建设工作的通知》（国网乡振办〔2022〕2 号）

3. 中央纪委印发《关于开展乡村振兴领域不正之风和腐败问题专项整治的意见》

4.《国网乡村振兴办关于深化推进"电力爱心超市"建设工作的通知》（国网乡振办〔2022〕2 号）

5. 国网公司于 2014 年印发《国家电网公司对外捐赠管理办法》

6.《国网乡村振兴办关于全面深化助力乡村振兴示范创建工作的通知》（国网乡振办〔2023〕5 号）

7.《国家电网公司供电服务规范》（2013 年）

8.《国家电网有限公司一线员工供电服务行为规范的通知》（国家电网营销〔2023〕482 号）

9.《国家电网公司生产技能人员职业能力培训专用教材　95598 客户服务》

10.《国家电网有限公司关于下达 2023 年度各单位企业负责人业绩考核指标体系的通知》（国家电网人资〔2023〕301 号）

11.《国网乡村振兴办关于开展助力乡村振兴示范创建验收评价工作的通知》（国网乡振办〔2022〕9 号）

12.《国家电网公司关口电能计量装置管理办法》

13.《国家电网公司输变电工程通用设计　计量装置分册》

14.《台区智能融合终端通用技术规范 2022》（暂行）

15.《台区智能融合终端功能模块通用技术规范 2022》（暂行）

16.《国家电网公司电能计量故障、差错调查处理规定》（国网（营销/4）385—2014）

17.《国家电网有限公司电力安全工作规程》

18.《国家电网有限公司低压用电管理办法》

六、国网陕西省电力公司文件

1.《关于开展"村网共建"电力便民服务工作的通知》（陕电营销〔2023〕13 号）

2.《国网陕西省电力公司关于落实派驻帮扶人员激励保障措施的意见》（陕电人〔2018〕100 号）

3.《国网陕西电力乡村振兴工作领导小组办公室关于开展"电力爱心超市"建设助力乡村振兴工作的通知》（陕电乡振办〔2022〕1 号）

4.《国网陕西省电力公司关于明确功率因数调整电费有关事项的通知》（陕

电财〔2018〕1号）

5.《国网陕西省电力有限公司客户缴费信誉等级评估及风险防范办法》等四项制度的通知（陕电企管〔2023〕9号）

6. 国网陕西省电力有限公司关于印发《国网陕西省电力有限公司企业负责人业绩考核管理办法》的通知（陕电人资〔2023〕28号）

7.《国网陕西省电力有限公司关于印发2023年"标准化、精益化、数字化"县公司建设方案的通知》（陕电办〔2023〕12号）

8.《国网陕西电力营销部关于全面加强"三化"县公司建设九项措施的通知》（陕电营销综〔2023〕8号）

9.《国网陕西省电力有限公司关于开展"村网共建"电力便民服务工作的通知》（陕电营销〔2023〕13号）

10.《国网陕西省电力公司关于落实派驻扶贫人员激励保障措施的意见》（陕电人〔2018〕100号）

11.《国网陕西省电力有限公司关于加强分布式电源全过程管理的通知》（陕电营销〔2023〕22号）

12.《国家电网公司关于印发分布式电源并网相关意见和规范（修订版）》（国家电网办〔2013〕1781号）

13.《国网陕西省电力有限公司关于进一步规范低压自用充电设施报装管理的通知》（陕电营销〔2023〕3号）

14.《国网陕西省电力有限公司2023年度保险服务手册》